图书馆管理与开发利用研究

刘方方　赵晓丹　著

天津出版传媒集团
天津科学技术出版社

图书在版编目(CIP)数据

图书馆管理与开发利用研究 / 刘方方，赵晓丹著
. -- 天津 ：天津科学技术出版社，2020.7
ISBN 978-7-5576-8428-0

Ⅰ. ①图… Ⅱ. ①刘… ②赵… Ⅲ. ①图书馆管理-研究②图书馆利用-研究 Ⅳ. ①G251②G252.65

中国版本图书馆 CIP 数据核字(2020)第 120482 号

图书馆管理与开发利用研究
TUSHUGUAN GUANLI YU KAIFA LIYONG YANJIU
责任编辑：韩　瑞
出　　版：天津出版传媒集团 / 天津科学技术出版社
地　　址：天津市西康路 35 号
邮　　编：300051
电　　话：(022)23332390
网　　址：www.tjkjcbs.com.cn
发　　行：新华书店经销
印　　刷：河北文盛印刷有限公司

开本 710×1000　1/16　印张 14.5　字数 220 000
2020 年 7 月第 1 版　2022 年 8 月第 2 次印刷
定价：58.00 元

目 录

第一章　图书馆文化与我国现代图书馆类型 …………………………………… 1
第一节　图书馆文化概述 ……………………………………………………… 1
第二节　我国现代图书馆类型 ……………………………………………… 19

第二章　我国现代图书馆发展现状 ………………………………………… 26
第一节　我国现代图书馆现状 ……………………………………………… 26
第二节　我国现代图书馆发展中存在的问题 ……………………………… 47
第三节　我国现代图书馆的可持续发展 …………………………………… 50

第三章　我国现代图书馆管理体系的建设 ………………………………… 56
第一节　我国现代图书馆管理的职能 ……………………………………… 56
第二节　我国现代图书馆管理的原理 ……………………………………… 68
第三节　我国图书馆管理的发展历程 ……………………………………… 76
第四节　我国现代图书馆管理建设 ………………………………………… 80

第四章　我国现代图书馆行政管理 ………………………………………… 89
第一节　我国现代图书馆的行政管理简析 ………………………………… 89
第二节　我国现代图书馆的组织结构与管理者 …………………………… 93
第三节　我国现代图书馆人力资源与财务管理 ……………………………103

第五章　我国现代图书馆服务管理 …………………………………………124
第一节　我国现代图书馆服务理念与服务管理 ……………………………124
第二节　我国现代图书馆服务的原则 ………………………………………155
第三节　我国现代图书馆服务管理体系与实践研究 ………………………159

第六章　我国现代图书馆危机管理 …… 174
第一节　危机管理理论 …… 174
第二节　我国现代图书馆危机的特征 …… 181
第三节　我国现代图书馆危机管理的实施 …… 184

第七章　数字图书馆管理研究 …… 198
第一节　传统图书馆与数字图书馆 …… 198
第二节　数字图书馆的管理理念与实践 …… 214

参考文献 …… 224

第一章　图书馆文化与我国现代图书馆类型

第一节　图书馆文化概述

一、图书馆文化的内涵及功能

(一)文化的内涵与特征

文化的内涵十分丰富,不同领域的人对文化有着各不相同的界定。尽管许多学者一直试图从各自所学学科的角度来界定文化的概念,然而迄今为止,仍没有获得一个统一的概念。

关于文化的概念,可大致分为狭义文化和广义文化两种。狭义文化的早期经典学说,表明文化是一个复杂的整体,这个整体包括知识、信仰、艺术、道德、法律、习俗和任何人作为一名社会成员而获得的能力和习惯。1871 年,英国文化学家泰勒在其经典著作《原始文化》一书中指出:“文化或文明,就其广泛的民族学意义来说,是包括全部的知识、信仰、艺术、道德、法律、风俗以及作为社会成员的人所掌握和接受的任何其他的才能和习惯的复合体。”而广义的文化,则指社会和个人在历史上一定的发展水平,它表现为人们进行生活和活动的种种类型和形式,以及人们所创造的物质和精神财富。这一概念被收录于 1973 年版的《苏联大百科全书》之中。由此可见,狭义的文化将文化界定为意识形态里形成的文化,广义的文化则包含了人类社会的全部遗产和社会生活的全部领域。文化的内容包括物质文化、精神文化及行为文化。文化主要有以下几个方面的特征。

1. 文化具有象征性

象征性指文化现象总是具有广泛的意义,人们生活于象征性的社会之中,衣、食、住、行都具有象征性。例如:在汉语中,“白”有“一无所有”之意,如一穷二白;白旗又意味着投降;白衣是我国古代的孝服,而现代的“白衣天使”又是护士的称谓。黑色,在汉语中常有贬义,如黑帮、黑社会、黑市、黑户等。文化的象征性由此可见。人的一生,在很大程度上就是学习文化象征性的过程,这是由于文化的象征性充斥于全部的社会活动和社会秩序之中,人类社会的发展也体现为文化象征性的发展。因此文化的意义远远超出文化现象所直接表现的那个窄小的范围,文化具有广泛的象征性。

2. 文化具有传递性

传递性是指文化一经产生就要被他人模仿、效法、利用。传递可以从两个方面实现:纵向传递和横向传递。纵向传递指人们通过多种方式将文化一代一代地传下去,这种传递在社会学上又称为“社会化”。横向传递指文化在不同地域、民族之间的传播。以饮食文化为例,现在世界上为人们所享用的食品中,番茄、土豆、玉米、可可出自美洲,咖啡来自非洲,啤酒源于古埃及,蔗糖则从印度而来,我国为这张世界食谱提供的是大米、茶叶等。由此可见,来自不同地域和民族的食品汇集在人们的日常生活中,构成了饮食文化的横向传递,如同这样的各种文化交流和融合极大地促进了各民族社会的不断发展。

3. 文化的变迁性

通常认为,文化的状态不是静止不动的,而是时刻处于复杂变化之中。大规模文化变迁的发生,可归结于三种因素:第一,自然条件的变化。包括气候变化、自然灾害、资源匮乏、人口变迁。第二,不同文化之间的接触。包括不同国家、民族在技术、生活方式、价值观等方面的接触和交流。第三,发明与发现。各种技术的发明、创造,导致人类社会文化的巨大变迁。

(二)图书馆文化的含义及特点

图书馆文化是一种客观存在的文化现象。从广义上看,是指图书馆在办馆过程中创造的物质财富和精神财富的总和,包括物质、制度和精神三个层次。图书馆文化是一个有层次结构的理论体系,是以精神文化为核心,伴之以制度文化、物质文化而构成的整体。

1. 物质文化

图书馆文化的第一个层次就是物质文化,它处于图书馆文化的表层部分,具体表现为图书馆建筑、设施、环境布局、绿化、美化、园林艺术、厅堂装饰、书架排列及文献排放等等。图书馆物质文化是精神文化的外在表现形式,人们往往先从这些物质文化形态上看出图书馆的精神面貌。图书馆的物质文化有三个显著特点:一是强烈的时代感。图书馆物质文化的发展水平最终取决于社会生产力的发展水平。社会不同历史时期,人们创造的物质文化当然要符合当时生产力的发展水平,图书馆也不例外。不同时代建造的图书馆,单从建筑及厅堂设施来看就各具特色,这就是与建造时代相同的物质文化特征。二是外显性特点。图书馆的物质文化常常是可以观察得到、触摸得到和感受得到的,它处于图书馆文化体系中的表层部分,属于图书馆硬文化,有很强的外显性。三是发展性特点。在很大的程度上,图书馆的大部分硬件文化是在建馆之初已经设计好的,如图书馆建筑的外形及内部结构、图书馆的厅堂装饰等,但是随着时代的发展,社会的进步,图书馆的一些物质文化也在悄然改变原来的面貌,跟随时代的发展而进步。

2. 制度文化

图书馆文化的第二个层次是制度文化,它属于图书馆文化的中间层,包括图书馆领导体制、人际关系及其开展正常服务活动所制定的规章制度和实行这些规章制度的各种物质载体的机构设置等。图书馆制度文化的特点有三方面:一是其保障性特点。整个图书馆精神的发扬、目标的实现、道德风尚的确立、民主的形成、环境的建设维护、员工风貌的保持等,都需要制度文化的保障。否则图书馆的文化建立将成为一句空话,甚至连正常的开馆运行都会成为问题。二是其中介性特点。制度文化是图书馆精神文化和物质文化的中介,图书馆的精神文化通过图书馆的制度而转化到物质文化层。三是制度文化的时代性特征。制度文化的形成是一个不断修正、创新的过程,随着时代的发展,图书馆的制度文化也在不断完善,并具有明显的时代特征。例如现代图书馆的人文关怀、人本主义理念就在制度文化中体现了出来。因此,图书馆要经常根据事业的发展、理念的前进、工作要求的变化及时修订,更新规章制度,使之跟上时代的步伐。

其实,图书馆的规章制度也是一种文化。图书馆的组织文化可以从图书馆的规章制度中显现出来,传导给馆员和读者。同时,通过规章制度把图书馆的理念、宗旨、准则加以具体化、清晰化、明确化,约束组织成员的行为方式与工作习惯,促进组织成员按照组织要求养成行为习惯。

3. 精神文化

图书馆文化的第三个层次是精神文化。它处于图书馆文化的核心层,包括用以指导图书馆开展服务活动的各种行为规范和价值观念,图书馆的群体意识和员工素质等。图书馆的精神文化特点也有三方面:首先,不同的图书馆,其精神文化特点各不相同。这是由于每个馆都有自身的物质基础和文化氛围。不同的图书馆领导者也各有不同的价值观和性格特点,崇尚不同的伦理道德,倡导不同的图书馆精神。每一个图书馆的精神文化,都具有其自身的内容和形式。其次,图书馆文化是时代性和历史性的统一。由于图书馆文化是一代又一代的图书馆人长期积累的结果,是历史沉淀的结晶,反映图书馆发展的历史进程,因而具有历史性。最后,图书馆文化又必须紧跟时代的脉搏,科学技术的发展,保障现代社会不断增长的信息需求,能够切合当代主流用户群体的人性化信息需求,因而又具有时代性。

(三)图书馆文化的功能

文化属于社会的上层建筑范畴。图书馆文化作为整个社会文化的一个重要组成部分,属于公益性文化事业范畴,文化对于图书馆的生存与发展具有深刻的影响作用。根据近年来国内外学者的研究和图书馆的实践,图书馆文化的功能可以归纳为以下几点。

1. 向导功能

图书馆文化是反映图书馆整体的共同追求、共同的价值观和共同的利益,它对图书馆馆员和读者群的思想、行为产生向导作用。良好的图书馆文化能够潜移默化的影响馆员接受并形成本馆共同的价值观,能在文化层面上结成一体,朝着共同确定的图书馆目标奋进。同时,图书馆也在对读者的服务中影响读者,使其养成良好的行为习惯等。

2. 凝聚功能

在特定的文化氛围之下,全体馆员通过自己的切身感受,产生对本职工作的自豪感和使命感,对图书馆的目标、准则和观念的认同感和归属感,馆员把自己的思想、感情、行为与整个图书馆联系起来,使图书馆产生强大的向心力和凝聚力,发挥出整体优势。

3. 激励功能

在图书馆文化创造的尊重人、理解人、关心人的氛围中,激发和调动全体成员的积极性和创造性,为实现图书馆的共同目标而团结拼搏。

4. 约束功能

通过图书馆文化所带来的制度文化和道德规范,馆员们自觉接受文化的规范和约束,按照图书馆的价值观的指导进行自我管理和控制,使其符合图书馆的价值观念和发展需要。

5. 调解功能

图书馆文化能起到优化精简组织机构、简化管理过程的作用，也可以调解人际关系，形成良好的氛围。图书馆文化最终把图书馆的价值观作为引导图书馆发展的最终依据和衡量决策方案优劣的尺度。在图书馆文化的作用下，全体成员有共同的价值观、共同的语言，互相理解、互相信任，促进了彼此间的充分交流，在工作中形成良好的人际关系。

6. 塑造形象功能

优秀的图书馆总是向社会展示自己良好的管理风格、运行状况及积极的精神风貌，从而塑造出图书馆形象，以赢得读者和社会的承认与信赖，从而更好地为社会服务。

7. 辐射功能

图书馆是社会的细胞，图书馆文化不仅在图书馆内部发挥着作用，对本图书馆员工产生影响，而且还通过图书馆为外界提供的服务以及联络与社会其他部门的往来关系等，把图书馆的优良作风、良好的精神风貌辐射到整个社会，对全社会的精神文明建设和社会风气的根本好转，产生积极的影响和促进作用。

上述图书馆文化的几个功能，在实际运行中不是单独表现出来的，而是综合地、整体地发挥着作用。

（四）图书馆理念

图书馆是为人准备的，所谓图书馆理念，最核心的理念是树立“以人为本”的服务理念，众所周知，图书馆的社会责任就是满足人民大众的文献信息需求。图书馆的馆员只有正确理解自身承担的社会责任，树立起良好的事业理念，才能自觉地履行图书馆馆员的社会职责，全心全意地为读者服务，才能把最大限度地满足读者文献信息需求作为图书馆一切工作的出发点和归宿。因此，服务理念是对图书馆承担的社会责任、社会功能、服务宗旨和认识水平的体现。换言之，只有具有浓厚的服务理念的图书馆人，才能热爱图书馆事业，才能千方百计地提高服务质量，才能自觉地做好读者服务工作。

图书馆能不能发展、如何发展，从根本上来说，取决于表现在图书馆人身上的图书馆主体性意识的觉醒。数字图书馆馆员主体性意识的觉醒、数字图书馆的发展，最终需要图书馆人来完成。因此，图书馆人如何理解数字图书馆的发展，以什么样的服务理念推动图书馆服务的发展，推动图书馆向什么方向发展，就成了关系到图书馆的存在和未来状况的决定性因素。

信息技术和网络技术的迅猛发展以及高科技在图书馆中的广泛应用,把新世纪的图书馆带入到网络化、数字化发展的崭新时期。未来图书馆正在发生两个变化:从“有形”到“无形”的变化;从信息管理到知识管理的转变。这种变革,使图书馆面临新的考验,图书馆馆员必须重新审视自己,抓住契机,适应新环境、新时代。人文思想的起源可以追溯到古罗马的西塞罗,演变到中世纪以后逐渐成为一种精神,一种使人更富于人道的精神,体现为一种价值观、思想态度,它认为:人和人的价值是首要的,凡是尊重人、重视人、承认人的自由意志,为人的幸福而奋斗的态度,都可以说是体现了人文精神。在数字图书馆条件下,树立“以人为本”的服务理念,对于推动数字图书馆全面进步和发展,提高数字图书馆的服务功能,拓展数字图书馆的服务领域等都有着重要的作用和意义。

(五)“以人为本”理念产生的原因

1. 社会发展的需要

现代化的图书馆管理理念追求的是“以人为本”的理念,从工业社会到信息社会再到知识经济时代,知识无所不包,可以说经济渗入知识,知识渗入经济,当然也融入了数字图书馆。如果数字图书馆依然坚持传统的服务模式,显然与时代潮流不符,这必然会促使图书馆走上倚重现代服务模式之道,对服务观念乃至服务方式进行改革和创新。

2. 时代发展的需要

服务是这个时代最大的竞争,未来社会将以服务的好坏作为博弈取胜的筹码。在21世纪,特别是中国加入WTO的时代背景下,各行政单位、公共部门在改革、开放、创新、发展的进程中,纷纷转向以服务公众为中心的改革。长期沿袭旧制的权力机构均在树立“以人为本”的执政理念,它们尚且如此,那么,图书馆在前进的道路上,在服务社会的竞争中,也应该清醒地认识到,必须高度重视其服务理念,千方百计地搞好服务。

3. 市场发展的需要

经济的高速发展让我们看到,“市场化”是一股不可抗拒的力量,而且带来了积极的巨大的影响,如竞争机制的建立。企业家要保持在市场上的竞争力,就必须时时在运营中瞄准市场的变化,把握赢利的策略,以提高抗风险的能力,特别是要建立以消费者为导向的机制,为消费者提供最周到、便利、满意的优质服务。这使我们看到企业家们重视服务策略,以消费者为中心的兴业之道。这对图书馆乃至各行各业采取以服务为利器,面向广大读者和大众的方略,既树立了榜样,也是很好的借鉴。

4. 自身发展的需要

就图书馆本身而言,也理应高度重视服务。图书馆的发展日新月异,实现了电子化,取得了数字化、网络化成就之后,如何转化为造福社会大众的财富,如何转化为现实的社会生产力?这是图书馆人必须思考、不可回避的问题。图书馆素来靠资源优势求其发展,赢得竞争能力。但更要靠自己特色的、相关行业不能企及的服务创新与服务优势来发展、提高自身的竞争力。因此,图书馆必须重视其服务理念。

正是这些原因使得"以人为本"的图书馆在现在和未来的开拓和发展中,应高度重视服务理念和服务品质的提升,搞好服务。在数字图书馆的现代发展中,我们既要注重技术化发展,也应当强调技术中人的主体性。事实上,人文主义精神曾经是而且应当是图书馆发展的合理内核和终极目标。正如美国学者约翰所说:"在书籍和图书馆的历史中,人的因素始终是最重要的。"我国学者肖希明认为:"科学精神与人文精神是不能分离的,两种精神融合在一起,图书馆才能健康地向前发展""在图书馆工作实践和理论研究中体现以人为本的思想,以满足人的需要,实现人的价值,追求人的发展,体现人文关怀,才是应有之举"。我们可以说,图书馆应当培育内在的人文精神,图书馆的服务理念要"以人为本"。要使传统的以信息、知识、藏书等为核心,转向以"人"为核心,以满足广大读者的需要为宗旨。同时,图书馆馆员自身也要提高自己的人文素养,搞好服务,从而真正体现"读者是上帝"这一人文内涵。只有在现代图书馆的管理中充分发扬"以人为本"的现代化图书馆管理文化,提供全方位的阅读服务,才能满足现代快节奏、网络化社会对图书馆的要求。

二、现代图书馆文化管理的内涵

(一)图书馆文化管理

国内外学者从不同角度提出过自己的理解,但目前仍没有一致的看法。有人提出:图书馆文化管理就是把图书馆的软要素——文化作为图书馆管理的中心环节的一种现代图书馆管理方式。它从人的心理和行为特点入手,培养图书馆组织的共同价值和全体员工的共同情感，形成自身的组织文化；从组织整体的存在和发展角度去研究和吸收各种管理方法，形成统一的管理风格；通过图书馆文化培育、管理文化模式的推进，激发馆员的自觉行为和内在积极性。

（二）文化管理是图书馆管理的高级阶段

图书馆文化是一种与图书馆共存的客观存在。当人们对它的存在没有意识，或者只意识到了它的存在而没有对其进行认真剖析、精心培育时，它只是处于图书馆管理者的视野之外，自发的成长、缓慢发育，并自发地发挥着作用；当人们在实践中逐渐意识到它的客观存在，并有意识地提倡和培育积极的图书馆文化，摒弃和抑制消极落后的文化，从而引导图书馆文化向健康的轨道发展，并使之渗透到管理当中时，图书馆文化就逐渐演变成一种新型管理模式——文化管理。

从管理的发展史看，管理模式大致经历了经验管理、科学管理和文化管理三个主要阶段。经验管理处于管理的初级阶段，注重管理者个人的经验、能力和水平，主要表现为“能人管理”“拍脑袋决策”。科学管理是管理的中级阶段，注重管理手段、管理技术、弭调制度化、法治化。科学管理把管理人员的注意力吸引到对工作流程的重视和对管理技术的重视上，把管理变成了烦琐的、形式主义的管理。文化管理作为一种新的管理模式，是管理的高级阶段，它建立在“人本管理”的基础之上，强调人是管理的出发点和归宿点，坚持以人为中心，尊重人、信任人，把人放在管理的主体地位上，主张以文化为根本手段进行管理，反对单纯的强制管理，注重图书馆愿景、精神对馆员的积极性、主动性、创造性的激发，强调文化认同和群体意识的作用。

传统的管理模式所形成的形式主义倾向和物化主义倾向掩盖了管理的本质，使其丧失了精神而变得呆滞、片面。现代图书馆文化管理是通过建立一整套适应性文化体系，从而克服了管理手段、方法、技术的自相矛盾和互相抵制。价值观念的统一使得图书馆组织整体获得了方向和目标，从而表现出生机勃勃的有机体。

（三）人文精神是图书馆文化的精髓

自图书馆诞生以来，图书馆事业就与人类文化的发展息息相关，它始终关注着人类文化的保存和延续，是人类自身的发展和进步。这其中所贯穿的就是图书馆所固有的人文精神。作为人类精神载体的图书馆，在中国现代化建设的进程中，承载着开发人类文化资源的重任，必须以人文追求为己任。因此，人文精神是图书馆在运行过程中所蕴含的承认、尊重和实现人的价值的精神，是图书馆文化的精髓。

对于图书馆人文精神的概念,有学者提出:是在图书馆工作实践的过程中所体现的以人为本的思想,满足人的需要、关心人的命运、实现人的价值、追求人的发展、体现人文关怀、创造美与和谐作为图书馆活动的宗旨,其核心是人文关怀。人文关怀的对象是读者或用户,是对读者和用户文化知识需求和精神心理的关注和关怀,为读者的文献信息需求提供保障,营造一种充满人性化的阅读学习环境。

图书馆人文精神也就是图书馆文化的具体体现。作为社会的一个文化部门,图书馆人文精神体现在图书馆的组织设施、功能之中,从根本上讲,体现在整个图书馆运行之中的图书馆员身上的那种尊重人的尊严、实现人的价值的服务精神上。图书馆人文精神的实践有以下几点重要的意义。

1. 人文精神是社会进步的原动力

图书馆是社会需求的产物。随着社会的发展和人的自我意识的提高,人们的社会进化观已经从致力于物的发展转变到以人为中心的发展,强调人的发展是经济和社会发展的基础。人的发展是社会向现代化方向发展的基本动力和根本目的。在这种社会进化观的指导下,西方传统的人文主义精神重新为人们理解和重视,人自身的价值得到越来越多的尊重和关注。从这个方向来说,人文精神正是社会进步的原动力。现代图书馆继承和发扬这种精神是社会进步潮流对它的要求。

2. 发扬人文精神是图书馆实现价值的要求

图书馆的价值取向始终以提高整个社会的科学文化水平及思想道德素养为己任,推动社会进步是图书馆追求的社会目的。图书馆人把实现人类根本价值作为实现自身价值的基础,充分体现了人文精神的价值观正是图书馆价值观的核心。无论图书馆的管理方式、技术手段发展到什么样的程度,只要其价值观保持不变,其人文精神就不会消失。

3. 发扬人文精神是图书馆实现社会职能的手段

图书馆长期以来一直担负着保存人类文化遗产、开展社会教育、传递科学信息、开发智力资源、提供文化娱乐等社会职能。实现这些社会职能,依靠的不仅是政策和财政支持,更关键的是图书馆人热爱人类文化事业,具有无私奉献的人文精神。所以,图书馆能够不断自觉地改进和提高管理和服务水平,实现信息的有效组织、利用及增值,从而满足社会和读者的需求。现代图书馆的社会职能是随着时代的发展而变化的,但无论社会怎样发展变化,图书馆收藏、保存人类文化遗产的传统职能将依然存在,只不过是教育职能和信息服务职能得到进一步强化。因为新时期图书馆的职能把读者能否得到全面的个性化服务摆到了更重要的位置，同时也对图书馆员的素质和职业道德提出了更高的要求。另外，图书馆要与其他信息服务提供者相互竞争，不仅要有技术支持，人性化的服务也将参与竞争，因此，唤醒图书馆人文主义精神不仅是图书馆工作者工作态度的转变和图书馆职能的内在要求，而且也是图书馆的立馆之本。

三、构架图书馆制度文化

（一）制度的文化特征

制度作为一种人际交往的准则，源自人类的各种历史的、社会的、经济的、政治的、文化的活动。制度是人类在社会实践中创造的，而人类活动都要受到人的价值观、伦理道德、思想意识、风俗习惯的影响。没有文化的人类活动是不存在的，因此，没有文化内涵的制度也是不可能的。任何一种制度的产生和形成，无论是自发的还是设计的，都是某一历史时期文化的反映。制度的出现，只不过是将过去的和现在的、个别的和分散的各种文化予以集约化、秩序化和社会化，把人们公认的价值观、思想意识、道德信念用符号形式确定和表达下来，用以进一步满足人们的经济活动、政治活动、社会活动的目的。显然，文化是制度的主要特征。

同时，文化是一种社会交流和社会传递，它通过特别方式的约定被社会成员共同获得。这种获得共同文化的约定其实就是文化得以交流和传递的制度文化。当制度体现为规则时，它必须反映文化的价值、文化的精神、文化的理念。从某种角度讲，制度是文化的产物，它根植于文化的土壤之中。

（二）图书馆制度文化及特征

结合制度文化的概念，我们可以这样理解图书馆制度文化：图书馆制度文化是图书馆文化的一个组成部分，既是图书馆物质文化的工具，又是精神文化的产物，共同构成图书馆馆员行为与活动的行为准则。它包括图书馆的组织方式、管理方法和各项规章制度，它是塑造和延伸图书馆文化的有力手段和坚实保证。

图书馆制度文化是在图书馆长期实践中生成和发育起来的，以图书馆规范体系为载体的图书馆制度文化，是图书馆精神、价值观、思想意识在制度上的体现。它有如下特征。

1. 权威性特征

图书馆制度体系一旦建立，制度一经制定实行，就具有极大的权威性和严肃性，图书馆员工的行为规范和准则就明确下来，图书馆的一切活动和图书馆与其他社会组织的关系将限定在图书馆制度的范畴之中，而不能随意更改。制度是图书馆的内部“法规”，如果朝令夕改，不仅会使馆员无所适从，而且图书馆的运行、对外服务和秩序都将出现混乱。当然，制度的稳定性是相对而言的，因为图书馆的运行和图书馆面对的社会环境都在不断的变化中。为了适应时代、环境的变化，需要对图书馆的规范性规定进行适时的修改和创新，不然就会束缚图书馆的发展。

2. 中介性特征

图书馆制度文化是精神文化的反映和体现，同时它也是物质文化的工具。精神文化只有通过制度文化才能对物质文化发生作用；而物质文化只有通过制度文化才能反映出对精神文化的反作用。在传统图书馆向现代图书馆的演变过程中，由于精神文明和技术发展，不断影响图书馆的办馆理念、价值体系和服务理念，从被动服务向主动服务转变，从阵地服务向社会服务转变。随着时间的推移，这些观念被图书馆所接受，而形成图书馆的新价值观，从而影响图书馆的制度。制度文化既是适应图书馆物质文化的固有形式，又是塑造图书馆精神文化的主要机制和载体。正是制度文化的中介性和传递性体现出其在图书馆文化建设上的重要作用。

3. 规范性特征

图书馆的制度文化是强制性的。因为规章制度不同于图书馆的基本信念、价值观和行为规范——这些可以依靠人们的传统习惯、内心信念和社会舆论来维系。为实现图书馆的目标、使图书馆日常工作有序地顺利进行，对于员工的行为给予一定的限制是必要的。作为一种来自员工自身以外的、带有强制性的约束，图书馆制度是强而有力的。同时，图书馆的制度文化又是普遍性的。图书馆制度是图书馆全体员工共同的行为规范，规范着图书馆的每一个人。因此，图书馆制度必须反映群众的要求，制定时应充分听取群众的意见，在执行中依靠群众互相监督，自觉执行。

（三）图书馆制度文化的内容

图书馆制度文化作为一个复杂的体系，由若干个子系统构成。

1. 图书馆的领导制度与文化

领导制度是图书馆领导方式、领导结构、领导制度的总称。图书馆领导制度受生产力和文化的双重制约，生产力水平的提高和文化的进步，都会产生与之相适宜的领导体制。在图书馆制度文化中，领导体制影响着图书馆组织机构的运行，制约着图书馆管理的各个方面。图书馆领导制度是制度文化的核心内容,卓越的图书馆领导者应当善于建立统一、协调、通畅的图书馆制度文化。现在许多图书馆实行馆长负责制,但图书馆党组织仍是图书馆的核心。党组织在图书馆制度中应起到其应有的作用,包括保证和监督党和国家的各项方针政策的落实;搞好图书馆思想政治建设、改进工作作风;支持馆长实现任期目标和服从图书馆正常运行的统一指挥等。

2. 图书馆的组织机构与文化

组织机构是图书馆为了有效实现图书馆的目标而建立的图书馆内部各组成部分及其相互关系。组织机构不是一成不变的,它随着图书馆的社会环境的变化及社会对图书馆的要求而有所调整。不同的图书馆文化有着不同的组织机构,中西方图书馆的组织模式就各不相同,他们都是在适应各自社会文化中逐渐形成的。

3. 图书馆的管理制度与文化

图书馆管理制度是图书馆为求得最大社会效益,在图书馆实践活动中制定的带有强制性义务,并能保障一定权利的各项规定和条例等。图书馆管理制度是实现图书馆目标的有力措施和手段,是图书馆健康发展的有力保障。优秀的图书馆文化的管理制度必然是科学的、完善的、实用的管理方式的体现。同时,图书馆管理制度也影响和制约着图书馆文化发展的总趋势,促进不同图书馆文化朝着个性化方向发展。

(四)构建图书馆制度文化的具体措施

有了完整的图书馆制度体系和科学的管理手段,只是建设制度文化的必要条件,图书馆还需要通过宣传、教育的手段让员工理解认识制度体系。这样才能构建制度文化的氛围。

1. 培育图书馆精神——制度文化的基础

制度文化与图书馆精神文化有着密切的关系,制度文化从属于图书馆精神文化,是精神文化的具体体现。将图书馆员工在图书馆实践中共同认同的价值观、思想意识、行为准则等制定出来,表达图书馆的价值取向和行为模式,就形成了制度。其实,制度本身来源于图书馆精神文化,图书馆精神文化又为制度文化的实现提供了精神支柱。因为,如果没有图书馆精神来约束员工的思想道德,图书馆就无法建立起共同的价值体系和道德规范,就不可能把制度自觉转化为行为准则。因此培育积极向上的图书馆精神,可以为制度文化的建设打好坚实的基础。

2. 宣传图书馆制度——制度文化的氛围

利用报纸、广播、电视、宣传栏、宣传册、展览、网页等形式对图书馆制度进行宣传,教育、引导馆员对制度理解、认同和接受。同时,图书馆可以通过会议、调查研究、知识竞赛、演讲活动、报告讲座等手段,进行双向交流,形成舆论和文化氛围。图书馆也可以效仿企业的CI标示设计理念,使图书馆制度文化更加形象具体。如设立图书馆的标准色、标准字、馆徽、馆歌、馆服等标识系统,都可以产生非强制性的引导和规范作用。现在许多图书馆都注重形象工程的建立,确立本馆有特色的CI系统,从而营造本馆的制度文化氛围。

3. 馆员的多重互动——制度文化的传递

馆员的互动是通过日常的人际交往实现的,其中虽不存在权利的制约因素,却对人们产生一定的心理影响,这包括图书馆员工与员工、员工与管理者、员工与读者之间的相互交流。新老馆员的交流过程就是价值观和行为方式的传递过程,也就是图书馆制度文化的传递过程。员工为读者服务的过程,也传递了图书馆制度文化的信息。如图书馆的服务理念、服务行为规范、图书馆员工的职业道德等,都可以通过馆员的服务态度、服务水平、服务行为表现出来。由于员工与读者的互动交往对员工产生社会性评价效果,员工就必须用图书馆制度来约束和调整自己的行为方式,而产生好的社会服务效果。因此,馆员的多重互动是图书馆制度文化传递的主要方式。抓好此项工作对图书馆构建制度文化有极大的作用。

四、加强图书馆精神文化管理

(一)图书馆精神文化的含义

图书馆精神文化是图书馆在实践中,受一定的社会文化背景、意识形态影响而长期形成的一种精神成果和文化观念,是图书馆意识形态的总和。图书馆精神文化是相对于物质文化而提出的,是一种更深层次的文化现象,在整个图书馆文化系统中处于核心地位,是图书馆的上层建筑。

第一,图书馆精神文化是图书馆在长期实践中自觉培育形成的一种能够代表图书馆风格和形象的精神风貌,它集中体现了一个图书馆独特的、鲜明的、具有时代特征的办馆思想和个性,是图书馆在成长和发展过程中,对各方面工作、实践经验的高度概括和科学总结。第二,图书馆精神文化是图书馆文化的重要组成部分,是图书馆文化的精髓和核心。它不可避免地受到图书馆文化的影响和制约。第三，图书馆精神文化的建立就意味着一个图书馆有着一致的价值观念，意味着图书馆员工的思想统一。图书馆员工能够在图书馆精神文化的指引下不畏艰险、努力前行，朝着共同的目标奋斗。第四，图书馆精神文化的核心是图书馆精神。它是图书馆管理实践的总结，包括图书馆目标、馆员的价值观念、道德规范、行为准则等方面的内容，是激励和约束员工思想和行为的无形力量。第五，图书馆精神文化是以精神现象为载体的观念文化，反映了图书馆群体的理想和目标，显示了图书馆的发展方向和服务宗旨。

在界定图书馆精神文化时，我们不能把图书馆精神文化等同于图书馆文化，把图书馆精神等同于图书馆精神文化。图书馆精神文化是图书馆文化的一个重要组成，或者说是对图书馆文化主体意识的高度概括。图书馆精神文化是指以图书馆在长期实践中所形成的精神现象为载体的所有文化现象，图书馆精神只是图书馆精神文化的一个重要组成部分。这三个概念属于从属关系，即图书馆精神是图书馆精神文化的重要组成部分，而图书馆精神文化又是图书馆文化的重要方面。

（二）图书馆精神文化的内容

图书馆精神文化的内容十分丰富，包括图书馆哲学、图书馆价值观、图书馆精神、图书馆道德、图书馆礼仪、图书馆形象、图书馆风尚等无形的意识形态及与之相应的文化结构。

1. 图书馆哲学

图书馆哲学是图书馆在创造物质财富和精神财富的实践活动中，从管理的内在规律出发，通过对世界观和方法论的概括性研究和总结，所揭示的图书馆本质和图书馆辩证发展的观念体系。从图书馆管理史上看，图书馆哲学经历了“以物为中心”到“以人为中心”的演变过程。最初的图书馆工作是以对文献的整理加工作为主要工作内容，因此图书馆哲学也主要针对这种劳动形式产生。行为科学理论使理性主义图书馆哲学向人本主义方向转化，注重人和人的行为对图书馆的作用，形成了科学的人文主义图书馆哲学。从而，以人为本、以文化为手段激发馆员自觉性的人文主义哲学成为现代图书馆哲学的主流思想。

2. 图书馆价值观

由于文化是人类的生活方式，而只有有益的、有价值的生活方式才可能在群体中反复出现，因而价值在文化中居于核心地位。同时，图书馆价值观在图书馆文化中也起着关键的作用。可以说，图书馆文化的所有内容都是在图书馆价值观的基础上产生的,是图书馆价值观在不同领域的体现或具体化。

3. 图书馆精神

图书馆精神是图书馆群体的共同心理定式和价值取向,它是图书馆哲学、价值观、道德观的综合体现和高度概括,反映了全体馆员的共同认识和追求。图书馆精神是图书馆文化的重要表现形式,包括图书馆坚定的追求目标、强烈的团体意识、正确的服务原则、鲜明的社会责任感、科学的价值观和方法论。

4. 图书馆道德

图书馆道德是图书馆哲学和图书馆价值的一种反映形式,它不具有法律的强制性约束力,但其具有积极的示范效应和强烈的感染力。图书馆道德是通过影响员工的思想观念,树立明确的是非观念,从而形成员工的自觉行为。良好的图书馆道德规范有助于维护图书馆内部的服务秩序和安定和谐的人际关系,提高员工的劳动积极性,对整个社会的道德规范也有良好的影响。

5. 图书馆礼仪

图书馆礼仪是图书馆员工关于图书馆礼仪的观念及其行为方式的总和,也是日常例行事务的一种固定模式。如馆员与读者沟通的方式、服务态度、衣着语言、仪式和典礼等就是图书馆礼仪的具体表现,它表征着图书馆的价值观和道德要求,塑造着图书馆形象。同时,馆员与读者同时在礼仪文化的氛围中受到熏陶,使读者自觉调整个人行为,使馆员增强为图书馆事业献身的群众意识。

6. 图书馆形象

图书馆形象是图书馆文化的综合反映和外部表现,是社会大众和图书馆员工对图书馆的整体印象与评价。图书馆形象通过员工的形象、服务的形象和环境的形象来体现。良好的图书馆形象对内可以产生强烈的凝聚力、向心力和感召力,对外可以使广大读者对图书馆产生良好的信任感。

7. 图书馆风尚

图书馆风尚是图书馆馆员相互之间的关系所表现出来的行为特点。它是图书馆员工的愿望、情感、传统、习惯等心理和道德观念的表现,是受图书馆精神和图书馆道德的制约和影响而形成的,是图书馆文化的综合体现,是构成图书馆形象的主要因素。

图书馆哲学、图书馆价值、图书馆精神、图书馆道德、图书馆礼仪、图书馆形象和图书馆风尚是图书馆精神文化的重要内容,它们相辅相成、互相促进。其中,图书馆哲学是微观的世界观和方法论,图书馆价值观是核心,图书馆精神是灵魂,图书馆道德、风尚是规范,图书馆礼仪、形象是表现氛围,这些要素彼此构成一个有机的整体。

（三）现代图书馆精神的培育

1. 图书馆价值观的培育

图书馆价值观不是仅仅存在少数领导者头脑中的理想,它必须为图书馆员工群体自觉接受,才可能真正变成和图书馆共同目标一致的认识。共同价值观的确立,不是自发作用的结果,它从图书馆明确提出到员工普遍认同,再到自觉执行,需要经过长期精心的培养。第一,社会主义制度决定了图书馆的根本性质,所以,图书馆必须坚持社会主义方向,为社会主义建设服务。这是我国图书馆事业发展的根本点。图书馆价值观就是社会主义核心价值观在图书馆事业中的具体反映。第二,社会主义图书馆担负着为物质文明、精神文明、政治文明建设服务的多重任务。为三个文明建设服务是图书馆服务的根本任务。只有通过有高度社会主义觉悟的人,才能创造出高质量的符合人民群众需要的优质服务产品,才能在人类文明建设中发挥图书馆应有的作用。所以,图书馆必须注重把员工培养成为有理想、有道德、有文化、有纪律的一代社会主义人才,他们才能自觉地以主人翁的姿态去努力服务于人民。第三,一般来说,具有一定历史的图书馆,其价值观是客观存在的,但往往这种观念不易被人发现。因此,它在图书馆发展中的地位和作用也常被人忽视。确认现有图书馆价值观是塑造图书馆价值观的第一步。在确认和进一步培育图书馆价值观时应注意:要根据图书馆的规模、类型、员工素质和服务特色选择适当的价值标准;价值观要有超前性,以体现图书馆未来发展目标;图书馆价值观是一个动态体系,要随着社会环境及图书馆内在因素的变化而不断注入新内容,切实保证图书馆价值观在内容和形式上与时代发展相符。

2. 图书馆道德的培育

塑造图书馆道德体系是一项长期而艰巨的任务。主要从以下几方面进行建设。首先,要努力塑造良好的图书馆社会形象。形象是图书馆道德水准的集中表现形式。在塑造图书馆形象时应坚持读者至上,服务第一,把诚信作为图书馆的信念贯穿于一切服务之中,为图书馆打下社会信任的坚实基础。其次,图书馆领导者应努力塑造人格力量。一个能干的领导者,要想得到员工的尊重和依赖,就必须树立起领导者自身的人格力量，从而引导员工的道德行为，激励员工的道德信念，感染员工的道德情操。最后，努力塑造一支具有高尚道德水平的员工队伍。道德是靠社会舆论、人们的观念、习惯、传统及教育的力量来维系的，道德建设是馆员的自我改造和自我锻炼的过程。因此，图书馆在进行道德教育时，应发动群众，通过广泛的研讨、辩论、总结经验教训，使馆员真正认识到道德规范在实践中的作用，使道德成为约束自我的准则和行为指南。

3. 图书馆精神的培育

图书馆精神包括爱国爱民的民族精神，共建共享的开放精神，爱岗敬业的奉献精神，求真务实的科学精神，宽宏博大的理性精神以及不断进取的创新精神等。图书馆精神不是自发形成的，它的确立和发展，是一个自觉提倡和培育的过程。第一，图书馆应树立榜样，因为图书馆精神只有人格化，才能具体化、实在化。图书馆精神人格化的榜样包括优秀的图书馆领导者和先进的模范人物。优秀领导者和先进模范人物体现的图书馆精神，可以成为正确舆论的先导，促使馆员观念的更新，强化对图书馆精神的认同感；榜样的崇高情操会对其他馆员产生感染，发生情感上的共鸣，从而形成积极向上的氛围；先进人物的行为会使其他馆员产生模仿效应，久而久之，使全馆人员养成自觉的行为习惯。因此，图书馆领导者和先进模范人物的示范作用可以推动和培育图书馆精神。第二，思想教育是培育图书馆精神的最有效方法之一。思想教育工作是人们以马列主义、毛泽东思想、邓小平理论为指导，通过党的基本路线、爱国主义、集体主义和社会主义教育，遵纪守法和职业道德教育，帮助馆员树立正确的思想、信念和价值观，强化员工工作责任感，引导员工以主人翁的姿态投入到图书馆实践中去。第三，陶冶感化也是宣扬图书馆精神的有效手段。在活动中熏陶员工的群体意识和情操，可以把知识性、趣味性、竞争性和思想性融为一体。而且员工喜闻乐见，愿意参加，从而到达教育效果。同时图书馆也可以通过馆容、馆貌、馆徽等有形的东西来影响和激励馆员，在潜移默化中使员工受到图书馆精神的感化和教育。第四，在培育图书馆精神过程中，不能忽视心理的作用。图书馆心理和图书馆精神互相渗透、互相制约、互相转化、互相影响。培育图书馆精神有助于图书馆心理的健康化；良好的图书馆心理又能促进图书馆精神的弘扬。因此，重视图书馆员心理健康，对图书馆精神的培育有着重要的作用。

4. 图书馆形象的培育

图书馆形象是多层次多层面的体系，包括图书馆外部形象、图书馆管理者形象、图书馆员工形象、图书馆服务形象和图书馆技术形象、图书馆公共关系形象等。树立图书馆良好的社会形象主要从以下几方面做好工作。

第一，要增强领导和馆员塑造图书馆良好形象的自觉性。在社会体系中，图书馆是公益性服务行业，树立良好的图书馆形象需要从图书馆服务做起，提高服务质量，创造服务品牌。同时，大力开展图书馆形象教育，把树立图书馆良好形象作为馆员的工作职责，增强员工的使命感和事业心，使馆员在服务中创出佳绩。

第二，开展优质多元的图书馆服务，满足社会的文化需求。现代图书馆已经突破传统图书馆的桎梏，图书馆在社会发展中的作用越来越大，图书馆的功能也不断拓展。图书馆除了开展最基本的借还服务之外，为了适应社会的需求，还开展了信息服务、网络服务、教育服务及文化推广服务。图书馆应在提供多元文化服务的基础上，以品牌服务来提升图书馆服务效应，树立良好的图书馆形象。

第三，加快图书馆现代化建设，提高图书馆服务的技术含量。随着信息社会的来临，计算机网络技术的普及，图书馆也进入了数字化时代。图书馆要在信息社会立于不败之地，就必须用先进的技术手段和丰富的信息资源作为后盾。加快图书馆现代化建设是时代的要求、社会的需要。

第四，建设优美的图书馆环境，注重图书馆文化内涵。图书馆优美环境是图书馆形象的构成要素之一，同时也是图书馆形象的载体之一。读者在环境优美、井然有序、服务热情的图书馆中阅览书籍，必然对图书馆产生一份热爱和愉悦。同时，图书馆的社会形象也会建立起来。图书馆不能仅满足于窗明几净、书架整齐、馆员热情这一层面，还应建立起管理创新机制。图书馆应注重在管理观念、管理模式、管理手段上大胆探索，引入现代企业管理的 CI 设计理念，创立一套体现本馆特性、易于读者接受和喜爱的统一识别系统，如理念识别系统、行为识别系统、视觉识别系统等。

第五，营造浓郁的图书馆文化氛围，为树立图书馆形象奠定基础。图书馆文化是渗透图书馆各个方面、推动图书馆发展的内在动力。营造一个健康向上的图书馆文化氛围，是图书馆整体形象的一个重要组成部分。图书馆文化建设要体现以人为本的精神，尊重人的尊严，满足人的需求，实现人的价值。在管理过程中对图书馆员进行图书馆文化教育，使其个人目标与图书馆目标统一起来，从而形成图书馆特有的文化氛围，突显出图书馆的整体形象。

第二节　我国现代图书馆类型

一、图书馆类型划分的作用

（一）图书馆类型划分有助于科学地确定图书馆的工作目标

图书馆类型是社会分工日益向专门化方向发展，以满足不同人群的信息需求的产物。图书馆类型划分既是对自然形成的图书馆类型的肯定，又是对不同类型图书馆特点和发展规律的概括和总结。因此，正确划分图书馆的类型，对于一个图书馆的正确定位和实现长远发展目标，最大限度地满足用户的信息需求有着重要意义。我们知道，图书馆要想长远的发展应该首先确定一个既定的目标并为实现这一目标而采取的一系列有效的措施。图书馆是为读者和用户服务的，满足他们的信息需求就是图书馆的根本目的，所以，图书馆工作目标的确定就是要明确图书馆的服务对象以及他们的需求。换句话说，作为一个具体、独立的图书馆，首先要明确以下这些问题：我要为哪些读者、用户服务？我的服务要达到一个什么样的水平？要满足读者、用户的哪些基本要求？这些问题都是关系到图书馆的组织工作目标和存在基础的重要问题。科学地划分图书馆的类型能解决这些问题，使具体的图书馆明确自己在整个图书馆系统或社会信息系统中的地位和分工。从这个角度出发，有必要对现有的图书馆类型重新做一番审视，以明确不同类型图书馆的职能、组织结构和内容。最终明确图书馆分工，明确具体图书馆的任务，进而确定图书馆的发展目标。

（二）图书馆类型划分有助于提高管理效率，加强图书馆之间的协作

工业革命以来，分工和专业化的确定不仅提高了劳动生产者的生产熟练程度，而且节约了生产资料和人力资源。更为重要的是，这种分工和专业化的确定还促进了科学技术的进步，提高了管理效率。从这个意义上讲，图书馆类型的划分也是整个图书馆系统的一种分工，这种分工不仅使图书馆工作变得更为专业化，而且起到了合理配置现有图书馆资源，提高图书馆服务能力和水平的作用。鉴于依靠单个图书馆自身力量很难满足读者和用户的所有信息需求，所以，有必要有针对性地对图书馆进行类型划分，以针对不同需求的读者和用户群体发展图书馆的文献信息资源。而对政府来说，如果要保持社会信息系统的完整、统一，满足全社会的文

献信息资源需求，就必须根据科学的划分标准合理地划分图书馆类型，根据图书馆的划分情况来决定图书馆的分布和图书馆资源的协作和共享。图书馆类型划分实际上是要将有限的社会信息资源发挥出最大的效用水平。

（三）图书馆类型划分有助于突出图书馆的服务重点

进行图书馆的类型划分不仅仅是对已经形成的图书馆类型的简单整合，而是在于帮助不同类型的图书馆进行分工协作，以便通过类型划分使不同类型的图书馆各司其职、各负其责，并对特定的用户提供专业化的、高质量的服务。同时，不同类型的图书馆由于有着不同的特殊功能和服务对象，承担不同的任务，所以，它们才共同组成我们的文献信息资源系统。进行图书馆的类型划分就是要明确不同类型图书馆的不同特点和它们的发展规律，明确这些图书馆在社会信息系统中的位置，进而为其资源配置、目标规划和服务方向提供相应的理论依据，以充分发挥各类型图书馆的作用。从以往图书馆的类型划分可以看出，原有图书馆类型划分仅仅是将现有的图书馆依据一定的标准分门别类地归入不同的系统，而在信息时代快速发展的今天，图书馆的类型划分应该着眼于对整个图书馆系统的整体规划和指导，以使之形成一个分工明确、互为补充、突出重点、优势互补的图书馆系统，从而涵盖和满足社会各个方面的信息需求。更有助于图书馆找准自己的正确位置，明确自己的职责和任务，并参照其他同类型图书馆的基本经验和规范来开展工作。因此，我们有必要对图书馆进行类型的划分以便使之能正确定位并制定正确的发展方向。

二、图书馆类型划分的依据

确定划分图书馆类型的依据，需要弄清现在各种类型图书馆的基本状况，分析它们的相同之处和具体差异，然后根据这些情况确定划分的依据和标准。当然，从不同的角度出发，会有不同的结论影响图书馆类型划分依据，但仍然可以确定的是影响图书馆类型划分的主要因素，这些因素就可以成为划分图书馆的主要依据指标。

（一）读者和用户的需求

读者和用户是接受图书馆服务和实际利用图书馆的人。图书馆就是针对这些特定用户群的信息需求来发展自己的信息资源体系的。其一切活动都是以此为中心，紧紧抓住用户的信息需求，以满足用户的信息需求为图书馆的根本目的。由于图书馆在以此为目的的运转中形成了自己的文献资源特色，进而影响到图书馆的组织结构和服务方向，形成了不同类型的图书馆。

（二）图书馆的资金来源

由于图书馆是具有公益性的社会组织，其本身创造的经济效益并不能满足自身的需求，也就是说，图书馆在经济上存在着一定的依附性，而每个图书馆的创建和发展都离不开金钱的支持作为基础。所以，不同资金来源的图书馆也能成为划分图书馆的依据。如：公立图书馆的资金主要来源于政府；民办图书馆的资金主要来自民间捐赠、个人图书馆则主要资金来源于个人出资。

（三）图书馆的文献信息资源体系

图书馆在自身的发展过程中也会逐渐形成自己保藏特色的文献信息资源体系。这些文献体系具有一定针对性，有些是针对不同专业领域，有些是针对不同的用户，有些是针对不同的文献载体，有些是针对不同的语言或民族。这些因素影响下会出现自然科学图书馆馆、数字图书馆、复合型图书馆、民族图书馆等。因此文献信息资源体系的特点也会影响图书馆类型的划分。

（四）图书馆的管理体制

图书馆的管理体制其实指的就是在图书馆实际运转中由谁对图书馆进行整体控制，谁负责确定图书馆的服务对象、资金投入以及监督约束。如公立图书馆由政府进行管理，高校图书馆由其所在学校进行管理，有些图书馆则归研究所领导。这些不同的管理者构成的管理体制也是图书馆类型划分的依据。

三、我国图书馆类型划分的基本情况

现存的图书馆类型划分是图书馆历史发展的产物，是各个国家在各自图书馆的历史发展轨迹中结合本国的社会政治体制、文化传统和国家战略而形成的，由于所采用的标准不同，因此世界各国的图书馆类型划分也就各有特色。不过这些不同特色的图书馆类型分类，影响了图书馆工作交流和统计工作，因此，在联合国教科文组织（United Nations Educational, Scientific and Cultural Organization，简称UNESCO）的支持下，国际标准化组织（ISO）和国际图书馆协会联合会（IFLA）为制定图书馆统计的国际标准，从1966年开始进行了一系列工作，并最终在1974年由国际标准化组织颁布的“ISO-2789-1974（E）国际图书馆统计标准”中设置了一章“图书馆的分类”专门对图书馆的分类做出了明确规定。按照这一标准，图书馆被分成了六大类，即国家图书馆、高等院校图书馆、其他主要的非专门图书馆、学校图书馆、专门图书馆和公共图书馆，并对每个类型的图书馆都做了概念性的规定。目前，该项标准已更新到最新版本为“ISO-2789-2008”。

与国际图书馆统计标准相统一的是我国现行的“信息与文献图书馆统计”即GB/T13191-2009，该标准将我国图书馆做了如下分类：

（一）高等教育机构图书馆

高等教育机构图书馆作为高等教育机构的文献资料信息中心，是隶属于高等学校职能机构中的教学辅助部门，主要职能是为大学或其他高等教育及高等教育水平以上的教育机构的学生、教师和科研人员提供服务。由于其服务的对象是拥有专业水平较高的群体，因此，高等教育机构图书馆虽然属于学校图书馆范畴，但由于其在性质、地位、馆藏特色、作用上区别于普通学校图书馆，所以将其单独作为一种类型的图书馆。

首先，高等教育机构的图书馆是为本单位提供信息服务的学术性机构，其承担的工作是高等教育机构教学和科研工作的重要组成部分。因此，服务性和学术性是高等教育机构图书馆的基本性质。其中服务性是指高等教育机构图书馆是以向在校大学生、教师和科研人员提供图书借阅、信息咨询等信息服务为主要工作的部门，而学术性则是指高等教育机构图书馆除了提供图书馆的基本服务外，还积极参加学校的科学研究项目、教学研究等专业性较强的研究工作。

其次，高等教育机构图书馆还承担着高等教育机构的教学任务。除了提供信息服务和参与学术研究，高等教育机构图书馆的教学任务也是区别于其他类型图书馆的主要特点。这里的教学任务，除了信息检索方面的课程外，也包括配合学校要求，对学生进行政治思想教育，宣传党和国家的政策和法律、开展读者辅导，还包括为大学生提供工作实践基地。

最后，高等教育机构图书馆按馆藏情况可以分为综合性和专业性两种类型的图书馆，其中以综合性图书馆为主要的图书馆类型。高等教育机构图书馆在实现自己的馆藏资源时主要是以学校的专业设置和科研需求为采购对象，进而形成自己的馆藏特色，为学校的教育、科研工作提供帮助。

总之，高等教育机构图书馆是高等教育机构的文献信息中心，是教学、科研的信息保障，同时还是大学生的第二课堂。不过，当前的高等教育机构图书馆实行的都是封闭式的服务，即只对本单位学生、教师和科研人员服务，这使得馆内部分文献信息资源闲置,可以考虑在未来为普通大众提供一定的服务。

(二)流动图书馆

流动图书馆有时是公共图书馆的一部分,作为利用图书馆的另外一种方式,是利用交通工具并配备有设备而直接提供文献和服务的图书馆。其实流动图书馆只是图书馆的一种服务形式,它不需要读者或用户走入图书馆的固定场所,只需在自身所在地就可以接受服务,任何一种类型的图书馆都可以将其作为自己的一部分,进行发展。

(三)国家图书馆

国家图书馆是负责所在国家获取和保存所有相关文献复本的图书馆,它是承担法定呈缴本功能的图书馆。目前,世界上大多数国家都建有自己的国家图书馆,有的不止一所。我国的国家图书馆位于北京,由一个主馆和一个分馆组成,是国内图书馆中规模最大的图书馆,拥有2 200万册(件)馆藏量,是亚洲最大的图书馆。其承担的主要职能有以下几点。

1.作为国家书目信息中心,编制国家书目和联合目录

中国国家图书馆履行全国书目中心职责,编辑出版国家书目、联合目录和馆藏目录。国家图书馆编辑全国书刊联合目录始于1927年,1957年以后此项工作得到全面加强和完善。1997年10月正式成立全国图书馆联合编目中心,在全国范围内组织与管理图书馆计算机联合编目工作,共建网上联合目录,共享书目数据资源和文献资源。当前,随着国家图书馆自动化系统的建立,各种书目数据库和各类专题数据库正在逐步兴建和完善。国家图书馆联合国内诸家图书馆完成的《中国国家书目回溯数据库(1949—1987)》,与国家图书馆编制发行的《中国国家图书数据库(1988年至今)》构成一个规模最大、覆盖面最广的中国国家书目数据库。联合编目中心面向全国提供中文机读书目数据,是加工、制作、发行一体化的书目数据中心。目前,由国家图书馆主持编制了《中国国家书目》《民国时期总书目》和《中国古籍善本书目》等30余种书目,全面反映了国家图书馆馆藏的书本式目录体系。

2.收藏文献

收藏并更新大量的、具有代表性的国外文献(包括研究该国的文献),从而建立一个拥有丰富外文馆藏的国家图书馆。

3.指导其他图书馆的管理,促进合作

作为国家总书库,国家图书馆在图书馆管理标准化、规范化、数字化、网络化建

设中起着骨干作用,是全国的书目中心、图书馆信息网络中心,其特殊的地位和职能在指导其他图书馆的管理和促进合作上发挥了极大的作用。

4. 加强国际交流

国家图书馆作为我国图书馆代表参加国际图书馆组织,执行国家对外文化协定中有关开展国际书刊交换和国际互借工作的规定;开展与国际图书馆界的合作与交流。

5. 协调研究与发展工作

为图书馆学的研究提供最新的信息资料,组织全国性的学术研究工作,推动我国图书馆学研究。

(四)公共图书馆

公共图书馆是一种起源较早的图书馆类型。早在古罗马时期就曾出现过公共图书馆的雏形,但公共图书馆的兴起还是在19世纪下半叶的英美国家。这种类型的图书馆具有向所有居民开放、经费来源于地方行政机构的税收、其设立和经营必须有法律依据的特点。因此,公共图书馆是为某一地方或者地区的社区内所有人口提供服务的普通图书馆,常常由财政基金提供部分或者全部运行经费。

在我国,公共图书馆的发展还是在新中国成立后,现在,在全国范围有3 000多所公共图书馆。我国的公共图书馆主要按行政区域划分,除国家图书馆外,有省、直辖市、自治区图书馆;地区、市、州、盟等行政区图书馆;县(区)图书馆,乡镇图书馆、街道图书馆等。这些公共图书馆的馆藏大多是综合性的,通常还建有地方文献的专藏。一些大中型公共图书馆常设有分馆。服务对象包括各种职业、各种年龄和各种文化程度的读者。主要承担着本地区科学研究和大众阅读的任务。

(五)学校图书馆

学校图书馆是指附属于高等教育水平以下的各类学校的图书馆,主要功能是为校内的学生和老师提供服务。

(六)专业图书馆

专业图书馆是服务于某一学科,特定的知识领域或者某一特殊地区利益的独立图书馆。包含众多具体类型的图书馆,有综合性的,也有专业性的。具体主要有:政府图书馆,是为任何政府机构、部门、办事处服务的图书馆;健康服务图书馆和医学图书馆,是为医院或者其他地方(无论是私立还是公立)的健康服务专业人员提供服务的图书馆；专业学术机构和协会图书馆，是由专业或者行业协会、学术团体、工会和其他类似机构主办的图书馆，主要目的是为从事某一特定行业或专业的会员和从业者提供服务；工商业图书馆，是任何工业企业或者商业公司内部的图书馆，由其上级机构主办，以满足本单位职工的信息需要；传媒图书馆，是为包括报社、出版社、广播、电影和其他电视等媒体和出版机构及组织提供服务的图书馆；地区图书馆，是为某一特定地区服务的主要图书馆，主要功能不是公共图书馆、学校图书馆或者学术图书馆所履行的职能，也不是国家图书馆网络的一部分；其他专业图书馆，是无法归入上述类别的图书馆。

以上这些类型的图书馆除了配合本系统和单位的信息需求进行信息搜集、整理、保管和提供相应的服务外，还应积极开展深层次的信息研究和开发项目，力求不断向科研人员和领导部门提供其所需的最新的信息和发展趋势，从而不断使图书馆保持进步。

（七）保存图书馆和存储图书馆

这两类图书馆主要功能是用以存储来自其他管理部门的、低利用率的文献资料的图书馆。

第二章　我国现代图书馆发展现状

第一节　我国现代图书馆现状

一、图书馆建设事业获得迅速发展

图书馆事业是一种文化现象,图书馆事业建设不能不受社会制度、社会结构和经济发展水平的制约。在各国图书馆事业建设中,有共性,也有各自的特殊性。

图书馆事业建设应与国民经济和科学文化教育事业的发展水平相适应。根据经济基础和上层建筑相互关系的原理,图书馆事业的发展水平是由经济发展的水平所制约的,经济的发展水平是影响图书馆事业发展的决定性条件。只有经济发展了,才能为图书馆事业的发展提供物质条件。另外,图书馆事业作为科学文化教育事业的一个组成部分,它又由整个科学文化教育事业的发展水平所决定。只有整个科学文化事业发展了,才能促进图书馆事业的进一步发展。

1949 年中华人民共和国的成立,标志着新中国图书馆事业建设的开始。50 多年来,我国图书馆事业的发展大体上经历了以下六个阶段。

第一个阶段是从 1949 年到 1957 年,这是新中国图书馆事业健康发展、稳步前进的阶段。

第二个阶段是从 1958 年到 1962 年,这是图书馆事业受"大跃进"影响,盲目冒进,发展大起大落的阶段。

第三个阶段是从 1966 年到 1976 年,这是在"文化大革命"十年浩劫中,我国图书馆事业遭到严重的破坏的阶段。

第四个阶段是从 1976 年 10 月到 1984 年,这是图书馆事业获得迅速而全面发展的时期。

第五个阶段是从 1985 年到 1991 年,这是各类型图书馆全面进行改革,探索办馆模式的时期。

第六个阶段是从 1992 年至今,这是图书馆进一步深化改革,建设现代化图书馆的时期。中国共产党十四大之后,贯彻邓小平“南方谈话”精神,我国改革开放不断深入,计划经济逐步向市场经济体制转变,图书馆界思想更加解放。

在过去的30多年中,中国图书馆事业以其不平凡的经历创造了我国历史上从未有过的辉煌。通过国家公布的相关统计资料,我们会对图书馆事业的迅速发展有个一目了然的发现。

(一)公共图书馆

目前,全国现有县以上的公共图书馆2 767所,1949年只有52所,1978年为1 218所,与1978年相比,30多年来县级以上的公共图书馆增长了277.5%。目前,86%的县都建起了公共图书馆。就馆舍建设来看,这30多年全国有26个省级公共图书馆新建或扩建了馆舍。县级以上公共图书馆的面积由1979年的86.6万平方米,增加到1999年的506万平方米,增长了584.3%。国内31个省、市、自治区的公共图书馆有2/3以上新建或大规模扩建了馆舍,其建筑面积普遍在2万~4万平方米之间。这样高的增长速度,可见公共图书馆建设规模之大、建设速度之快、建设势头之足。

(二)高等院校图书馆

高等院校图书馆从某种意义上来说,是一个国际的民族脊梁。少年强则国强,少年志则国志,少年是一个国家的未来。而高等院校图书馆就是浇灌这些国家未来的甘露。目前,全国现有高等院校(未包括港澳台)已达1 020所,高校图书馆达1 100多所(含分馆),1949年,全国只有高校图书馆132所,1979年为675所。改革开放30多年,高校图书馆的总数比1979年大体增加了一倍。截至1997年的统计数据,高校图书馆馆舍总面积为627万平方米,而1979年馆舍总面积只有132万平方米,20多年,馆舍总面积增加了将近4倍。上述数字还未包括各类成人高校、中专图书馆、技校图书馆、各级党校图书馆和军事院校图书馆。这些院校图书馆也都有着长足的进步与发展。

(三)科学和专业图书馆

科学和专业图书馆主要是指中国科学院、中国社会科学院系统的图书馆、中央国家机关、各部委研究院(所)所属的图书馆、国家一级总公司下属研究院(所)所属的专业图书馆或情报所。这类图书馆现有10 000所左右,1979年大约只有4 000所,其总数增长也在一倍以上。

（四）少数民族图书馆

这 30 多年来，中国少数民族图书馆获得了空前的发展，民族地区已建有公共图书馆 596 所，占全国 2 767 所公共图书馆的 22%，全国平均 40 万人才有一所公共图书馆，而我国少数民族地区则不均 15 万人就有一所公共图书馆，高于全国平均占有率的 2.7 倍。广西、宁夏、内蒙古、新疆、西藏 5 个自治区图书馆面积之和为 99 238 平方米，尤其是西藏自治区图书馆的成立，填补了我国省级图书馆的空白。

（五）基层图书馆

基层图书馆是指乡镇图书馆、城市街道图书馆、社区图书馆、工会图书馆、少儿图书馆和中小学图书馆，它们直接面向基层为广大民众服务。这几年，基层图书馆已呈蓬勃发展之势。全国现已有 4 万多个乡镇图书馆，

自文化扶贫委员会在全国实施“万村书库工程”后，在全国已建有 6 万多个村图书馆。城市工矿企业建有工会图书馆（室）约 16.9 万所。全国有 8.7 万所中学，76.6 万所小学，有较好基础的中小学图书馆大约有 10 万多所。全国已有独立建制的少儿图书馆 80 余所，其中省级少儿馆有 5 所、副省级少儿馆有 8 所、地市级少儿馆有 43 所，富有儿童特色的少儿阅览室已发展到近 2 000 个。全国已有汽车图书馆 160 余个，它们为边远地区的乡民阅读提供了极大的方便。随着城市住宅小区的建设，社区图书馆也在兴起和发展之中。

事实正是这样，改革开放使我国图书馆事业确实向前迈进了很大的一步。目前全国已有各类图书馆 35 万所，藏书 40 多亿册，已达到相当的规模。在基本建设上，过去欠账太多，这几年，图书馆基本建设的步子很快，新建或扩建馆舍如火如荼、方兴未艾，新建馆舍使图书馆工作条件和对外服务条件有了明显改善。有些馆现已成为国家或某城市的标志性文化设施，如国家图书馆，1987 年建成，总面积达 14 万平方米，新馆面积等于旧馆面积的 3 倍，成为亚洲最大的图书馆，世界第五大馆，馆内现代化设施和完备的服务功能已使之成为中国图书馆事业全面发展的重要标志。上海图书馆，1996 年 12 月 20 日建成开放，总面积 8.3 万平方米，是世界第七大图书馆，已是上海信息港的信息枢纽的主要基地。图书馆硬件设施的改善，大大增强了图书馆综合服务能力，提升了图书馆公众形象，使图书馆成为教育、文化和情报的一支活跃力量，而且也为图书馆在新世纪的可持续发展打下了坚实的基础。我们有理由对中国图书馆的现状持乐观态度。我们所要争取的，只是如何把握好发展机会，力求使中国图书馆能在新世纪获得更为稳步、健康的发展。

二、现代化图书馆在我国快速发展

随着现代技术的科技发展，社会已经进入了信息大爆炸时代。传统的图书馆已完全不能适应现代快节奏生活的需要，因此，应用现代化技术的图书馆应运而生。现代化图书馆就是应用于图书馆各方面工作的现代技术。现代技术主要是指第二次世界大战以来出现的各种新技术，它和图书馆工作结合后，使图书馆工作发生了深刻的变化，图书馆事业从而进入一个新的发展阶段。

随着信息时代的发展，特别是网络技术的高速发展，为人类社会的进步营造了一个前所未有的信息空间，也给图书馆这一重要的社会信息服务系统带来了巨大的挑战和提供了难得的发展机遇。图书馆资源数字化、馆舍的虚拟化、服务的社会化、发展集约化成了图书馆未来发展的最佳模式。

（一）资源数字化

随着信息时代的到来，图书馆也必将是朝着数字化方向发展，建设数字图书馆，这是毫无疑问的，业界也讨论很多。资源数字化包括资源的存在形式（或载体形态）数字化、资源的组织数字化和文献信息服务体系建设数字化。资源的存在形式数字化包括馆藏资源数字化和社会资源馆藏化。

1. 馆藏资源数字化

就是根据各馆的特点以及日后的发展规模，确定数据格式标准（这包括多少字段，采用什么格式）、收录范围、时间段和载体形式等，再根据《图书著录格武规范》《非书资料著录规则》等标准，对馆藏资源进行数据收集与加工。数据加工包括书目编目，文献著录、文字录入、扫描、图片处理等，然后建立专业的、特色的文献数据库。建立文献数据库，还依据《数据库著录规则》《元数据的标引规则》《数据库主题标引规则》《数据库分类标引规则》等多个规则，使每个文献处理人员有章可循，为高质量完成建库任务打下良好的基础，同时为后期的数据库软件研制工作提供保障。

2. 社会资源馆藏化

现有社会的数字信息资源分为四大类：网络数据库、电子图书、专业数据库和学位论文数据库。网络数据库中常见的有：一是中国期刊网：内有 9 个专辑 5 300 种从 1997 年至今的全文电子期刊，以及 1994 年至今的题录；二是维普中文期刊数据库：内有文理各学科期刊 8 000 多种，其中科技期刊较全，收录时间为 1989 年至今;三是万方数据资源系统:以核心期刊为主线,内容涵盖医药卫生、工业技术、农业科学、基础科学、社会科学、经济财政、科教文艺、哲学政法等各个领域,100 多个类目的近 5 000 余种核心期刊,三大数据库——数字化期刊全文数据库、万方数据中文知识(链接)门户、数字化期刊刊名数据库;四是中文社会科学引文索引数据库:包含人文社会科学各专业,收录国内外出版的重要的中文人文科学、社会科学学术期刊 419 种。

3. 文献信息服务体系建设

如果资源的组织与管理模式、相应服务理念与服务方式不能适应数字时代的要求,再多的数字资源也不能构成一个理想的数字化的文献信息服务体系。建设数字图书馆应该全面继承、发展图书馆的资源与服务,通过现代的管理方式和服务理念,采用现代数字技术,使图书馆的各种资源发挥更大的效益。1997 年 3 月美国国家科学基金会资助召开的"分散式知识工作环境"会议报告提出:"'数字图书馆'的概念并不仅仅是一个拥有信息管理工具的数字收藏的同义语,它更是一个将收藏、服务和人融为一体以支持数据、信息和知识创造、传播、利用和保存的全过程。"建立数据建设同盟,加大数据开发的比重,建立中数据库产业基地;统一数据库制作标准,提高数字化水平;改进数据库检索技术,采用超文本检索技术,提高检索效率。实现在网上轻松阅读和下载。在网络环境下,数字信息传输将采取长距离、大容量、数字式通信方式,其范围之大,可以覆盖全球,其容量之大不是以几十兆、几百 GB,乃至几十几百 TB,可以建设一套快速、大容量的传输系统是实现网络资源共享。图书管理的网络化以及信息资源的数字化、电子化,使我们可以获得大量信息,而不必关注其收藏点。数字化图书馆联盟下的子单位,就可根据各馆的收藏和服务特点,为数字化联盟加工、传输、共享本馆的数字资源,这就避免相同资源的重复建设,节省了时间,减少了无用功的损失。这就是先进的数字化信息和数字化传输。

(二)馆舍虚拟化

伴随着全球网络化的迅速发展,特别是互联网的出现,已经构成了人类有史以来最大的信息资源网络,在网络环境下,图书馆的资源结构发生了深刻变化。在信息时代的知识社会里,图书馆的发展不再是一个独立的实体,而是信息社会系统里的一个知识功能模块。在实体馆藏资源的基础上,建立具有联机检索功能的数字化图书资源,任何图书馆如果离开数字化图书资源而仅靠自己有限的实体馆藏资源来提供广泛的服务，是不可想象的。很有必要在互联网上建立一个统一的、具有全面共享的、高速的、安全的、不受时间和空间限制的、随时随地都可使用的智能化的虚拟图书馆。

所谓虚拟图书馆，就是指信息时代馆际之间实施协调合作的一种形式，由若干有着共同目标的图书馆结成网络联盟，为共同开展服务、共同开发信息市场而实施全方位合作的一种虚拟运作模式。从发展的角度看是当世界进入网络时代，具有不同资源与优势的图书馆为了共同开发馆藏资源、共同开拓信息市场、共同解决个性化和多样化的社会需求，而组织建立的在信息网络基础之上的共享技术与信息，共同分担费用、共同发展的、互惠互利的图书馆联合体。虚拟图书馆的出现改变了藏书建设的概念、理论和方法，改变了图书馆藏书建设体系结构与内容，拓展了图书馆信息资源的空间和服务模式，使多馆协作、资源共享不再是空想。虚拟图书馆是电子化、数字化图书馆，但电子化、数字化的图书馆却不一定是虚拟图书馆。电子化、数字化的图书馆是某一具体的图书馆实体，它是自动化系统发展到一定阶段所表现出的馆藏文献的电子化与数字化，而虚拟图书馆与全球图书馆及全球信息库应是等同的，它没有具体、固定的图书馆形态，也不是单指某一个图书馆电子化、数字化的结果，而是指通过网络远程获取信息与知识的一种方式。可是各个数字图书资源的支撑平台各种各样，如何把全国各地彼此分散的、异构的、杂乱的数字图书资源整合到统一的平台上是一个难点，而刚刚开通的 CERNET2 和不断完善的网格技术，可以实现教育网上所有资源（包括硬软件资源、计算资源、存储资源、通信资源、信息资源、知识资源等）的全面联通。将地理上分布、异构的各种高性能计算机、数据服务器、大型检索存储系统和可视化、虚拟现实系统等通过高速互联网络连接并集成起来，共同完成一些缺乏有效研究办法的重大应用研究问题，实现了对各种计算资源的访问，也实现了对所有数据资源的统一访问。网格技术的根本特征就是资源共享，它把整个网络整合成一台巨大的超级虚拟计算机，实现各种资源的全面共享。

文献信息资源的数字化，图书馆实体的虚拟化，是图书馆发展的方向，真正意义上的数字图书馆可以不受任何约束地通过网络图书馆调出其他馆的文献信息，变缺馆藏为"有馆藏"，真正变为"无墙图书馆"。

（三）图书馆服务社会化

图书馆服务社会是知识经济和信息时代发展的必然趋势。随着知识经济社会的到来,图书馆面向社会开放,为社会大众服务,走社会化之路势在必行。知识经济的兴起和网络时代的到来,为知识创新提供了更加广阔的舞台,同时也带来了信息传播方面的新问题。面对“数量”和“复杂度”激增的各类信息,图书馆有责任通过自己的创造性劳动,做深层次的信息加工、鉴别以确定信息的价值,从而保证知识传播渠道的畅通,为广大科研人员实现知识、科技创新创造条件。基于知识、技术创新的大环境,图书馆的服务社会化是在市场经济条件下谋求自身发展的一个必然趋势。

现有资源得不到充分有效利用。图书馆,特别是高校图书馆,作为文献信息的一个汇集中心,拥有浩瀚的文献信息资源。据不完全统计,全国 1 000 余所高校图书馆拥有藏书 6 亿多册,并拥有大量连续出版物等及时性的信息资源。高校图书馆拥有较强的专业文献资料加工处理能力,在长期的教学和科研工作服务中,高校图书馆积累了大量工作经验与专业信息处理知识和能力,这些知识和能力是其他类型信息服务机构无法比拟的。可以说,高校图书馆是一个学科齐全的多功能的信息处理中心。但是,令人遗憾的是,高校图书馆的这些资源优势,如信息资源优势、技术设施优势等并没有得到充分有效的发挥。虽然目前许多高校图书馆已开始向社会开放,但其力度和服务范围及层次还远远不够,高校图书馆的这些资源需要有一个更为广阔的发展领域,让其得到更为有效的利用,高校图书馆需要一个展示自己的社会大“舞台”。

图书馆在服务社会的过程中可以方便地引进外部资源,如资金、技术、管理,借助外部力量进一步深化好其内部改革,让图书馆更好地为高校教学和科研服务,并进一步为社会提供更为广泛的信息服务。如今,图书、信息已走向市场化,清华同方的中华知识网、中国期刊网,万方数据、维普中文期刊等网上资源与图书馆的强强联手(建立镜像站等形式),给了图书馆强大的外部资源活力,如火如荼,而绝大部分图书馆面对市场经济不能再是冷眼旁观,而应该把目光投向市场、投向长远、投身市场,服务社会化是图书馆走向市场的重要途径。

进入当今知识经济时代,又是信息经济时代,人们的信息意识不断提高,对信息的需求量越来越大,信息的迅猛增加和高速利用,给图书馆的文献信息资源管理和读者服务工作开辟了广阔的前景。高校图书馆不仅是学校的文献信息中心,而且是学校信息化和社会信息化的重要基地。图书馆应不断拓展自己的教育职能和信息服务职能,把读者第一、服务至上、全心全意为读者服务作为最高宗旨,把吸引读者、争取读者作为重要的策略行动,把拥有最多的读者、最广泛的信息传播面和提高有效的知识流通量作为工作方向，把适应社会的发展、顺应读者服务的发展规律，不断提高读者服务工作的质量和水平作为自身发展的目标。

（四）图书馆发展集约化

随着信息时代的发展，特别是网络技术的高速发展，图书馆应用现代化管理方法和先进的科学技术，加强分工和协作，提高信息资源和经费的利用率，增进图书馆事业的整体效益，是图书馆行业集约化的基本含义。信息社会的来临使图书馆面临着前所未有的挑战。一方面社会信息量急剧增加，单个图书馆越来越难以满足本馆读者的信息需求；另一方面信息技术正在改变着图书馆的传统面貌，数字图书馆、虚拟图书馆等新的图书馆概念和形象相继产生。为了共同满足社会的信息需求。图书馆，特别是高校图书馆，必须联合起来，实行资源共享就成了历史的必然，而现代信息技术的应用能帮助图书馆克服时间与空间的限制，从技术上支持图书馆信息资源的共享。

在结构上，计算机技术和通信技术在图书馆的应用彻底改变了图书馆的工作方式，使图书馆的各项工作在图书馆内部连成一个整体，实现了图书馆的局域网络化，图书馆作为社会的一个有机组成部分，上网并将其信息资源昭示给社会公众也是大势所趋。以计算机技术与信息处理技术为主的有形的、组织结构精密的现代图书馆网络将取代传统的图书馆网络。在功能上，在未来的知识为基础的社会里，图书馆不仅是人类文化的保存中心，而且将成为真正的知识教育中心和素质教育中心，不仅收藏着丰富的信息和知识资源，而且可以通过各种现代化手段和途径获取并传播人们所需要的各种馆内和馆外的信息和知识资源，从而成为各种年龄和知识层次的人学习和研究的最佳场所；不仅为馆内读者服务，还可利用现代化手段，在网上开设远程教育课程，提供远程教学服务，从而成为人们终身学习与终身教育的中心。由于馆藏范围的延伸，图书馆将兼有博物馆、美术馆、纪念馆的功能，但与这些机构不同的是，图书馆除了保存功能外，将更加重视藏品的利用，人们可以将其中的一些艺术复制品像图书一样，借回家去欣赏一段时间，从中受到艺术熏陶。从这个意义上说，图书馆还将成为重要的素质教育中心。在馆际合作上，交通、通信的发达，特别是高速信息传输网络的建设，使得国际的图书馆业务合作和学术交流变得更为方便，特别是网络作为一种全新的信息传递手段，以其信息量大、传输方便、不受时空局限、共享性强等优点显示了强劲的生命力，我们可以通过它检索世界上诸多国家和地区各类图书馆的馆藏目录及各种指南、手册及期刊索引数据库，交换书目信息，实现联合编目，开展学术交流。在发展理念上，图书馆作为信息的集散地，其从业人员的群体观念和个体意识应该是最敏锐、最开放的，他们应该时刻获知、鉴别和汲取新的有益的思想，在知识经济时代，社会信息网络以其丰富多变的载体形式、交流形式、服务形式迫使我们重新认识图书馆事业、图书馆信息资源、图书馆读者(用户)、图书馆服务及图书馆人本身，具有时代特色的新观念将层出不穷，而那些过时的、不符合发展趋势、落后于客观现状的旧意识将到更新。

三、文献资源获得较大发展

现代化图书馆的快速发展，必然带动着相关文献资料的巨大发展。改革开放30多年来，我国图书馆在文献资源建设方面已取得较大的进展。图书馆积极参与科学建设，并为其提供充足的文献信息，是促进其自身发展的需要，更是体现办馆特色、优化馆藏结构的需要。图书馆的文献资源丰富，就可以为现代图书馆的建设提供更有效的服务。

(一)文献资源发展历程

我国在1980年3月于北京召开了第一次关于图书馆的全国联合目录工作会议，会后图书馆界开始了联合目录的编制工作。比较有名的有北京图书馆编制的《全国西文连续出版物联合目录》，中科院文献情报中心编制的《中国科学院西文期刊联合目录》，北京大学图书馆等单位联合编制的《西文图书联合目录》等。

1980年5月16日，中共中央书记处批准《图书馆工作汇报提纲》，此后，全国多数省、市、自治区先后恢复了中心图书馆委员会并开展了资源共享工作。高校系统、中科院系统、国防科工委系统、农林系统的图书情报机构也陆续成立了文献资源共享协调机构。

1984年9月，全国高校图书馆藏书建设研讨会在大连召开，此次会议与会代表首次提出“文献资源建设”的新概念。在此之前，我国图书馆界惯用“藏书建设”这一称谓。1986年，我国首次开展大规模的文献资源调查，并于1987年正式组成“全国文献资源调查与布局研究”课题组，列入“七五”期间国家重点研究项目。该课题从立项到完成历时4年，于1990年完成，1991年4月通过国家鉴定。本次调查建立起“全国文献资源数据库”和“全国文献资源调查用户评议数据库”，数据库包括514个馆文献收藏的基本情况和6 354份用户意见。1986年11月，中国图书馆学会在广西南宁召开了“全国文献资源布局学术研讨会”。1987 年 3 月，文化部、国家科委、国家教委、国防科工委联合发出《改进和加强图书馆工作的通知》，明确提出“开发和利用文献信息资源，提高服务质量，是图书馆工作改革的出发点和归宿”。同年 10 月有 11 个部、委参加的部际图书情报工作协调委员会成立，这标志着我国文献信息资源保障新体系开始运行。

1988 年，上海高校图书馆联合创建了“申联文献信息技术公司”，后来上海图书馆也加入进来，目前该系统已拥有用户 140 余家，以卡片或机读软盘、磁带形式共享编目数据。1989 年 9 月，部际图书情报工作协调委员会在江苏连云港召开会议，此次会议草拟了《关于加强全国文献资源建设的意见》，指出由国家科委、文化部、国家教委、中国科学院、国防科工委等部门组建的部际图书情报工作协调委员会，今后的主要任务之一就是要组织协调好文献资源的布局与开发。同年，深圳大学等 7 所广东高校图书馆联合成立“粤深文献处理中心”，实行协作采购与合作编目。

1994 年 3 月，上海图书馆联合上海科技文献情报中心、复旦大学等 19 个单位共同启动了“文献资源共建共享协作网”。

1994 年 6 月，国家教委全国高校图书情报工作委员会组织 48 所重点院校正式成立了“全国高校期刊协作网”；1995 年国家编制《国家信息化“九五”规划和 2010 年远景目标》和《国家信息开发利用规划》，将信息资源建设列为国民经济、社会发展和国家信息化的必要条件、核心内容和关键环节。1997 年 11 月，文化部召开“全国公共图书馆信息资源建设座谈会”，并拟定了《全国公共图书馆信息资源建设规划(征求意见稿)》。1999 年 5 月，上海成立了以上海图书馆为主任单位的上海市文献资源共建共享工作领导小组办公室，制定了《上海文献资源共建共享计划(1999—2001)》，全市 60 多个图书馆组成了上海市文献资源协作网，开展图书采购协调、通用阅览、馆际互借等活动。

1998 年 7 月，国家教委召开会议通过了《中国高等教育文献保障体系(CALIS)建设项目可行性研究报告》，中国高等教育文献保障体系(CALIS)建设项目正式启动。1998 年 10 月，国家图书馆与北京大学图书馆、清华大学图书馆、中国科学院文献情报中心签订了合作协议，以实现网络互联、馆际互借、数据交换与文献传递。1999 年 1 月 14 日至 15 日，在北京召开了“全国文献信息资源共建共享会议”，此次会议签署了《全国文献信息资源共建共享倡议书》和《全国图书馆馆际互借公约》，124 家图书情报单位在倡议书上签字。到了 2000 年，国家图书馆设立“全国文献资源共建共享协调委员会办公室”，旨在推进全国各大图书馆文献资源共建共享工作的进程。

（二）文献资源的地位

文献资源30多年的发展历程，是一个持续进步的过程。在这一过程中，我们可以发现文献资源的地位在图书馆建设中的重要转变。

①我国文献资源建设已日益受到国家有关部门的重视，在文献资源共建共享方面图书馆基本上已形成共识。

②全国性和地区性的文献资源协作网络正在逐步形成，一些网络组织共商了合作原则，拟定了合作章程，文献资源共建共享已有了良好的开端。

③全国开展的文献资源调研工作，为摸清全国文献收藏情况，对文献进行合理的调配与布局提供了可靠的数据保障。

④在数据库建设和联合目录的编制上开始注重标准化和规范化，并运用计算机技术将建库重点放在数据库群的建设上。

⑤经过多年不懈的努力，文献资源共建共享已取得丰硕的成果，尤其在行业和地区性的文献资源保障系统建设上已取得重大的进展和突破。

就全国而言，现已有以下三大文献保障系统。

一是由文化部负责实施的“中国图书馆信息网络”（CLI－NET），即“金图工程”，该“工程”明确提出要在10所有一定现代化发展规模和基础的省、直辖市图书馆建立地区性网络中心作为网络的一级节点，以形成全国骨干网络。在全国100个省、市级图书馆建立二级地区网络中心，作为二级节点。在全国500个县级图书馆建成三级网络节点，基本上实现全国图书馆文献资源的电子化和网络化，做到信息的快速存取、传递和交换，实现全国图书馆文献信息资源和其他信息的有效利用、协调发展和资源共享。

二是以中国教育和科研计算机网（CERNET）为依托，实施“中国高等教育文献保障体系”，即“CALIS”计划。该计划打算在北京建立文理、工程、农学、医学4个全国性的文献信息中心，以构成文献保障体系三层结构中最高层，主要起到文献信息保障基地的作用。另在华东南、华东北、华中、华南、西南、西北、东北等7个地区建立地区级文献信息中心，构成文献资源保障的第二层，各高校图书馆所不能解决的大部分文献需求应在这个层面通过协调得到基本解决。第三层即为各个高等院校图书馆自身。这个计划实现将为全国高校科研提供高水平的文献信息资源保障。

三是中国科学院文献信息网络系统，中科院文献情报中心从1992年开始进行文献信息网络建设，建立“中科院中关村地区书目文献信息系统”。1995年，为进一步加强全院文献信息网络的整体化建设，院里成立了“中科院计算机文献信息网络领导小组”，并于1996年开始实施“中科院网上文献信息共享系统”工程（第一期），该工程于1998年初完成，实现了局域网、城域网、广域网上的文献资源共享，同时向全院100多个研究所提供联机书目信息查询服务工作。全院12个分院都建有文献情报协作网，各学科也建立了文献情报网，从而形成了类型多样、纵横交错的有机的网络整体系统，使其在中科院系统较好地发挥了文献保障的群体优势。

（三）高校图书馆文献资源建设

高校图书馆承载着国家未来的希望，因此，高校的文献资源建设具有举足轻重的地位。高校图书馆积极参与学科建设，并为其提供充足的文献信息，是促进其自身发展的需要，更是体现办馆特色、优化馆藏结构的需要。高校学科建设的发展方向决定了高校图书馆工作的发展方向，学科建设要求图书馆的文献资源丰富，这就要求高校图书馆的文献资源建设充分结合本校的学科建设、专业课程设置，积极调整，完善图书馆馆藏和服务体系，形成一个有突出特色的文献结构框架，为学校的学科建设提供有效服务。

1. 加强面向学科建设的文献信息资源建设

加强学科建设是增强大学核心竞争力，凸显办学特色，提高教学质量、科研水平和社会服务能力的一项战略性、全局性和基础性工作。面向学科的文献信息资源体系的建立是高校图书馆资源建设工作的重中之重。

（1）要加强重点学科的文献信息需求分析

明确学校的办学定位，了解和掌握重点学科的构成，并分析重点学科的级别是国家级还是省部级，分析重点学科的发展方向，分析其特色和优势。了解重点学科用户对文献类型、信息服务形式及信息服务质量等方面的需求状况，在进行文献资源建设的具体工作中制定科学的藏书计划，不断调整馆藏结构。要充分研究学校的学科设置、专业设置、课程设置情况，对我们应该收藏哪些学科文献做到心中有数，特别是具体到某个大类的文献资源建设上，要做到充分了解这个大类学科的建设情况，哪些类目需要什么收藏级别要仔细认真研究，做到重点学科全面系统收藏，相关学科选择收藏，形成比较完整的科学体系，总体达到研究级收藏水平，支持学科发展。

(2)使重点学科有足够的经费保障

在加强文献信息需求分析的基础上,还要加大对重点学科文献购置经费的支撑力度。重点学科是学校的支柱性学科,代表着学校发展的方向和学术水平。根据本校学科发展的需要,把握好经费对学科发展的倾斜度,制定有计划、有步骤、长远的信息资源建设目标和方案,确保重点学科文献资源建设的投资力度。文献资源建设要向重点学科、重点科研项目、重点课程倾斜,确保重点学科信息资源的年增长比例。在经费保障上,形成保重点、带一般、全面兼顾、均衡发展的局面。

(3)努力提高采购人员的素质

学校学科建设的不断发展对采购员提出了更高的要求,高素质、复合型是新的形势对采购人员的要求,因此采购人员必须适应新形势的要求,要不断增加知识储备,拓宽知识面,坚持增长自己的综合知识水平。同时也可以通过学科馆员的工作更好地完善学科建设的文献信息需求。通过各方人员的分工合作,紧跟学科发展的步伐,了解学科发展的趋势,提高文献资源建设水平,构建合理的馆藏结构,更好地保障重点学科的建设和发展。

(4)适时调整采购策略,适应重点学科建设的需要

在采购策略方面,高校图书馆要改变以往一成不变的策略模式,在宏观策略上要与学校的学科发展相一致,但是在微观策略上要根据需求形成一个动态的平衡。要进一步细化每个学科的采购策略,构建合理的馆藏模式,提高馆藏质量,尤其是重点学科更要认真对待。

(5)完善馆藏评价体系

制定合理的馆藏评价体系指标,对馆藏评价的目的、原则、标准和方法都要有切实可行的依据。随着学校学科建设的发展,评价体系的细化指标也要有相应的调整,通过读者满意度、图书借阅情况、相关专业文献的覆盖率等的有效评价,为面向学科建设的文献资源建设提供有力支撑。

2. 依托学科建设,完善课程设置研究

学科建设在宏观上对文献资源建设具有指导作用。面向学科建设的文献资源建设更多的是对硕士学位方向以及博士学位方向文献的把握。对于本科生的文献资源如何建设,让我们想到了课程设置。依托学科建设,在面向学科方向的相应策略研究的基础上,加强课程设置的研究,必将为文献资源建设提供更为翔实的采购依据。由于在人才培养的过程中追求知识结构的多元化,课程设置的空间得到了

扩展。一门学科往往涉及多个专业、多门课程，同时又可分为选修、必修课，所以进行文献资源建设时必须对每一门课程进行调查分析，对购书经费进行合理分配，搭建适合本学院教学需要和科研需要的文献信息资源的合理构架，合理地配置文献信息资源。

高等学校各个专业的课程设置在某种程度上也是一个学校学科建设的具体体现，如果从课程设置的角度进行细致一些的研究，能对图书馆的文献资源建设起到更好的具体指导作用，面向课程设置的文献资源建设与面向学科建设的文献资源建设结合研究可以为图书馆整体文献资源建设提供相对完备的支撑，可以形成更为合理的文献资源保障体系。根据学校的办学定位，配合教学科研需要，根据课程设置建立相对合理的文献资源配置原则，积极主动引导读者围绕各个学科的课程设置博览群书，做好大学的第二课堂。

图书馆的文献资源主要针对的是图书杂志等书籍类产品，是信息资源的一种更优化、系统化、成熟化的信息。文献资源是相对于天然资源的一种社会智力资源，是物化了的知识财富，是人们迄今为止收集积累贮藏下来的文献的总和。

文献资源是人们去图书馆所要获取的根本资源，是人们进入图书馆的最纯正的目的。文献资源的发展决定着图书馆的发展空间。近些年，文献资源在我国的快速发展，为我们的图书馆现代化发展提供了基本的保障。相信，随着科技的不断进步，文献资源在我国这样一个文化底蕴深厚的泱泱大国，会发展得越来越好。

四、图书馆法制建设和业务规范初见成效

中国是一个依法治国的国家，除了《中华人民共和国宪法》外，各行各业都有各自的法律、规范、条例等，严格约束各行各业的发展，也为其发展提供保障。图书馆也同样如此。在图书馆的建设过程中，一直在规范图书馆的法制建设，且已初见成效。在法制建设方面，图书馆界一直为拥有一部图书馆自己的法而努力，在国家尚未制定图书馆法之前，图书馆各级主管部门已为法制建设做了很多工作。例如，1982年，文化部曾颁布《省(自治区、直辖市)图书馆条例》。1997年，上海市颁布了《上海市公共图书馆管理办法》。同年深圳市颁布了《深圳经济特区公共图书馆条例》。2000年，内蒙古自治区人大审议通过了《内蒙古自治区公共图书馆管理条例》。

我们国家的图书馆法制建设初见成效，具体体现在以下几个方面。

(一)文化部制定的"评估顶级标准"

这几年,为推动图书馆事业的发展,公共图书馆、高等院校图书馆广泛开展了评估定级工作。文化部于1992年12月发出通知,决定自1993年1月起在全国县以上的图书馆开展评估定级工作,文化部图书馆司并为此制定了"评估定级标准"。1998年,全国公共图书馆系统又开展了第二次评估定级工作。高等院校图书馆的评估定级工作1986年由山东省高等院校图书馆率先开始。1991年10月国家教委下发了《关于开展普通高等学校图书馆评估工作的意见》《普通高等学校图书馆评估指标体系大纲》和《关于指标体系大纲的说明》,而后在全国高校图书馆系统有步骤地开展了这项工作。评估标准对图书馆各项工作起到一定的规范作用。评估时各个项目均要按统一制定的指标数值给予不同的分数。通过评估定级工作可以测定各个图书馆的达标程度,从而按评估标准规范自己的各项工作。

(二)标准局制定的相关规范、标准

图书馆工作的标准化和规范化是现代图书馆工作的重要基础。改革开放以来,我国图书馆界对图书馆工作的标准化给予了高度的重视。1979年,我国加入了国际标准化组织(ISO)文献工作标准化技术委员会(ISO/TC46),当年12月,经国家标准局批准,成立"全国文献工作标准化技术委员会"(后改称"中国情报文献工作标准化技术委员会")。该会下设10个分委员会,在我国着手文献标准化的研制工作。经过多年的努力,相继在书目著录、文献分类、主题表引、书目情报交换、磁带格式等方面制定出几十项的国家标准,并由国家标准局批准公布实施。如《中国标准书号(ISBN)》《中国标准刊号(ISSN)》《文献著录总则》《普通图书著录规则》《连续出版物著录规则》《非书资料著录格式》《地图著录规则》《古籍著录规则》等。同时还制定了《中国机读目录通讯格式(CNMARC)》,后经修订,1995年4月《中国机读目录格式》通过鉴定,被确定为文化部行业标准(WH/T0503-1996),为实现我国文献著录法统一创造了条件。

在业务规范化建设上,图书馆界一直致力于组织修订完善《中图法》及其系列版本工作。1999年已经出版第4版,现已被全国95%以上的图书馆采用。与此同时,图书馆界还组织编制了《汉语主题词表》和《中国分类主题词表》,这些工作都为中国图书馆业务规范打下了较好的基础。

这几年有关部门还组织编制了《图书馆建筑设计规范》,中国图书馆学会建筑与设备专业委员会也邀请有关专家起草了《图书馆建筑评估指标体系》。自此,中国图书馆建筑有了自己的行业标准，对国内新建图书馆建筑也有了评估依据。

《中华人民共和国公共图书馆法（草案）》将对政府在公共图书馆建设运行方面的职责，图书馆依法保护读者权利、接受读者的监督等方面做出规范，必将大大推进公共图书馆事业的发展，较好地保障人民群众的公共读书阅览权利。

与文化文物工作密切相关的另一部重要法律——《中华人民共和国文物保护法》的修改也列入了本届全国人大常委会预备实施类项目，相关工作正在积极准备中。

2008年，文化部牵头启动了《公共图书馆法》立法工作。2010年提交了《公共图书馆法（草案）》初稿。相关部门按照立法程序进行审查时，提出了不少修改意见。《公共图书馆法（草案）》初稿需要进一步完善。比如，如何将党的十八届三中、四中全会精神融入《公共图书馆法（草案）》之中；如何使《公共图书馆法（草案）》突破文化系统的局限性，面向全社会，包括民营图书馆；如何使《公共图书馆法（草案）》更加具有针对性和可操作性；如何使《公共图书馆法（草案）》更好地体现为读者服务的宗旨等等，这些问题都是完善《公共图书馆法（草案）》初稿需要解决的问题，也是社会和文化教研部和文化政策与管理研究中心需要完成的任务。

近年来，社会和文化教研部、文化政策与管理研究中心承担了《公共文化服务保障法》《文化部、财政部关于推动特色文化产业发展的指导意见》《文化部关于贯彻落实〈国务院关于推进文化创意和设计服务与相关产业融合发展的若干意见〉的实施意见》等多项法律政策文件草案的起草和制定，受到文化部及相关部门的肯定。此次受文化部委托，承担完善《公共图书馆法（草案）》的工作，主要有两项任务：一是完善《公共图书馆法（草案）》文本，二是提交一份研究报告。

在现代图书馆快速发展的近几十年间，我们可以看到各级各部门都非常重视规范图书馆的发展，无论是文化部、标准局还是相关的单位，都在不断努力，且取得了一定的成效，相关条例、标准、规范的出台，显示了我们在图书馆建设过程取得了一定的成绩，但是，随着社会的高速发展，我们还没有统一的图书馆法律规范，不过，这种局面会很快被打破，特别是《中华人民共和国公共图书馆法（草案）》已经得以提交，相信随着各界人士的持续努力，国家在不久的将来一定可以出台相对完善的图书馆法律，来规范图书馆更好地发展。

五、文献信息服务出现新面貌

图书馆是人们学习、查阅资料的重要场所，而一个图书馆的文献信息服务水平的高低，直接决定了图书馆的发展空间。图书馆收藏着大量的文献信息资源，积极地开发、广泛地利用这些文献资源是图书馆的重要职能之一，它也是图书馆承担各种职能的基础。由于当今社会文献的生产数量大、增长快；社会文献的类型复杂、形式多样；文献的时效性强；文献的传播速度加快；文献的内容交叉重复；文献所用语种在扩大、质量下降等特点，使人们普通感到利用起来十分不容易。图书馆通过对文献信息资源进行加工整理、科学分析综合、指引，形成有秩序、有规律、源源不断的信息流，进行更加广泛的交流与传递，使读者更好地利用它们。图书馆的文献资源开发包括下面几项内容：第一，对到馆的文献进行验收、登记、分类、编目、加工，最后调配到各借阅室，以便科学排架，合理流通；第二，对馆外文献信息资源进行搜索、过滤，成为虚拟馆藏，形成更加宽广、快捷的信息通道；第三，通过最现代化的手段——计算机网络操作技术使馆藏文献走向数字化。

文献传递服务主要是解决如何通过图书馆获取自己无法找到的文献资料的问题，文献资料包括国内外的图书、论文和专利等，主要来源于 CALIS 和 CASHL 两个文献传递服务网内成员馆馆藏及国家科技文献中心（NSTL）和中国地质图书馆等。

（一）电子图书馆的出现让文献信息服务迈上了一个新台阶

电子图书馆，是随着电版物的出现、网络通信技术的发展而逐渐出现的。电子图书馆，具有存储能力大、速度快、保存时间长、成本低、便于交流等特点。光盘这一海量存储器，能够存储比传统图书多几千倍的信息，比微缩胶卷要多得多，而且包括图像、视频、声音等。

利用 Microsoft Visual Fox Pro 技术管理图书馆里的图书，对馆外文献信息资源进行搜索、过滤，成为虚拟馆藏，形成更加宽广、快捷的信息通道；通过最现代化的手段——计算机网络操作技术使馆藏文献走向数字化，我们能很快地从浩如烟海的图书中，查找到自己所需要的信息资料。这样，保存信息量的时间要长得多，不存在霉烂、生虫等问题。利用网络，在远在几千里、几万里的单位、家中，都可以使用这种图书，效率极高。

1. 电子图书馆的特点

（1）文献信息电子化

电子图书馆主要收藏电子出版物，这种出版物是利用大容量电子存储技术生成的，和印刷型出版物不同，它不以纸张为载体，体积很小，价格低廉，信息存取方便。

(2)以计算机为载体

电子图书馆的文献信息,读者只能通过计算机或终端来使用这些电子出版物,如通过显示屏幕来阅读一次文献、二次文献、三次文献和视频数据等。

(3)存储量较大,灵活、方便

读者需要的文献(包括一次文献)和数据可以打印出来或存储在个人存储载体上,传统的手工借还方式已不复存在。

(4)文献信息共享

由于电子图书馆借助于网络的快速发展,每个图书馆除了自己入藏的电子出版物外,还可以通过计算机网络使用其他图书馆和信息检索服务系统的电子出版物,图书馆已由个体的概念转化为群体的概念。

(5)服务功能强大

图书馆在读者和计算机检索部门之间起中间人的作用,图书馆的服务方式更加多种多样,情报检索、参考咨询等服务将处于更加重要的地位。

(6)图书馆馆员的责任和作用将有很大改变

在电子图书馆的馆员,他们将把更多的精力用于为读者提供信息服务,如担当顾问、开展读者教育进行情报分析、帮助读者建立提问档、组织个人电子文档、提供最新的情报源等,图书馆馆员将成为信息专业人员或某些学科的信息专家。目前电子图书馆的一些特点在某些发达国家中已初步显现出来。可以预计,随着现代科学技术的发展,未来的图书馆必将以崭新的、高度现代化的面貌出现。

2. 电子图书馆的应用

电子图书馆因其存储量大、传播速度快、资源共享等巨大优势,在各行各业都有广泛的应用。

(1)在政府单位的应用

政府单位图书馆电子阅览室的建设已经成为政府单位图书馆建设的一个重要内容。许多政府单位都意识到电子阅览室的重要性。电子阅览室使用范围及功能主要有:不受复本数限制,亦不占用复本数,可随时查询借阅所有电子资源;方便急需使用电子资源的员工无限制地查询使用所有电子资源;其他需要经常使用资源的办公室,可以方便相关人员了解所有馆藏电子资源,无限制地查询使用所有电子资源。

(2)在普通用户中的应用

在单位内办公室,可以通过电子图书馆方便员工工作时参阅相关电子资源;单位员工在家中,可以通过电子图书馆方便员工查阅电子资源或阅读单位文化建设的相关资源,丰富员工文化生活,增强单位的凝聚力。

（二）“读者至上”的文献信息服务

我们图书馆不断发展的最终目的是为读者创造最大的利益,确定“读者至上”的图书馆文化,以读者对图书馆的满意程度作为衡量图书馆自身工作的主要标准。正因为图书馆坚持处处将读者利益放在重点来考虑,从而使图书馆文献信息服务出现如下新的面貌。

1. 长时间、全方位地为读者服务

现在我们很多的图书馆已做到了365天开放,每周开放72小时,大大方便了读者,使图书馆真正成了“读者之家”。

2. 服务对象更广泛、服务更便捷

扩大服务对象,敞开发证,有些馆已经做到了无证件就室阅览,办借书证也不受任何条件限制,使公共图书馆的大门无条件地向社会公众敞开。

3. 开放性文献信息服务

现在很多的图书馆馆藏文献实行全方位开架,让读者最大限度地接近馆藏,从而大大提高了读者对文献信息资源的利用率。

4. 提升图书馆的服务空间

设立馆外图书流通点,通过送书下乡、文化扶贫、送书到军营、厂房、工地等,全方位、多角度地拓宽了图书馆的服务空间。

5. 加大对文献资源的开发力度,增强图书馆的信息服务功能

文献服务已由以整本图书或期刊为单元转变为以知识、信息为单元,向用户提供有针对性的服务。图书馆还开展信息咨询、代查代译、专题剪报、定题服务等业务,图书馆服务工作正在逐步向信息服务的方向深化与发展。通过在服务过程中对文献资源的开发、挖掘、引导,使读者从中受益。

6. 另辟蹊径的特色服务

在特色服务上另辟蹊径,如深圳图书馆设有“馆中之馆”的法律图书馆、时装图书馆,北京东城区图书馆设有包装资料馆,上海市曲阳图书馆设有影视文献中心,湖北省宜昌图书馆设有柑橘文献中心,郑州科技图书馆设有饮食图书馆,南京金陵图书馆设有广告人文库。这些馆除了做好常规服务工作外,还开展专题文献

信息服务，并成为它们深化服务内容的一大特色。

7. 与活动相结合，形式多样

现在很多的图书馆倡导阅读，开展丰富多彩、健康向上的读书活动和社会文化活动，如举办各种讲座、读书报告会，开展优秀图书推介，新书展览，组织多种多样的读书活动，以激发广大群众的读书热情。

8. 借助互联网的发展

现代图书馆是离不开互联网的发展的。开拓网上服务，网络资源更新的速度很快，且具有迅速、交互、图文并茂的特点，图书馆还以积极的姿态培训用户，以求将更多的用户带入一个全新的知识天地。

9. 延伸性服务

业务部门开展延伸性信息服务，如通过科技查新、文献检索、翻译服务、培训服务等，为科研和企事业单位提供服务。

目前，我国图书馆在文献信息服务方面已拉开了主动服务、知识服务、创新服务、服务多样化的新的一幕。图书馆服务范围的不断拓宽、服务时间的不断延长、服务模式的不断创新、服务内容的不断深化，正是反映图书馆在我国改革开放过程中出现的一种广泛而深刻的变化。图书馆也在这一变化中获得空前的受益和发展。

我们有理由说，中国图书馆的现状总体来说是好的，中国图书馆历经艰苦探索与实践，已为21世纪图书馆的可持续发展创下一份厚实的基业。当然，我们也必须看到，图书馆在发展中仍然存在着许多困难和工作的失范。诸如资金不足，文献入藏量明显不够，文献资源共享程度不高，书刊利用率低下，图书馆现代化进程缓慢，图书馆法制建设滞后，管理体制不顺，图书馆人力资源开发不够，高、中、初级人员结构严重失调，未能做到人尽其才。图书馆分布极不合理，东西部地区、经济发达与贫困地区存在着较大的不平衡现象。图书馆基本建设和图书馆现代化缺乏强有力的宏观指导，规模效应与办馆效率还未达到理想程度，甚至还有许多我们未能感知的问题。正是基于这一认识，我们有必要抱着积极的建设性的心态面对图书馆未来的发展。再造21世纪图书馆的辉煌，这是每一个图书馆从业人员都应当为之关注的问题。

（三）文献信息服务的发展趋势

1. 图书馆文献信息服务的完善

图书馆主要以纸质的文献信息为主，在现代化的今天，我们应该使图书馆与计算机技术和网络技术紧密结合，利用计算机技术创建适合图书馆规模的数据库，来记录和分析馆内的图书资源，对馆内资源的准确掌握，对管理和发展图书馆至关重要。

在进行图书馆文献信息服务时，利用网络资源建立网页和索引来对图书馆中的所有图书进行合理分类对读者快速合理地查找所需信息十分必要。有了索引的帮助，读者不必为了寻找一本书而穿梭在整个图书馆中，这种既费时又费力的寻找方式将有效改善。为了方便客户与读者的获取，在图书馆文献信息服务中还可以采用电话、短信、传真和电子邮箱来为客户进行服务。客户可以将所需的文献信息通过以上方式发送到图书馆有关服务部门，服务部门的工作人员将用最快的速度将准确信息回复给客户。

随着信息化技术的不断改变，图书馆文献服务方式也在随之变化。数字化和网络化资源的利用使现代的图书馆文献信息服务更加人性化，创立了文献信息服务的新局面。

2. 网络化信息服务

近些年随着网络的迅速发展，网络已成为生活中不可缺少的一部分。图书馆也在应用着网络来完善文献信息服务系统，图书馆功能在网络的应用后得到加强，读者数量也随之快速增长。网络的一大特点就是资源共享性，读者将不再受限于不同单位、地区。在权限的允许下，读者可以获得任何单位与地区的知识资源，这样使得读者获取的信息更加广泛准确。利用网络可以使资源的寻找更加快捷，只要读者掌握必备的一些基本计算机、信息检索、外语等知识，就可以用最快的速度找到自己需要的信息。

图书馆可以利用网络将用户所需的各项服务功能进行整合，使之最大限度地满足用户的各项信息服务要求。在这样网络化的文献信息服务模式下，图书馆得以向读者提供多层次、全方位的信息服务，最大限度地方便用户的查找信息过程。网络环境下搜索引擎提供了多主题自由检索，这种检索方式使信息检索已不再是图书馆专业人员的专利，而是成了一种大众化工具。

图书馆文献信息服务在现代化高速发展的社会中逐渐完善并继续发展，图书馆已不再是传统的内部开放，而是面向全社会各阶层开放。任何一个公民都有权利在图书馆中寻找自己所需要的信息，图书馆资源也日益区域共享化。同时，网络化文献信息服务的应用不仅满足了读者的需求，还使图书馆管理系统更加完善，在今后的发展中，图书馆文献信息服务将更加完美。

图书馆文献信息服务是未来图书馆的核心竞争力。随着时代的不断发展与科技的持续进步，文献信息服务不断展示了新的面貌。传统图书馆的文献信息服务已经满足不了现代人的要求，结合互联网的电子化、网络化、数字化的文献信息服务已成为当前图书馆的主流。

第二节　我国现代图书馆发展中存在的问题

一、经费不足，地区发展失衡

网络环境下，图书馆的发展也面临着许多问题，图书馆的服务工作受到了严重的挑战，特别是图书馆的服务工作已经远远不能满足读者的需求。这些问题影响了图书馆职能的充分、高效发挥。

众所周知，我国图书馆的经费起点低，尽管图书馆经费经历了较快的增长，但直到目前，其绝对数额依然较小。考虑到目前图书馆基本支出特征——书刊价格不断上涨、需要采购的文献类型日益多样、以现代信息技术为核心的设备更新日益昂贵、人民生活水平改善后对办公及阅览条件的不断升级，目前图书馆经费远远不能满足其正常发展的需要。

尽管我国图书馆经费的整体水平得到了较大程度的改善，但由于各级图书馆所处的经济环境不同，地区间的差异还是很大，发展处于一种分化的状态。在经济不发达的地区，图书馆的经费投入没有保障，部分地区图书馆难以维持现状，许多地方甚至没有图书馆，特别是在西部农村，这种现象更为严重。经费投入不足、地区发展失衡已经成为我国图书馆可持续发展最为突出的问题。

（一）投入不足，图书馆的整体发展水平还相对落后

我国图书馆事业与社会事业的其他领域相比，投入严重不足，差距在拉大。而本来就比较少的经费又主要用来支付职工工资，可用于购书的经费少得可怜。

由于投入的不足，许多图书馆的藏书量严重不足，图书无法更新，图书馆的人

均藏书量远远低于国际图联的人均藏书 1.5~2.5 册的标准。图书馆的馆舍陈旧老化，服务设施和技术设备落后，许多地区的图书馆馆舍已经陈旧老化，时至今日，已变得寒酸破败，其设备根本无法使用，仅作为摆设。

（二）图书馆的发展不平衡，区域差别特别明显

首先，从东西部来看，图书馆事业东西部地区之间差距越来越大，北京、上海、江苏、浙江、山东、福建、广东图书馆事业发展很快，十分可喜。但是西部地区非常令人担忧，就文化事业经费的投入来看，中西部地区占总人口的 2/3，但文化事业经费投入只占总量的 44%。一级图书馆数量最多的是江苏省，上海市一级图书馆、上等级的图书馆比例是全国各省、市、区之首。而青海、西藏上等级的图书馆数量极其稀少。其次，从县级图书馆与市级、省级和国家图书馆相比来看，由于各级图书馆的投入主要靠同级财政的投入，我国的财政状况是市、省级和中央财政的财力要比县级基层财力雄厚得多，因此县级图书馆的状况要比市、省、国家图书馆差得多，无论是馆舍基础设施、技术设备等硬件条件，还是人员素质、服务水平等软件条件，都不在同一档次上。再次，从城乡差距来看，一些城市所辖区县的县级图书馆与一些农业县的县级图书馆的发展差距也十分大，有时甚至城市所辖区县的县级图书馆比一些省的省级图书馆还要好。

二、管理体制问题

图书馆管理体制是指对图书馆实施控制、监督、指导、操作的机构安排以及这些机构间的权利义务关系。具体地说，图书馆管理体制决定着谁负责制定图书馆的方针、政策、标准；谁负责给予图书馆政策拨款；谁决定它的发展规划；谁对它进行监督约束；谁在业务上对它进行指导等一系列问题。

在我国，各级地方政府是我国图书馆发展的最主要决定者，地方政府不仅掌握着图书馆的发展的财权、规划权、决策权和管理权，而且地方政府对这一权力的运用情况受到的约束和监督很小，几乎没有。此外，各级图书馆所处的经济环境不同决定了我国图书馆在管理体制上实行条块分割、各自为政，难以形成协同运作、优势互补、高效服务的图书馆体系。这种管理体制致使图书馆产生了分配不公、效率低下等恶果，严重影响了图书馆正常功能和作用的发挥。

三、服务内容单一，资源共享不足

现代社会人们渴求获得不同的、深层次的信息与知识，但是作为信息部门之一

的图书馆由于计划经济体制的影响，固守传统的做法致使服务内容一直停留在简单的书刊借阅上，对文献信息深加工与开发利用浅尝辄止，除纸质印刷物外，其他先进的文献信息载体形式收存甚少。这样远离市场经济需要的服务造成大多数图书馆目前难以满足读者多方面、多层次的综合性需求，从而降低了图书馆的社会地位。

在传统的图书馆管理思想的影响下，人们仍然习惯于以馆藏多少作为评价图书馆的等级标准，共享意识淡薄，缺乏全局观念，保守主义、形式主义和本位主义思想严重，追求“大而全”“小而全”的现象依然普遍存在。领导信息管理观念淡薄，对图书馆工作的重要性还没有充分认识，闭关自守、自给自足，盲目追求大而全，造成信息资源的重复投资和严重浪费。读者并不在乎图书馆是幢什么样的建筑，在什么位置，又有多少文献，读者在乎的是图书馆能提供什么信息资源和信息服务，他们不再经常去建筑形式的图书馆，而是通过网络获取文献信息。

许多图书馆资源与服务分布较散，一站式信息服务未能实现。服务以图书馆为中心，被动地等读者上门。图书馆图书资源采集不全，有些文献没有收集。由于工作机制、人员素质及设备的限制，服务工作有许多局限性，造成读者利用效率不高。馆员对学术研究活动就很不重视，认为那是专家学者研究、探讨的东西，自己只要把本职工作做好就已经不错了，抑制了工作人员的工作积极性和主动服务的精神。

四、图书馆工作人员队伍问题

目前图书馆普遍存在的矛盾是：读者用户日益增长的信息知识需求与图书馆的信息知识提供能力相对落后之间的矛盾。而造成这一矛盾的主要因素就是图书馆的整体素质相对较低。在我国，图书馆的管理长期以来一直隶属于上级文化主管部门，自身缺少支配人力资源的权力，很多工作人员是照顾安排进来的。这种用人局面导致能干事的进不来，进来的干不了事，队伍老化，文化层次普遍偏低，人浮于事现象严重，难以开拓事业发展新领域。

此外，虽然目前不少图书馆的人才结构较之前些年有长足的进步，但大部分工作人员都不是图书馆学专业或计算机专业的，普遍存在着知识结构单一、专业结构不合理等问题。部分工作人员专业知识水平不高，即使其有很好的服务态度也无法为读者解疑释难，再加上培训制度的不完善，使之传统技能和知识水平越来越无法适应图书馆现代化的发展，越来越无法满足读者利用图书馆的需求。

图书馆馆员年龄偏大、素质偏低，接受现代化知识比较慢。图书馆要实现信息化、数字化、电子化，年龄偏大的人员接受新事物较慢，不敢使用电脑网络，这样势必影响图书馆向现代化方向发展。年轻、学历高、有能力、高素质，对图书馆事业有追求的人却想进无门，实现图书馆的信息化、网络化是一纸空谈。在网络环境下，图书馆工作人员将不再只与图书打交道，而是与计算机网络打交道，图书馆的服务内容和手段都发生了巨大的变化，对图书馆馆员提出更高的业务素质要求。各级管理人员及基层操作人员在安全水平与意识上也存在着一定的差异，往往造成上下级理解不同，操作无法规范化，致使网络安全方面的措施很难达到预期的成效。

我国图书馆事业存在的这些问题，在很大程度上制约了我们现代图书馆的发展，如果这些问题得不到有效解决，我们图书馆现代化建设就不能实现，从而在很大程度上限制了现代图书馆的发展。

第三节　我国现代图书馆的可持续发展

我国图书馆的发展遇到不少的问题和挑战，只有充分解决这些困难，迎接挑战，才能让我们的图书馆事业持续发展，具体措施如下。

一、加大图书馆的投入，充分发挥政府职能

我国图书馆事业的经费来源，大体分为三部分：政府拨款、社会援助、自身创收。图书馆是一个公益性服务机构，其资金来源主要依靠国家和地方财政拨款。

首先，各级政府应加大对本地图书馆的经费，特别是购书的经费的投入力度，保证投入的经费到位，满足实际需要。当然，图书馆管理者也要加强公关社交，积极主动地去争取政府的支持与投入。

其次，要多举办各种对社会有益的活动。如学术研讨、文化长廊、读者交流会等活动，提高社会知名度。争取或接受国内外机构、团体和个人捐赠的款物，包括资金、文献、图书馆办公用品及其他形式的实物。此外，图书馆也可以采取主动出击的方式获得捐赠。例如，黑龙江省佳木斯市图书馆，在市有关部门的帮助下，在佳木斯市直机关、企事业单位广泛开展捐书、捐款活动，大大地充实了该馆的图书资源。

再次，图书馆本身应艰苦创业，在国家政策、法令、法规允许的范围内，结合图书馆自身条件积极创收，以弥补财政拨款的不足。如：商业性出租图书馆闲置场

地，开展一些合理的、有偿的高级信息服务。

最后，各级政府应从战略的角度充分发挥政府职能，促进图书馆的协调发展。鉴于目前我国中小型图书馆发展落后的事实，政府应加大对中小型图书馆的投入。同时，在图书馆的整体规划、合理布局、平衡发展等方面也要积极地进行统筹考虑和科学安排。

二、深化图书馆体制改革

图书馆按照“加大投入、转换机制、加强管理、增强活力”十六字方针，进行管理体制与机制的改革。馆长负责制下的图书馆基本职能依然是执行政府制定的图书馆方针、政策和发展规划，实施图书馆服务，但应逐步扩大图书馆在人事管理、资源配置、业务决策等方面的自主权。打破按行政级别设立独立图书馆的标准，改为根据当地财政能力决定是否设立独立的图书馆。在更大程度上发挥行业组织的指导、咨询作用。可在现有的图书馆间非正式联系的基础上，成立更加正式的图书馆协会。

图书馆实施知识服务是知识经济时代的必然要求，是实现可持续发展的动力源，是图书馆基本职能的延伸和发展。通过知识挖掘、组织、开发和应用，最大限度地发挥知识的功能与效益；图书馆实施知识服务，要为教学提供优质服务，为重点科研项目提供定题服务，为学科带头人提供个性化服务，图书馆馆员要熟练运用计算机网络等新技术，掌握知识导航能力，实现从一般图书工作者到新型知识工作者的转变，才能适应网络环境对图书馆馆员的要求。

计算机技术具有强大的信息处理能力，是实现图书馆数字化、自动化的有效载体。用户利用泛在图书馆提供的信息服务，可以在任何方便的时间和地点实现所需的数据库书目信息检索、查询，满足读者方便快捷的个性化服务需求。发挥图书信息化管理的优势，计算机的普及、互联网的建立，特别是信息技术引入图书馆领域之后，图书信息化成了当下的发展趋势，极大地方便了读者。在知识经济时代，网络信息从各个层次冲击着图书馆，网络的发展，使人们对图书馆获得所需信息的依赖逐渐降低，使许多读者对图书馆的信息服务能力产生了怀疑，更自寻渠道获取所需信息。馆领导要树立为馆员服务的思想，要为馆员创造和提供优良、和谐、富有人性化的工作环境和必要的后勤保障及服务，让他们保持愉悦的心情、高昂的斗志去开展工作，充分发挥他们的积极性，以实现工作目标的最大效益。

书是图书馆的血液，血液必须保持更新，藏书量的充足且多元化能明显提高图书馆的使用率,借助橱窗、多媒体工具、新书架、专题书架、书刊展示台等向读者提供有针对性的信息,这些设施不仅仅是文献资料的承载体,更是读者搜索信息的多种路径,同时图书馆也能把优秀图书和更新的信息主动呈现给读者,培养读者的图书馆意识,提高图书馆的利用率,使图书馆从往日一成不变的藏书地变成一个互动立体的信息乐园。不断改善图书馆的网络环境,建立自己的网站,引进先进的图书馆管理系统,建立检索平台。实现信息资源和知识资源的智能共享,升华服务内涵。

近一二十年,是我国图书馆事业发展较好的一段时期。经过20世纪90年代的“低谷”阶段,图书馆事业在信息技术、网络技术等技术手段的支持下,在可持续发展观不断深入的状况下,图书馆的管理和服务无论在技术设备层面,还是在理念和制度层面,均出现了一些不同于以往的新事物。特别是在东部经济、文化比较发达的地区,在一定区域范围内出现了总分馆制、图书馆联盟、图书馆之城、联合图书馆、图书馆集群等图书馆合作形态。这些都是图书馆可持续发展的表现,这些区域图书馆的发展既不同于以往的图书馆业务协作,在其中又可见到一些发达国家和地区图书馆总馆/分馆体制管理的影响,然而又不限于此。如上海中心图书馆的组织模式中,显然已超出系统的范围。在新信息环境中出现的这种具有中国特色的图书馆发展态势,突破以往的单馆发展模式,开始探索体系化建设,以网络为支撑,以一定的组织形式和业务协同关系将原来分散发展的图书馆个体联系成相对紧密的图书馆整体,共同为区域提供普遍均等的图书馆服务。可以看到,它的出现并不是一种孤立的图书馆现象,它是经济发展和社会进步以及可持续发展观念在图书馆事业中的扩大和深入。

三、转变服务职能,创新服务理念

图书馆由单一转向综合化与多样化,由简单的借阅书刊模式向对文献深度开发利用发展,由单一书刊服务向音像视听服务发展,由以图书馆为中心向以用户为中心发展,由以文献为中心向以信息为中心发展。通过服务职能的转变,让图书馆由文献处理机构向融入整个信息环境的服务机构发展,成为多功能的现代化智力服务集团。

随着网络信息系统的发展,图书馆信息管理的社会功能和地位正在受到威胁,如不改变传统的服务模式,引进知识管理体系,图书馆可持续发展能力必定会受到严重影响。知识管理不同于以往的信息管理,知识管理更注重的是知识的创新,将知识视为组织最重要的战略资源，以提升组织的竞争力为目标。图书馆要获得持续发展，就必须提升当前的社会竞争力，为此，进行知识管理势在必行。知识管理的内容是对图书馆可持续发展资源的管理，加强图书馆知识管理有利于图书馆可持续发展核心竞争力的提高，图书馆知识管理的目标是知识创新，而知识创新也是提高图书馆核心竞争力的重要途径。知识管理的核心是人力资源管理，人是知识创新的关键，通过激励机制和制度安排，激发人的创新能动性，增强他们的应变能力，使其能随着环境的变化和社会需求的不同，采取相应的知识管理模式和知识服务体系，从而增强图书馆的竞争优势，使图书馆的核心竞争力得到提高，从而促进图书馆的可持续发展。

作为一个存储文化的组织，图书馆如果没有文化和灵魂，则必定会消亡。特别是在今天这个数字信息环境中，创新文化正变得日益重要。根据 Hall 的解释，创新是运用知识或相关信息创造和引进一些有益的新事物的过程。面对飞速发展的信息技术、数字化技术与网络技术，图书馆只有探索知识管理的服务理念，构建创新性组织文化，才能赢得未来的可持续发展。

图书馆要创新服务的理念，从传统服务观念的禁锢中走出来，确立与和谐社会相适应的图书馆服务新理念，使服务适应现代社会的要求，推陈出新，在市场立于不败之地。树立“以人为本，主动服务”的理念，以读者为本，把满足读者需求作为图书馆工作的根本出发点和落脚点，图书馆要始终坚持以人为本，以读者的利益为向导，切实维护和保障读者在利用图书馆中的各种合法权益，尊重读者、平等享受图书馆服务、平等享有接受教育的权益。

四、丰富图书馆的服务内容

服务是图书馆工作中永恒的主题，图书馆工作的质量与服务内容有着密不可分的关系。构建和谐社会，就是营造人与人之间关系的和谐，而图书馆通过不断提升自身的服务水平、丰富服务内容，为人与人之间的和谐、人与社会之间的和谐提供精神保障，发挥其在和谐社会中的积极作用。在构建和谐社会的过程中，图书馆可以通过以下特色服务，来使其充分发挥在和谐社会中的作用。

（一）依托图书馆的馆藏资源，扩大社会影响力

可以依托图书馆丰富的馆藏资源，聘请专家举办各种科普讲座、读书报告会、学术沙龙、专题咨询、文艺演唱会、摄影、书法、美术展览等方式，为社会提供动态服

务,以便普及科学知识,弘扬科学精神,扩大社会影响,使图书馆的作用得到充分的发挥。

(二)利用图书馆的设施,为社区提供文化交流的场所

利用图书馆的会议厅、学术报告厅、展览厅、视听室及先进的网络、通信、投影、放映等设备,举办各种文化展览、学术会议和培训班。通过活动不但营造了一种文化氛围,还可以宣传图书馆,并且充分发挥了各种设施的使用价值,增大图书馆的社会效益。

(三)在图书馆设立亲子阅览室,为少年儿童提供服务

儿童和父母一起读书可以增进彼此之间的感情,减少沟通障碍,促使亲子关系更加和谐。在图书馆的亲子阅览室里,母亲可以坐在舒适的沙发上给孩子讲故事;在游戏区父亲可以和孩子玩馆内提供的智力玩具。对于少年学生,图书馆不但可以为他们提供自主学习的场所和科技活动室,还可以通过志愿者服务为他们进行学业上的辅导。

(四)为残障人士提供特殊的服务

为残疾人服务的水平在某种程度上体现着一个国家的文明程度,社会和谐的标准也包含着对残疾人的关怀程度。图书馆是社会服务的窗口,图书馆的服务不能因人而异,它的服务应该是开放的、包容的,这样才能发挥其在和谐社会中的积极作用。图书馆可以培训专门为残疾人服务的馆员,使他们熟悉残疾人的心理学知识,学习手语和盲文等技能,以便更好地为残障人士服务。还可以提供先进的盲文书、书刊录音唱片等,通过一系列针对残疾人的服务使他们享受更多的人文关怀。

五、提高馆员素质,积极吸引人才

高素质的稳定人才队伍是图书馆事业可持续发展的重要保障。各图书馆要着眼于未来发展的全局,制定切实可行的用人原则和培训计划。现代图书馆将朝着两个方向发展,一是网络化,二是数字化。图书管理员要积极主动地不断加强培训和学习,馆领导要采取切实措施,有组织、有计划、有目的地开展灵活多样的继续教育,争取使每一位馆员都有机会参加适合自己的继续教育。熟练掌握和运用计算机、网络等现代信息技术,必须拥有计算机、数据库、网络方面的知识和技能,了解网络知识,熟悉各种网络检索工具。要掌握一定的外语知识,熟练掌握一门外语是

图书馆工作的需要;要具有坚实的专业基础知识,图书馆专业基础知识和工作技能是图书馆馆员的“安身立命”之本,是图书馆各项工作发展的基础。

图书管理人员素质中,政治思想素质处于主导和说明地位。没有良好的政治思想素质,即使有再高的专业才能和组织才能,也难以发挥出来。图书管理人员还应遵守职业道德规范和行为准则,要有甘为人梯的崇高职业素养。

知识经济时代最显著的特点就是,知识将成为发展经济的资本,在生产要素中居于最重要的位置,其他所有部门的发展都依赖知识的增长,因此,知识将被作为最重要的资源得到充分的开发、传播与应用,知识的不断创新成为推动时代发展的根本动力。

现代电子学与通信技术的进步,为社会信息化提供了强大的技术推动力,通信技术与计算机的结合,实现了资源的网络化,大大提高了信息的使用价值,拓宽了信息处理的应用范围。这对数字图书馆中的图书馆馆员的素质提出了全新的要求,传统图书馆馆员工作已越来越不适应时代发展的客观要求,而一批具有多元化知识结构层次的人员,成为数字图书馆网络化环境下图书情报资料工作的主力军。

特别要注意引进专业人才。一方面要接纳有学识、有才华的图书情报专业和计算机专业毕业的大学生;另一方面要吸引事业心强、具有专门知识和技能、有较强管理能力的人才。同时,对那些不具有任何专长与特长、不适应图书馆工作的人员要予以调整。

第三章　我国现代图书馆管理体系的建设

第一节　我国现代图书馆管理的职能

一、图书馆的社会职能

（一）现代图书馆社会职能划分

职能是指人、事物、机构所应有的作用。从人的职能角度讲，是指一定职位的人完成其职务的能力；从事物的职能看，一般等同于事物的功能。机构的职能一般包括机构所承担的职权、作用等内容。根据这一定义，图书馆的社会职能也就是图书馆在社会生活中承担的责任和所起到的积极作用。1927 年成立的国际图书馆协会联合会（简称“国际图联”，International Federation of Library Associations and Institutions，IFLA）在 1975 年法国里昂举行的“图书馆职能科学讨论会”上，对图书馆的社会职能做出了总结，将图书馆的社会职能总结为四个方面的内容。

1. 保存文化遗产

人类社会在自身发展的过程，为了适应交流的需要，创造了文字，并将其记载在一定的载体上，形成了文献信息资源。为了方便以后生活中继续利用这些文献，古人将这些文献有目的地进行收集和保存，这样图书馆就诞生了。所以，图书馆最主要和最古老的一项功能就是搜集、整理、加工、管理这些记载了从古至今人类历史的发展和演变的珍贵的文献信息资源。这些代表各个民族文化财富和人类文化典籍的文献包括历史方面的、文学方面的、科学技术方面的等等，都是人类智慧的集中体现，正是这些文献资源的保存使人类文明不断前进和发展。

当前，图书馆在保存作为人类文化遗产的文献信息资源上面临新的发展和机遇，这主要归因于计算机的普及和发展。因为随着人类社会的发展，文献资源的存储量急剧增加，而纸版文献对场地和环境的要求给图书馆带来极大的负担。好在科学技术的发展使文献载体发生了翻天覆地的变化，磁、光技术的运用，使图书馆的文献信息资源可以无限扩张,读者运用得也更加方便、快捷。

2. 开展社会教育

图书馆素有“知识的宝库”“没有围墙的大学”的别称。这主要是因为图书馆拥有为数众多的文献信息资源,这些文献资源作为人类文化科学技术思想的结晶,为读者提供了用以学习的雄厚物质基础。

图书馆进行社会教育,还表现在为读者提供了如学习的场地、学习设备,方便受教育者可以长期的、自由地利用图书馆进行学习等。目前,图书馆的教育方式是以自学为主,这正符合了“终身教育”为核心的现代教育思想。在“终身学习是世纪的生存概念”的影响下,越来越多的人在离开校园后仍然进行着自学,这时图书馆的教育优势就充分发挥出来了,成为自学者的首选场所。而对于没有充裕时间到图书馆学习的人来讲,数字图书馆的远程教育功能,极好地解决了这一问题。通过利用计算机上的互联网络服务,图书馆的教育范围在时间和空间上得到极大延伸,学习的分散性和灵活性也得到增加,更主要的是图书馆丰富的文献信息资源和可以方便获取的服务方式,大大提高了读者自学的主动性和积极性。

此外,在大学图书馆中,图书馆作为高校的基本教育设施,是“学校的第二课堂”,它还直接承担着培养人才的重任。这些都是图书馆在社会教育中扮演重要角色的体现。

3. 传递科学技术情报

传递科学技术情报是图书馆的又一主要社会职能。由于当今社会文献信息资源具有生产数量大、增长速度快,社会文献的类型复杂、形式多样和时效性强等特点,使传统的文献信息资源收藏思想——“自我中心论”,即强求“你有的我有,你没有的我也要有”的“大而全”的思想,面临崩溃。馆际交流、合作、资源共享正随着网络技术的蓬勃发展而兴盛起来,成为今后图书馆发展的新方向。

其实资源共享概念早在20世纪的五六十年代就由图书馆界的有识之士提出了,为的就是图书馆之间相互分享资源,跨馆际地为读者提供所需的服务,使文献信息资源得到更广泛的应用。不过,早期文献资源的共享仅限于馆际互借这样相对简单的服务方式,但随着网络技术的发展,图书馆传递科学情报的职能得到进一步的发展,资源共享成为图书馆发展的主要方向,图书馆的隔绝性逐渐消失。如:中国高校启动和实施的文献信息资源共享系统(CALIS)就把全国高校图书馆联结为一个整体,建立“全国中心—地区中心—高校图书馆”三级联合保障体系,通过网络为中国高等教育和学术研究传递文献信息,提供学术支持,有力地促进了高校图书馆文献信息的利用。

目前,图书馆正以前所未有的传递科学情报的深广范围和快捷速度的形象出现在世人面前。首先,传递的内容由基本信息向原文查阅和传递为主。其次,定题服务、科技查新、学科管员等这些创新型服务使图书馆科技情报传递的方式也由被动向主动方向转变。最后,馆际互动的方式由过去封闭、烦琐、简单的互借服务向开放式、网络化、深层服务转化。

4. 开发智力资源

智力资源是指在人类文明发展历程中所创造、积累的物化成果精神财富和未被发现和认识的潜在信息。图书馆工作中涉及的智力资源内容包括馆藏文献信息资源和网上相关文献信息资源。传统智力资源开发是指对馆内文献资源进行二次、三次甚至多次加工,使之更适应读者的需求。但随着科学技术的发展,图书馆开发智力资源的功能得到了极大发展。

首先,智力资源开发的内容范围扩大。图书馆在原有馆藏文献资源的基础上,依靠计算机网络,使图书馆文献资源实现了开发内容的扩大,不再单纯依靠手头信息进行信息的开发和利用。内容范围上的扩大,让读者不再感觉文献信息资源的匮乏,而是信息资源的膨胀,文献信息资源的储备远超过人的涉猎范围。

其次,智力资源开发的手段和方法更加现代化和多样化。专业数据库和信息库的建立和使用让读者更加便利地寻找到自己所需要的信息。

最后,服务对象的扩展化。以前,图书馆受自身场所空间上的限制,其服务对象仅限于周边较近的读者群。如果其他地区的读者需要获取该馆的馆藏文献信息资源,多数需要亲自上门查阅,但受网络服务的影响,远方的读者现在可以在异地获得很多与本地读者同样的服务。

除了以上四种基本社会职能外,越来越多的学者认为丰富人类的文化生活也是图书馆的社会职能之一。因为,健康的文化娱乐是人类社会生活中不可缺少的组成部分。图书馆是社会文化生活中心之一,所以,图书馆在丰富人类文化生活中具有很重要的地位和作用。人们不仅可以去图书馆里借阅自己喜爱的图书、报纸、画刊,还可以享受图书馆的文化氛围。图书馆也应有的放矢地开展更多的文化娱乐活动,如向公众提供学术会议、大型展示会、报告会、研究会,甚至音乐会、电影、文艺演出、文化旅游等,丰富图书馆的服务项目、拓展图书馆的服务功能。

(二)图书馆社会职能的实现

1. 改善图书馆的办馆条件,创建舒适的阅览环境

图书馆作为一个特殊的公共场所,要注重以文化氛围来营造良好的阅览环境。一个具有优越人文环境的图书馆,才能更吸引读者前往图书馆。所以,我们会发现,很多图书馆都是一个城市或一所大学的标志性建筑。除了富有特色的建筑物外表,馆内设施的齐备和环境优雅同样重要。名言警句,书画长廊,丰富多彩的宣传、导读,都会让读者产生一种平静、良好的心理效应,使读者的心灵得到净化,产生求知的渴望,使其更好地进入学习的状态。

2. 提高馆内文献信息资源质量,建设特色馆藏资源

在激烈竞争的信息和知识经济社会中,人们要生存和成功,就要具有良好的综合素质。而公共图书馆正是培养人们综合素质、开发创新能力的最佳课堂。图书馆是人类文献信息的集散地,理应最大限度地开放教育资源,满足社会成员的学习需求。但图书馆由于资金限制等原因,不可能满足所有读者的信息需求。这时就需要根据图书馆自身建设的特点以及服务对象的特点,有所选择地增加馆藏资源,力图形成自己的馆藏特色。

图书馆还应通过对文献信息资源进行二次、三次以及更多次的加工、整理和科学的分析、指引,最终形成有秩序、有规律的信息流,使读者更方便地利用它们。如:对到馆的文献进行验收、登记、分类、编目、加工,最后调配到各借阅室,以便科学排架,合理的流通;对馆外文献信息资源进行搜索、过滤,成为虚拟馆藏,形成更加宽广、快捷的信息通道以及通过最现代化的手段——计算机网络技术使馆藏文献走向数字化。

3. 加速信息开发,保证优质服务

图书馆收藏着大量的文献信息资源,积极地开发,广泛地利用这些文献资源是实现图书馆社会职能的重要工作内容。尤其是当前用户的知识信息需求呈现出全方位和综合化、开放性和社会化、集成化和高效率的趋势,使图书馆传统的信息服务方式显得被动、无力,为了能用更方便、快捷的方式取代原有服务方式,以便为用户提供优质服务,图书馆应加快信息服务建设,使图书馆与整个社会的经济发展、信息交流融为一体,成为知识物化为生产力的桥梁,具体可以从以下几项入手:首先,更加广泛地应用计算机技术,使自动化技术的应用范围继续加大,随时随地满足读者和用户的需求;其次,应用多媒体等技术,提供专业性强、形式多样、来源广

泛的知识信息，使信息服务超越时空、地域和对象的限制，更好地满足知识经济社会中，读者的信息需求；最后，利用馆员的专业技术，建设研究型图书馆，满足高层次读者需求，使图书馆成为引导社会发展，推动社会进步的力量。

4. 成为社会信息咨询服务的中心

咨询服务就是根据读者和用户的需求，进行信息的传递与共享。在信息社会，人们的生活节奏加快，加之信息膨胀，社会各个阶层都深感自我调节和处理问题的能力减弱，渴望社会咨询机构的协助，特别是在社会转型期人们的心理承受力处于临界点更需关怀协助，而图书馆正是公认的社会咨询中心。图书馆具有的公益性、公共性特点，使其在运用自身深厚的文化力和丰富的信息资源时，占有得天独厚的条件，可以成为社会生活的咨询中心。同时，咨询服务使图书馆工作摆脱传统图书馆静态服务模式，而有了新的飞跃。

5. 提高馆员的综合素质

图书馆工作是一项专业性、技术性、创造性很强的专门化工作，馆员的思想品质、文化程度和工作能力直接影响着图书馆职能的发挥。因此，馆员应该本着对工作的极大热情和责任时刻注意收集各种信息，关注学术研究的最新发展动态和信息存贮、处理手段的前沿信息，应有渊博的知识和丰富的实践经验，深入掌握图书情报理论及相关知识，精通一门或一门以上的专业知识；还应具备一定的计算机知识。另外，由于国际联系日益密切，用户不仅需要国内信息，还需要国外的信息。这样，外语水平也就成为馆员必备的素质。

同时，“终身教育”的思想理念也适用于图书馆馆员，面对如此快速发展的信息社会，馆员必须注意自身知识的更新和完善。图书馆也应为馆员创造更多的学习条件，以满足图书馆在信息社会的发展。

二、图书馆的范畴

图书馆管理的范畴是图书馆管理活动中各种要素、关系的普遍联系和全面发展的不同侧面的反映。图书馆系统内部充满着各种矛盾，图书馆管理范畴就是从不同角度反映图书馆系统中各种因素的既对立又统一的辩证关系，它们是图书馆管理的本质和运动规律的不同表现形式，也是各种管理要素和运动过程之间相互作用的交错点和“结合部”。这些范畴来源于图书馆管理实践，同时又是对管理科学各种普遍概念的综合和提升，它们随着图书馆管理实践的发展而发展，反过来又指导着人们的图书馆管理实践。

（一）主体与客体

管理主体是指具有一定管理能力、拥有相应的权威和责任、从事现实管理活动的人，也就是通常所说的管理者。管理主体具有能动性、创造性、自主性等特性。

图书馆的管理主体通常由两个部分构成：一是根据图书馆既定目标将目标任务分解为各类管理活动、工作任务和负有最终督促完成既定目标的人，这类人通常是图书馆的核心人物，或者说是图书馆的高级领导人员，如馆长、副馆长等。二是各方面具体执行诸如计划、组织、协调、控制、经营等管理活动的人，这类人通常是图书馆的骨干人物，如各部门主任。

现实的图书馆管理活动是一种多层次的综合活动，管理主体通常是由许多个人按一定形式组织起来的整体，这种担负管理主体功能的整体就是管理主体系统。从管理主体的不同职能性质来说，管理主体系统是由处于不同职权地位、担负不同管理职能的人相互组合而成的。一般来说，图书馆管理主体系统由四个部分组成，或者说包括四个子系统，即决策系统、执行系统、监督系统和参谋系统。

管理客体是指进入了管理主体活动领域、并能接受管理主体的协调和组织作用、以人为中心的客观对象系统。这一规定概括地表明了管理客体的特性，即客观性、可控性、系统性和对象性。

图书馆内的管理客体范围较大。首先，图书馆的一般成员均是管理的客体，他们执行组织分配的工作任务，遵照一定的运行规则进行工作，以求获得良好的工作成绩。其次，图书馆中的其他资源，如信息资源、物质资源、金融资源、关系资源等均是管理的客体，都是管理的收受者，它们在管理的作用下经过特定的技术转换过程就成为良好的产出物。再次，当图书馆向外扩展自己的生存空间时，必定要作用于相关的人、财、物、信息或其他组织，这些因素也就相应地成为本图书馆管理的客体，只是这类管理客体不一定很确定，而经常会变动。

管理主体与管理客体是组成图书馆系统实体结构的两极，它们之间的相互联系和相互作用构成了图书馆系统及其运动。然而，这种联系和作用是通过管理组织这一形式而发生的。管理组织是图书馆系统的现实表现形式。管理主体与管理客体不仅通过组织的形式相互联系，而且通过组织的形式相互转化。这种转化指的是管理主体与管理客体在管理活动中各依一定的条件，使自己的地位向其对立面转化。管理主体与管理客体在图书馆系统中的相互转化有不同的表现形式：一种是地位的转化,这是由图书馆职权层次的变化而引起的;一种是角色的转化,这是由图书馆行为的变化而引起的;还有一种是自身的转化,这是由组织成员自我意识的变化而引起的。正确认识这种转化,对于理解图书馆系统的辩证性质有着重要意义。

(二)硬件与软件

一般来说,图书馆管理活动是由两类既相互对立又相互统一的因素所组成的:一类是活动的物质性载体,它具有一定的感性存在形式,具有稳定性、被动性的特点,称为“硬件”。另一类是使物质性载体能够按一定方式组合起来并产生现实活动的精神性因素,它往往不具有固定的感性存在形式,而具有变动性、创造性、主动性等特点,称为“软件”。这里的硬件和软件都是泛指与图书馆管理活动有关的事物、过程、方法、成果等,具有普遍的意义。

硬件与软件的划分具有相对性和模糊性,只有把两者同时放在图书馆管理活动中进行比较,才具有较为确定的意义。在图书馆系统中,如果把馆舍、文献、信息技术设备等因素看作是硬件,那么人的精神因素就是软件;在组织结构中,如果组成图书馆的个人是硬件,那么指导人的行为的价值观念、道德情操、理想信念等就是软件;在组织形式中,如果正式组织是硬件即“硬组织”,那么非正式组织就是软件即“软组织”;在管理技术中,如果把具有比较固定程式的数学分析方法和计算机技术方法称为硬件即“硬技术”,那么那些具有创造性、没有固定程式的其他管理技术就是软件即“软技术”;在管理模式中,把图书馆管理单纯看成一种科学,强调运用数学和逻辑方法以及各种严格的制度和标准化原理来进行管理,这就是“硬管理”;而把管理看成一种艺术,强调对人的思想情感及各种非理性因素进行激励,运用非逻辑的创造性方法进行管理,这就是“软管理”。

在图书馆管理活动中,硬件和软件相互依存,相互促进,共同作用,谁也离不开谁。一方面,硬件是软件的基础。任何管理都必须具有正式的和相对固定的组织形式,必须有明确的职务、权力和责任的划分,必须有严格的大家都要遵循的规章制度,必须运用各种物质手段来组织和协调人们的活动。图书馆系统也必须有稳定的输入和输出关系,即既有一定的物质、能量和信息输入,又有一定的信息产品和信息服务输出。这些看得见、摸得着的有形事物是图书馆管理赖以存在和进行的物质基础,离开了这些硬件,软件就失去了自身依托的物质外壳,任何方法、手段、指令、程序等都无法显示其功能,图书馆管理也就根本不能存在。另一方面,软件是硬件的灵魂。任何管理如果只有硬件而没有相应的软件,那么硬件就只能是没有活力的“死东西”。一个图书馆系统,如果只有单纯的组织结构形式,只有一些硬的规章制度,而组织成员缺乏共同的目标、愿望、动机等软件,那么这样的图书馆是无法进行有效的管理活动的。管理的核心因素是人,而人总是有着自己的需要和追求,有着自己的情感和意志,这些“软件”是图书馆的各种结构和形式等“硬件”的灵魂,它规定着硬件的组成形式,引导着硬件的发展方向。

在图书馆管理活动中,硬件和软件不但相互依存,而且可以相互转化。这种转化包括了硬件的软化和软件的硬化两个方面,它们是和图书馆管理过程紧密联系在一起的。

(三)利益与责任

利益是标志人的物质和精神需要能否满足以及满足程度的范畴。人们有各种各样的需要,也就有各种各样的利益。人的需要有高低不同的层次,利益也有根本和非根本之别。

责任是一种对自己采取的行为以及行为的社会意义的自觉意识和实践。对于自己责任的自觉意识通常称为责任心或责任感。责任感一般从激发和控制这两个方面将自己的行为确定在与自己的地位和职务相适应的范围内。激发行为是对应尽责任的鼓励,控制行为则是对超越责任的限制。

利益和责任在图书馆管理活动中是一对矛盾。首先,二者在方向上相互分离,有时甚至呈现出相互排斥的倾向。利益反映了整个图书馆、图书馆各部门、部门内各小组或馆员的需要,由外向内具有收敛性;而责任则要求整个图书馆、图书馆各部门、部门内各小组或馆员付出(劳动、努力等),是由内向外发出的影响,具有发散性。其次,利益和责任相互包含,表现了二者的一致。任何利益中都包含着责任成分,没有责任的利益是根本无法满足的,也是不存在的;任何责任中也都包含着利益,责任中如果不包含一定的利益,所谓履行责任就没有了动力和基础。图书馆尽管是一个“清水衙门”和公益性的服务机构,但其中或多或少存在一定的利益,因此图书馆管理活动不应该掩盖责任中存在利益的问题,而应该使馆内各组织和全体馆员认识到这一点,这有利于调动他们对工作认真负责的积极性。再次,利益和责任能够相互转化。利益在实现的过程中必然转化为责任,不尽责任,就没法也不能取得利益;而责任在履行的过程中也必然转化为利益,这是尽责任应得的报酬。图书馆管理者在管理实践中的两个基本任务就是:一方面,将个人的、小组的、部门的或整个图书馆的利益获得过程设计为履行各自职责的过程;另一方面,把履行职责的结果同个人、小组、部门或整个图书馆的利益结合起来。

(四)集权与分权

集权与分权是表征管理职权在管理空间中的分布状态和运动方向的范畴。

集权既指管理活动中的集中统一指挥,又指权力向上层逐步收缩的过程。从职权在管理空间中分布的状态来说,集权意味着主要的管理职权(如决策权、人事权、财政权、奖惩权等)集中于高层领导,特别是最高领导层,而中下层只有处理例行的日常事务和工作的权力,而且即使是这些权力的执行也必须处于上级的有效控制之中。从职权的运动方向来说,它意味着下级某些权力被缩小乃至取消,并向上级组织或专门机构集中,这种集权化的运动方向是由下向上逐步收敛的。

集权一般有两种途径:一是规定限制下级组织或非专门组织裁决问题范围的一般标准。即规定它们该管哪些事,不该管哪些事,哪些事可以自己做主,哪些事必须报上级批准。二是撤销下级组织或专门组织的实际决策职能来集中决策职能。这种方式在某些特殊情况下会采用,譬如,某图书馆的购书经费很充足,但藏书结构多年来一直不合理,于是由馆长或一名副馆长亲自指挥采购部的工作。

分权就是分散权力,即上级部门将某些问题的决策权移交给下级部门。从职权在管理空间中分布的状态来说,就是中下层各级管理人员拥有某些问题的决策权,高层领导只保留重大问题的决策权和在政策、目标、任务方面的必要控制权。从职权运动的方向来说,它意味着下级部门自主性和独立性的加强,许多职权从上级向下级分散,这种分权化的趋势是自上而下逐步发散的。

在图书馆管理活动中,集权与分权是辩证的统一。首先,集权和分权各有利弊,因此必须互相补充。在图书馆管理过程中,关键是要把握好集权和分权的度。过度集权,什么都管,不仅上级决策的正确性不能保证,还会扼杀下级工作的积极性和主动性;过度分权,什么事情都撒手不管,则可能使上级对下级失去控制。其次,集权与分权在一定条件下互相转化。这种转化一般有两种形式:一种是被动的转化,即在过度集权或过度分权的管理阻碍图书馆各项业务活动发展的情况下,由过度集权向分权或由过度分权向集权转化。另一种是主动的转化,即在问题出现之前就注意调整集权和分权的关系,在动态中把握二者变化的度,及时消除偶然出现的过度集权或分权现象。

(五)有序与无序

有序和无序是标志组织协调程度的矛盾范畴。有序是指管理系统的各个要素之间相互联系、相互作用和相互转化中有规则的、有秩序的状态和运动趋势;无序是指这种联系、作用和转化中无规则、无秩序的状态和运动趋势。

图书馆系统中的有序和无序标志着管理组织的协调程度,这种协调程度是管理主体有意识的自觉活动的结果。图书馆系统的各种要素并不能自发地形成具有管理功能的组织。要形成组织,就必须通过自觉的组织活动,把各种相互之间无规则、无秩序的要素(主要是人)在一个统一目标、统一行为规范和统一的结构形式中组合起来,这种组合也就是把各个要素由无序状态转变为具有一定规则和秩序的有序状态。有序是图书馆系统的一个本质特征。图书馆就是通过设立共同目标来协调馆员各不相同的无秩序的目标,通过明确的责、权、利的规定来协调各个部门和馆员之间不确定的相互作用方式,通过规章制度来协调馆员无规则的行为,通过有效的管理工作来协调复杂多变的人际关系和不同的心理情感。这样,图书馆中各个部分之间就能够按照规范准则统一意志,按照共同目标统一方向,按照规章制度统一行动,整个图书馆呈现出有规则、有秩序的状态,这即是有序性。因此,图书馆就是通过有意识的主动管理行为,使无序的因素组织成有序的系统。在这个意义上说,图书馆管理就是通过协调来达到有序结构的实践活动。

然而,在各种组织结构中无序也总是存在的,任何图书馆中都存在着一种反抗协调而自发趋向无规则、无秩序状态的力量。图书馆中的这种无序一般有两种表现形式:一是受控的无序状态。在统一的图书馆系统中,每个人都扮演不同的角色,有着自己的利益、目标和爱好,外部环境又总是给予一些随机性的干扰,这些因素是图书馆的协调活动不可能消除的。同时,图书馆中必然存在的分权和结构软化、简化的运动,不可避免地增强着图书馆中各个部分和个人的自主性、独立性、竞争性的运动趋势。这样,有序的结构中就必然会产生对原来确定位置的无规则、无秩序的偏离,形成一种无序的涨落。这种涨落一般总是在一定限度之内进行,有效的控制总是会把偏离度过大的因素重新拉回到合理的范围之内,使它不致形成失控状态。这种受控的无序状态是保持一个图书馆的活力所完全必需的,也是一个有效图书馆系统所必然存在的,所以是一种良性的无序。二是失控的无序状态。如果图书馆自身的组织结构不合理,管理者决策或指挥失误,或者外界环境急剧恶化,造成了对图书馆的巨大冲击力,都有可能使图书馆的协调和控制失效,原来的组织目标、规章制度和职权结构失去了对各个因素相互作用的制约力,图书馆中无规则、无秩序的运动趋势大大加强,再也无法把这种涨落控制在合理的范围内,这就是失控的无序状态。这种无序,轻则造成效率低下,管理混乱,图书馆目标难以实现;重则致使整个图书馆分崩离析,管理完全失败。这种失控的无序是一种恶性的无序,对图书馆有极大的危害性,所以必须极力防止。

图书馆系统中的有序和无序还标志着管理运动程序化的程度,这种程序化是管理过程各种机制和职能有机联系和转化的结果。一个相对完整的管理进程是以决策为中心,包含了计划、组织、领导、控制和评价等一系列阶段的职能和过程的统一体,这些职能和过程相互有机联系和转化,形成了图书馆管理运动的一定程序。这个程序规定了图书馆系统在达到目标的过程中所应该遵循的行为步骤和秩序,使管理运动的整个过程表现出一种在时间进程中的规则和秩序,这就是管理过程的有序化。一个有序的图书馆管理过程必然表现为各种管理活动瞻前顾后,井井有条。当上一阶段尚未完成,条件尚未具备时,不轻易进行下一阶段的工作;而当条件具备时,又不失时机地把管理过程推移到新的阶段,做到管理过程间断性与连续性的辩证统一。在每一阶段中善于抓住重点,顾及全面,突破难关,带动其他;而当内外环境发生变化时,又能适时地转移工作的重心,整个管理过程呈现出主次适宜、轻重得当,有节奏、有规律地向前推进,做到管理过程起伏性和前进性的辩证统一。这就是图书馆管理运动的程序化。

然而,图书馆管理运动又具有非程序化的一面,即存在着管理过程的无序。这种无序同样有两种情况:一种是由于外界环境和图书馆系统内部各种关系的随机变化,使原来固定的程序不得不被打破,出现错位、扰动甚至颠倒的情况。例如,在开始实施图书馆计划之后,发现计划与客观实际严重不符,或者客观情况已经发生了重大的变化,这就必须停止原计划的执行,重新返到修改或重新制定计划的阶段。这就是要求保持管理过程的良性无序,这种无序即是灵活性,是任何成功的图书馆管理运动所必须具有的性质。另一种管理过程的无序就大不一样。这种无序的根源是图书馆管理者主观思维与客观实际发生严重背离,它表现为原来制定的程序本身严重失误,与实际情况的变化根本不相适应;或者是图书馆管理者在执行程序时掉以轻心,严重失职,完全不顾眼前现实的管理情境。这种无序只能造成整个管理程序完全被打乱,管理运动严重失控,管理过程处于一种被动应付、穷于招架、目标不清、方寸全乱的完全随机漂移的境地。这种管理过程的恶性无序只能导致图书馆管理的失败。

因此,从质的规定性来看,图书馆管理的有序和无序有两种形态:一种标志管理组织的协调程度,即组织结构的有序性;一种标志管理运动程序化程度,即管理过程的有序性。前者是空间结构规则性和秩序性的反映,后者是时间结构规则性和秩序性的反映。也可以说,有序和无序是图书馆系统在时空结构中的规则性和秩序性程度的综合反映。

（六）稳定与改革

稳定和改革是图书馆系统在其发展的历史过程中两种不同的状态和趋势。稳定是指图书馆系统在其发展过程中总体的状态和趋势保持不变,即处于相对静止的状况;改革是指图书馆系统总体的状态和趋势发生重大变化,即处于显著变动的状况。

图书馆管理的一切要素、一切过程都具有稳定性,否则,图书馆管理活动就无法正常进行,也无法对管理要素和过程进行研究。但是,图书馆管理活动的相对静止和相对稳定是有条件的、暂时的。首先,当我们说某些管理要素处于稳定状态时,只是相对于一定的管理系统和时间、地点而言。在某一特定的图书馆系统中,管理者和被管理者的划分是稳定的,但离开这个特定的系统,进入其他管理系统,情况就会发生变化。其次,稳定包含管理活动中的量变。当图书馆管理过程的某一阶段、某一种管理模式或体制仍然保持着它们自身的性质、没有发生质变的情况下,我们就认为它们是相对稳定的。但与此同时,它们在性质不变的情况下还发生着其他变化。例如,计划过程在没有向组织过程发生飞跃前,内部发生着由初选目标向预测、预算、决定方案的量变,这并没有改变计划过程的性质,我们就说它是稳定的。某一管理模式中的内部矛盾还未尖锐到炸毁这种体制的外壳时,我们就说这种管理模式是相对稳定的。

改革是图书馆管理活动中的质变,确切地说是指一种管理模式或管理体制向另一种管理模式或管理体制的飞跃。改革是由图书馆内在矛盾推动的自我发展和自我否定。一方面,它是旧的管理模式向新的管理模式的质变,是管理旧过程连续性的中断,体现了图书馆管理活动发展的阶段性。另一方面,它继续保留并改造了旧的管理活动的积极成果,作为新管理过程存在和发展的基础,因而把新旧管理过程联系起来,体现了图书馆管理过程发展的连续性。

图书馆管理中的稳定和改革是辩证统一的。首先,稳定和改革相互包含、相互渗透。在图书馆管理模式的全面质变发生之前,图书馆管理活动虽然处于相对稳定状态,但局部的改革总是经常不断的。任何一个具体的图书馆管理过程中间都有改革。例如,控制过程对组织过程来说就是改革组织管理,控制过程对计划过程的反馈也是改革。改革是动态管理的基本特征,而一切有效的管理本质上都是动态管理。所以,稳定中有改革的因素。另外,改革中也有稳定的因素。改革不是一阵风、一股浪,它是一个持续稳定的过程。改革要有一定的步骤,改革中推行的政策、组织体制、管理方法等需要一定的稳定度,以便观察、评价和控制,并在改革过程中巩固自己的成果。其次,稳定和改革具有相互转化的趋势。管理模式的相对静止、管理过程的量变使整个图书馆管理活动在一定时期呈现出稳定状态,似乎一切都在按部就班地正常运转。其实不然,这背后孕育着各种矛盾。当这些矛盾尖锐到不冲破旧的管理体制其管理活动就会严重阻碍各项业务活动发展时,全面的改革就不可避免了。当通过改革建立起新的管理体制后,这种管理体制下的管理活动基本上是适合各项业务活动发展需要的,这时就需要保持管理体制的稳定来巩固改革的成果。总之,“稳定—改革—稳定”是管理体制发展的实际过程,这个过程的不断推移就是图书馆管理活动的进化和升级过程。

总之,图书馆管理的范畴是图书馆管理活动中个人与组织、组织与环境这两个基本问题的具体展开,作为矛盾统一体的每一对范畴在现实的图书馆管理活动中并不是孤立存在的,而是紧密联系并和图书馆管理的运动规律相互结合综合地发挥作用。当我们用这些范畴去分析现实的图书馆管理活动及其矛盾时,应该注意这些范畴之间的相互联系和相互转化,注意它们在反映图书馆管理的本质和规律中的特殊性和普遍性,注意它们与活生生的图书馆管理现实运动及蓬勃发展的图书馆管理学的有机结合。

第二节　我国现代图书馆管理的原理

一、管理思想与管理理论的产生与发展

社会进步离不开管理的推动,管理是对组织资源进行有效整合以达成组织既定目标与责任的动态创造性活动,是一种实践、一门艺术。管理思想和管理理论都是人们在实践中践行出的经验总结,虽然这些思想与理论形成学科不过一百多年,但却有其深深的根源,并早已经融入社会的各行各业,管理早已成为人类日常生活中的普遍行为。

(一)中国古代管理思想理论

人类文明从诞生之初就伴随着人类的管理行为。对于管理实践所产生的管理

思想和理论,由于中西方文化的基础不同,产生了很大的差异。但中西方的管理思想都是人类文明的结果,其合理的内核都对人类社会的管理发展起着积极的作用。中国古代的管理思想相对于西方管理思想来讲,其体系和结构完全不同,是从另外不同的角度揭示了管理的规律。

在我国,古代的管理思想的代表有儒家、道家、法家、兵家等各流派,不管这些管理思想政治意义上的功过是非,仅从它们在管理国家、巩固政权、统率军队、组织战争、治理经济、发展生产、安定社会来讲,这些管理思想即使是在当今的社会,也有着极其重要的指导作用。其中儒家管理思想作为我国传统文化的主流强调中庸、强调人和,是一种人本管理的思想。而道家思想的最高范畴就是“道”,“道”是天地万物变化的普遍规律,强调“无为而治”。道家管理思想既强调宏观调控,又注重微观权术,是适用于任何管理过程的原则。法家是以“法治”为核心思想,虽然这种“法治”与现代社会的法治意义完全不同,但法家强调普遍规律与特殊规律的关系,认为做事必须尊重客观规律,同时强调管理体系的完备性。兵家管理思想充满了辩证法的思想,其包含的大量战略与战术思想是现今企业管理可借鉴的管理经验和管理原则。总之,中国古代管理思想对今天的各项管理工作,特别是对市场竞争环境激烈中的企业,更具有重大的现实意义。

(二)西方古典管理理论的形成

在西方,管理学演变的过程经历了古典管理、行为科学管理和现代管理三个阶段。每种管理学派分别从自己的学科优势出发,从不同的角度、用不同的方法对管理问题进行了研究,不断发展和完善管理理论,使管理成为一门科学。

18 世纪 60 年代后,以英国为代表的西方国家,开始了第一次产业革命,使生产力有了很大发展,随之而来的就是管理思想与管理方法和手段的创新,产生了早期管理理论的萌芽并形成古典管理理论,其中最有名的有以下几种。

19 世纪末的泰罗提出了“科学管理理论”。这种理论的核心目的是提高工作的效率,其理论要点是时间研究和动作研究,即通过该项研究规范员工的工作活动和工作定额;员工的挑选和培训,即科学地挑选员工,对其进行专门的培训、教育,并合理安排工作岗位,使能力与工作相适应;实行标准化管理,以提高劳动生产率;坚持专业分工原则,即明确工作和责任,实行分工管理,以提高管理效率;实现劳资双方的思想革命,即管理者应真诚与员工沟通合作,以确保劳资双方都能从生产效率的提高中得到好处。

亨利·法约尔是古典“组织理论”的奠基人，由于长期从事企业的高级管理工作，因此他的研究更注重管理者的活动，着重研究企业管理的一般理论，特别是企业组织理论。他的理论思想核心内容是：确定企业活动的类别，认为任何企业都有六种基本活动，即技术活动、商业活动、财务活动、安全活动、会计活动、管理活动；明确管理的职能，即管理具有计划、组织、指挥、协调和控制五大职能；总结了管理的14项一般管理原则，即劳动分工、职权与职责、纪律、统一指挥、统一领导、个人利益服从整体利益、报酬、集中、等级制度、秩序、公平、人员稳定、首创精神、团结。

德国社会学家马克斯·韦伯提出了“行政组织理论”，他的代表作就是《社会组织与社会经济》，其理想的行政组织体系的理论要点是：明确的分工，即组织的成员按职业专业化进行明确分工；职权等级，即每个下级都应接受上级的控制和监督；人员的军用，即所有员工都应通过正式考试和教育训练进行任用；规章制度，即管理人员必须严格遵守组织的规章、纪律以及办事程序；管理人员专职化，即人员有固定的薪金和明文规定的升迁制度；非人格性，即规则和控制的实施具有一致性，不受个人情感的影响。

以上这些理论对管理的发展起到了很大作用，但不可否认的是，这些理论也有其局限性，如泰罗的理论忽视人的情感因素，仅把人看作是“经济人”又过分重视技术因素，忽略社会因素的影响，再者泰罗的标准化管理中的标准定得过于苛刻，而且没有解决企业作为整体的经营问题。法约尔的理论的原则缺乏弹性，以至于有时与实际管理工作脱节。

(三)西方现代管理理论

现代管理理论的演变经历了行为科学理论、管理科学理论和现代管理理论三个阶段。其中行为科学理论中的代表就是梅奥的人际关系理论。这种理论克服了泰罗的理论缺陷，改变了人们对管理的思考方法，使管理者更加意识到行为过程的重要性，也更意识到应把人看作是宝贵的资源，确定了员工是有价值的资源，并把重点放在管理实践上。但由于个人行为的复杂性所导致的对行为分析的困难，使这种理论未能很好地与管理实践相结合，在实际运用上并不广泛。

管理科学理论其实与泰罗的理论同属一脉，只不过是在它的基础上有新的发展，其中以数理理论、系统管理理论、运筹管理理论为代表。管理科学理论主要论及如何对制定和运用数学模式和程序的系统进行管理，也就是运用数学符号和公式进行计划决策和解决管理中的问题。这种理论的优势是运用复杂的管理科学技术计划、决策、组织、领导和控制，使数学模型和程序求得的决策成为解决问题的最佳方案，运用最新的信息情报系统，促进管理效率，同时也有利于了解管理职能环境的复杂性。管理科学的局限性是不能很好地解释和预见组织内成员的行为，并且由于数学模型太复杂，其功能可能影响其技能的发挥；模型有时可能不切合实际，而无法真正实现。

美国管理学家哈罗德·孔茨将二战后的众多管理理论称为管理理论的丛林，这些理论是现代管理的理论的统称。这些学派相互补充，从不同角度，带着各自学科的特点阐明现代管理的有关问题，但它们的基本目的却是相同的。其中比较有名的学派理论和它们的管理思想有：管理过程学派，注重管理的过程和职能。行为科学学派，是在人际关系理论基础上发展而成的，在强调人的行为外，还要求进一步研究人的行为规律，找出产生不同行为的影响因素，探讨如何控制人的行为以达到预定目标。系统管理学派，着重于用系统理论来研究管理问题以追求组织整体目标的最优化。决策理论学派，其代表人物赫伯特。西蒙认为“管理是以决策为特征的，管理的本质就是决策”。管理科学学派，强调运用数学模型和计算机技术来进行管理决策，以提高经济效益。权变理论学派，认为现实中不存在一种固定的、一成不变的标准管理模式，管理者应根据实际环境的变化，选择合适的管理模式和方法。经验管理学派，也称案例学派，主张从管理者的实际经验出发去寻求管理活动的一般规律和共性的东西，并使其系统化和理论化，以此指导其他管理人员的管理工作。

（四）现代管理理论的新思潮

管理理论在经过 100 多年的发展，已经形成了深厚的理论基础，到 20 世纪末，知识经济的迅速发展和组织管理的实践，使管理新思想不断涌现，各个管理学派互相渗透、融合，管理又有了向全面管理、综合管理发展的势头，这些新思想为管理理论注入了新鲜的力量。

“学习型组织”是指通过培养弥漫于整个组织的学习气氛，充分发挥员工的创造性思维能力而建立起来的一种有机的、高度柔性的、扁平化的、符合人性的、能持续发展的组织。这种理论强调组织只有主动学习，才能适应变化的环境。

“组织文化”理论，提出组织文化本质概念，认为组织文化是一个特定组织在处理外部适应和内部融合问题中所学习到的，由组织自身所发明创造并且发展起来的一些基本假定类型，这些假定类型能够发挥很好的作用，并被认为是有效的，由此被其成员所接受。

“企业再造”理论，提出了有关企业经营管理理论和方法，其新思想主要表现在强调组织流程必须采取激烈的手段，彻底改变工作方法，摆脱以往陈旧的流程框架。

“竞争战略”理论，是引发全世界有关竞争力问题讨论的理论，由迈克尔·波特提出。他认为，企业的管理都是在三种基本战略的基础上制定的，即成本领先战略、差异化战略、专一化战略，这些基本战略的共同目标就是确立企业在竞争中的优势。

“虚拟型组织”理论，明确提出通过建立虚拟组织、动态协作团队和知识联盟来创造财富的观点。其所谓的虚拟组织指的就是不仅把公司成员，而且把供应商、公司顾客以及顾客的顾客都看成是一个共同体，倾听他们的意见，充分调动内外各种资源。建立这种组织，要更多地依靠人员的知识和才干，而不是他们的职能。

“创新管理”理论，主要由四个部分内容构成，即 CIS 企业形象设计、信息管理、工艺创新以及企业知识管理。它是在劳动者、劳动工具和劳动对象构成的生产力要素逐渐被信息、技术和管理等智力生产要素所取代，在高技术竞争时代产生的。品牌战略、无形资产将成为企业制胜的关键，信息资源的占有量将重新区分发达国家和后进国家，企业也将由此形成不同的竞争力度，因此所有国家和企业都必须根据市场需求调整自己的战略目标。

二、管理思想和理论对我国现代图书馆管理的影响

现代图书馆管理是在管理学和图书馆学的基础进行的，所以在图书馆管理中必然要在立足图书馆学的专业基础上借鉴、吸收管理学理论的最新成果，以丰富现代图书馆管理理论，指导图书馆的管理实践，而在众多中、西方管理理论中能对图书馆管理起到有利影响的理论主要有以下几种。

（一）“创新管理”理论与图书馆管理

创新是未来管理的主旋律，作为人类社会持续发展下去的不竭动力，创新是指以新思维、新发明和新描述为特征的一种概念化过程。根据这一定义管理创新至少包括五个方面的内容：提出一种新的经营思路并加以有效实施；创设一个新组织机构并使之有效地运转；提出一个新的管理方式、方法；设计一种新的管理模式和进行一项制度创新。知识经济时代，面对科学技术日新月异，知识量、信息量剧增

和市场剧变,谁能感觉敏捷抓住时机,谁就会在竞争中获得胜利。以往图书馆的管理制度和管理模式的设计,常常以规范人的行为、使人不犯错误为出发点,有着过多的管制和约束,这种过细过严的规则,通常会抑制了创新精神的发展。而管理上的创新能使图书馆打破常规,改革管理工作流程,大大提高管理效率;能使图书馆以敏锐的观察力,密切关注未来变化的新趋势、新动向、新问题,从而能以超前的意识果敢决策,适应未来发展的要求。此外,创新管理表现在图书馆管理中就是还要树立创新意识,发扬创新精神,在创新中寻找出路,在创新中寻发展,把创新渗透于图书馆的整个管理过程之中。要充分发挥现代信息技术和管理技术的优势,以促进图书馆管理创新为着眼点,更新图书馆管理理念,引进先进的管理理论,实现图书馆的技术创新、人员创新和服务创新,从而通过改革创新,建立起一套崭新的管理运行机制,以适应社会发展的需要。

(二)"组织文化"理论与图书馆管理

管理从他律到自律,起主导作用的是一种文化认同,文化力量的在组织的潜移默化是至关重要的,被推崇为现代管理的最高境界。文化可以从根本上影响着图书馆管理的出发点和方向。广义上的图书馆文化指的是基于图书馆及图书馆事业的文化内涵与文化现象之和;狭义而言则是指在图书馆核心价值体系基础上形成的,具有延续性的、共同的认知系统。这种认知系统表现为馆员的群体意识形态,它能使馆员之间达成共识,形成心理契约。因此,图书馆管理中应注重文化的建设。树立积极向上的图书馆文化,有利于营造图书馆良好的社会形象,争取更多来自外部环境的有力支持;有利于引导馆员形成正确的职业观,将自身行为与图书馆的整体目标协调起来;有利于确定图书馆的办馆宗旨、服务方针、发展方向,并渗透到图书馆活动的方方面面。

(三)"人本管理""能本管理"理论与图书馆管理

"以人为本"的管理思想在历史上早已存在,中国古代的儒家思想体系就是"人本管理"的代表,现代的毛泽东思想也强调"人本管理"。在西方,从古希腊的雅典民主政治到现代管理理论思想,都有"以人为本"管理思想的体现。但从古到今,人们所重视的都是带有强制色彩的管理制度。这种管理依托于权力和强制,不重视人的真实感受和需要,强调遵守与服从。不过,20 世纪中叶以来,人们逐渐认识到管理中人的因素的重要性,正式提出了"以人为本"的管理理念。目前,"人本管理"是世界上最为推崇的管理方法之一,被广泛应用于现代企业,是现代管理学中的重要理论。它强调的是以人的全面发展为准则,实施以人为中心的管理,其核心思想是尊重关爱人、理解信任人、完善发展人。对于图书馆管理来讲,“人本管理”的管理的核心就是把馆员作为最重要的资源,使其作为管理的主体。围绕如何利用和开发馆员服务于组织内外的利益相关者,从而实现图书馆目标和馆员个人目标。实施“人本管理”,就是要通过科学、有效的方法,发扬馆员的优点,规避馆员的弱点,提供能发挥馆员的潜能、智慧和创造力的环境,使馆员在创造社会财富、实现效益的同时,不断发展自我,实现自身的价值。“人本管理”属于柔性管理的范畴,其职能侧重于疏导、教化与激励,其特点是用柔性手段进行调节与控制,用非强制性的一套方法去影响、感应馆员的心理和行为,从而调动和激发他们的积极性、创造性,凝聚实现组织目标的群体意志和力量。有专家认为,在图书馆服务所发挥的作用中,图书馆的建筑物占5%,信息资源占20%,而图书馆员占75%。因此,图书馆事业要想充满生机与活力,建设一支高素质的馆员队伍是必须的。只有通过“人本管理”才能全面开发馆员的潜力,充分发挥其才智。因此,图书馆管理的“人本管理”,首先要尊重馆员,这里的尊重不仅包括尊重馆员的人格和表达意见以及个人发展意愿的权利,还要尊重馆员的能力,尊重馆员的价值和劳动;其次图书馆要充分认可每个馆员在图书馆的贡献,客观地评价馆员的业绩;再次要允许馆员选择适合自己的岗位,以便提供发挥其潜能的机会。

所谓“能本管理”,就是指以能力作为本位的管理理念,它是相对于“物本管理”和“人本管理”而言的,它源于人本管理,又高于人本管理,是更高阶段、更高层次和更高意义上的人本管理,是“人本管理”的升华。“能本管理”在图书馆管理的运用就是通过有效的方法,以期最大限度地发挥人的能力,从而实现能力价值的最大化,把能力这种最重要的资源转变为图书馆发展的推动力量,实现图书馆发展的目标和创新。目前,有些图书馆也在管理中尝试量化管理,但图书馆工作的性质决定了其部分岗位是很难用量化的方式来考核工作绩效的,而“能本管理”这种强调充分发挥个人的能力的管理,为图书馆管理提供了一条新的思路。在图书馆管理中引进“能本管理”理论,可以为图书馆建立各尽所能的运行管理机制提供理论支持。而在实际工作中使管理者能善于及时地发现馆员的潜能,做到人尽其才,才尽其用。把有能力的、有干劲的人放到重要位置上去,从而营造一个有利馆员良性竞争的环境,有效地调动馆员的工作积极性和能动性。

(四)“学习性组织”理论与图书馆管理

“学习型组织”作为20世纪90年代以来发展起来的一种全新的管理理论,是建立在系统动力学的基础上的。它的研究最早可追溯到20世纪60年代。其代表人物就是美国麻省理工学院教授,著名的管理学家彼得·圣吉。在他的代表作《第五项修炼——学习型组织的艺术与实务》一书中圣吉教授认为“学习型组织”是以五项修炼为基础的,这五项修炼指的就是:自我超越、改善心智模式、建立共同愿望、团体学习、系统思考。它的本质就是要努力并善于组织全体成员进行不断地学习。学习型组织理论的问世引起了管理学界和企业家的广泛关注,并在企业实践中取得了良好效果。作为管理理论中的新思想,它融合了当代终身教育思想,把学习作为组织的生命源泉,是当今最前沿的管理理论,建立学习型组织成了21世纪管理发展的新趋势。学习型组织本身是一种宏观的管理理论,其适用的范围非常广泛。它不仅可以用于企业管理,也适应于国家、城市、学校及一切“组织”的管理,并且在多个领域取得了成功的先例。

“学习型组织”理论同样可以适应于图书馆管理,美国的亚利桑那大学图书馆和伊利诺伊州的北部郊区图书馆系统就是依据该理论构建的“学习型图书馆”。这种理论应用在图书馆管理的优势主要通过其五项修炼来实现的,具体包括以下几点。

“自我超越”通过强调馆员对自身的认识,来适应外界的变化,不断地给自己树立新的奋斗目标。工作中注意集中精力、培养耐心以达到精益求精,并客观地观察现实,永远努力发展自我,超越自我。

“改善心智模式”要求馆员要善于改变传统的认识问题的方式和方法,要用新的眼光看外部环境,同时注意内部环境的变化,以改变自己的思维定式,从而适应环境的需要。

“建立共同远景”,把图书馆建设成为一个生命共同体,包括远景(图书馆将来要实现的蓝图)、价值观(实现蓝图应该遵循的基本原则)、目的和使命(图书馆存在的根由)、目标(短期内达到的目的)。

“团体学习”可以使全体馆员学会集体思考,以激发群体的智慧。开展团队学习后,馆员之间可以理解彼此的感觉和想法,因此凭借彼此沟通产生的一致性,可以提高综合效率。

“系统思考”,是通过树立系统观念,运用完整的知识体系和实用的工具,认清整个图书馆赖以存在的内外环境,并了解如何有效地掌握变化,以开创新的工作局面。

总之,“学习型组织”理论应用于图书馆管理可以增强图书馆馆员的整体意识，培养馆员之间的协同工作精神，促进图书馆内部的交流与合作，促进知识的共享，树立图书馆的学习风气，提升图书馆全体馆员的知识学习能力。同时，建立终身学习机制是符合图书馆工作实际需要的，可以解决图书馆馆员学习与工作之间的矛盾。此外，“学习型组织”理论应用于图书馆管理中，还有助于实现图书馆的知识管理，对适应科学技术、信息发展对图书馆的影响具有十分重要的意义。

第三节　我国图书馆管理的发展历程

一、古代中国图书馆管理的历程

（一）宫廷、官府图书馆的管理

我国最早的图书馆大约起源于公元前 2 000 多年的殷朝，当时的人们就已经开始收藏文献信息资源了。但在我国，古代的图书馆称为藏书楼，图书馆是近代才引进的称呼。公元前 16 世纪至公元前 11 世纪的商代，随着文字构成和语法组织的发展，商代的文献收集和保管已经有了极大的发展。据考古发现，商代已经把一个朝代的文献集中地加以整理，并设以专门的收藏地点，以便于随时抽取、查阅。其文献内容也涉及广泛，有记载社会生活、农业生产以及朝廷事务、军事征战、王位继承等。商代甲骨文献的收藏可以被视为古代图书馆管理的萌芽。

公元前 11 世纪至公元前 8 世纪的西周已经开始设立专门的官吏从事文字的记录和史实的撰写。思想家老子就曾担任柱下守藏史，可谓早期的图书馆管理员。而且西周的史官（收藏典籍的官吏）已经按专题分工，从事不同的收藏、整理工作。可以说，周代是古代图书馆管理成型的时期。

春秋、战国时期是我国古代思想繁盛的时期，众多伟大的思想家都是诞生在这个时期，加之春秋战国时期简书、帛书的普及和书写工具有了极大的改进。所以这段时期的藏书情况不仅有了长足的发展，各个诸侯国都拥有自己的图书馆，而且图书管理得到了极大的重视。这一时期产生了真正的文献学家，其中最著名的可以说是孔子。孔子不仅是春秋时期的教育家、思想家还是文献学家，他曾整理六经，使商周的文化典籍更加系统化，是我国文化发展史上的一件大事。

秦朝统一中国后重视典籍的收藏，曾先后建立了多处宫廷和政府机构的藏书楼。可惜，秦末的楚汉相争使宫廷藏书遭受了极大的损失。

汉代从建国初期就采取了宽松的文化政策,从而使官府的藏书得到极大的发展。汉代确定了封建社会官府藏书的类型,完善了图书馆管理的工作内容,充实和配备了管理官员,如区分了藏书的门类,按类设置了专门的人员,明确了图书馆整理的程序。最终生成了中国历史上第一部综合性的群书目录——《别录》和第一部综合性的群书分类目录——《七略》。所以,汉代可谓古代图书馆管理的确立时期。

三国、两晋、南北朝时期,由于战乱不断,官府藏书的状况时好时坏,不过纸张的普及,写本书的大量出现,还是极大地丰富了图书馆的馆藏资源。

隋唐时期由于经济、文化的快速发展,官府图书馆也同样快速发展。唐朝的宫廷藏书和中央政府藏书已经形成由上至下的体系,各有详细的分工。唐朝还注重宗教典籍的收藏、翻译和整理,使写本书的收藏达到高峰,是古代图书馆管理的发展时期。

宋元时期的印刷书本大量出现,藏书更趋于丰富,同时官府藏书的整理,工作更加频繁。宋朝的官府图书馆还允许外借,并设专门的人员负责借还。宋朝重视从事图书馆管理工作的人员素质,要求一律从科举高第或现任官员中挑选,并且必须经过考试。南宋时期对图书馆的管理更加正规,对重要藏书校勘、出借制度和书库管理做了严格规定,并设“定期曝书制度”使书籍得到妥善收藏,是古代图书馆管理的高峰时期。

明朝虽然同样设有官府图书馆,但官藏的管理力量却实际上被削弱了。清朝从康熙帝开始又重新重视了官藏,到乾隆年间建起了完整的官府藏书的体系。

(二)私人图书馆的管理

魏晋、南北朝时期出现了我国最早的私人图书馆,但由于早期纸张载体得之不易,各家藏书的数量不多,品种也不繁富。但早期的私人图书馆采取了开放的管理模式,允许互借互抄,这种做法对我国古代社会的图书馆发展产生了深远的影响。同官府藏书一样,随着经济文化的发展,各朝各代的私人藏书无论从数量、质量还是管理都有长足的进步,到了明清时期,私人图书馆的发展达到高峰。

(三)书院图书馆的管理

书院藏书是从北宋到清末的一种藏书形式,与现在的高校图书馆相近似,其藏书的目的是为师生提供研习之资,服务、服从于其教学与学术研究工作,并形成了独具特色的公共性与开放性管理模式。书院藏书从元代开始进入正规化、制度化,并设置专人管理图书，形成图书馆借阅制度，编制院藏图书目录，方便了读者检索、阅读。《杜洲书院书版书籍目录》《共山书院藏书目录序》《西湖书院书目序》是现在最早的中国书院的藏书目录和书目序。

二、近代中国的图书馆管理

1842 年中英鸦片战争之后，西方传教士携带着西方文化开始向中国腹地渗透，并以上海为中心进行传教和文化学术活动，由此奠定了上海近现代图书馆的基础。其中最有名的是徐家辉天主堂藏书楼、上海图书馆、亚洲文会北中国支会图书馆、圣约翰大学图书馆、格致书院藏书楼、文化公书林等。虽然这些图书馆的管理工作引进了西方国家的管理方式，但由于这些图书馆几乎都是为外国人服务的图书馆（只有格致书院勉强称得上是“为谋华人读者便利”创建的图书馆），对我国近现代图书馆事业和学术的发展并没有产生实质的影响。

清末由于倡导变法使“新学之风”引入中国，各地大举兴办学会学堂，新式的民间公共图书馆开始在一批有识之士的倡导下成立起来。比较有名的有苏学会、两粤广仁善堂圣学会、通艺学堂等，这些学堂内设置的图书馆有自己的章程、借阅制度并已有了近现代图书馆目录体系的管理特征。清政府也倡导建立公共图书馆，从而形成了创办新式图书馆的热潮。公共图书馆的创办、图书馆管理体制的建立、图书馆管理制度的建立、公共图书馆观念的传播、西方图书馆学术的翻译介绍奠定了我国近现代图书馆管理发展的历史。

辛亥革命彻底结束了我国的封建统治，出版业开始蓬勃发展，各种类型的文献数量大幅度增加，各地图书馆的兴办也风起云涌。中国图书馆事业的最大成就是一批图书馆学者如沈祖荣、笃定友、刘国钧、李小缘等学成归国，他们带来了先进的图书馆管理思想，在这些优秀人士的倡导下，我国的图书馆的管理工作逐渐步入正轨，图书馆管理制度也随之发生了很大的变化。

首先，图书馆法令的公布和实施。民国教育部 1915 年公布了《图书馆规程》《通俗图书馆规程》等具体规定。1944 年还公布了《图书馆工作实施办法》对图书馆的业务工作内容和范围进行了规定。

其次，图书馆业务管理方面，开始打破传统的经、史、子、集四部分类，采用西方《杜威十进分类法》或《美国国会图书馆分类法》对图书进行分类。

最后，开架阅览开始逐步推广，方便了读者，节省了借阅时间。馆际互借也有了相关规定，甚至出现了类似流动图书馆的巡回库的管理方式。

三、20 世纪下半叶图书馆管理的发展

自从第二次世界大战结束后,除少数国家和地区外,和平成为世界范围内的主旋律。各国都开始重视本国的经济、文化、科学技术的发展,其中管理学思想发展和科学技术的飞跃对图书馆的影响最大。其不仅使世界范围内的图书馆快速发展,而且自身越来越趋于统一化。东、西方几千年来存在的图书馆管理差异已经消失殆尽,全球化的图书馆时代已经到来。

(一)现代管理学成熟的理论思想被引进图书馆管理中

随着图书馆数量和规模在世界范围的壮大,对图书馆的管理方式和管理理念的认识开始引起人们的注意。管理学在工业、商业和其他服务业领域的成功运用,使科学的管理观念和方法被运用到图书馆管理中。当然,管理学理论的应用主要集中在几个方面:图书馆的组织系统结构上,即图书馆的组织机构的设立、存在等方面;人际关系方面,即图书馆的员工管理、员工需求等方面以及图书馆运行中的矛盾解决机制问题。

(二)科学技术发展带来的新技术被广泛运用到图书馆管理中

科学技术发展对图书馆管理的冲击是巨大的,首先,信息存储介质的改变。纸版文献几千年来一直是图书馆文献信息资源的主要形式,但这种文献形式的存储需要空间大,保藏难度高,利用起来也不方便。而现代存储介质的改变,使图书馆的文献信息资源的存储量成倍增加;其次,检索手段的改变。图书馆的书目检索方式早期一般采取的是书本式目录,后来发展成为卡片式目录,这两种方式流传了几百年。而计算机目录检索既方便,又快捷,仅需几秒就能查出读者所需信息;再次,网络服务的出现实现了图书馆的远程管理。早期图书馆受地域性影响,人们只有亲自登门才能享受到图书馆的服务,后期通过书信交流也可获取一定的信息,但计算机网络的出现却使图书馆的远程服务变为现实。

(三)图书馆管理的服务性功能得到重视,人本管理的方式使读者享受到更优质的信息服务

“以人为本,读者至上”似乎已经成图书馆的一种服务口号。服务功能的最大限度发挥成为图书馆界的共识。美国甚至通过《图书馆服务法》这样的法律以保证图书馆服务的范围。为了保证读者能更好地利用图书馆,参考咨询工作早已经成为各个图书馆的必备服务项目,针对读者的各种培训讲座或课程,也是为了保证

读者享受信息的质量。图书馆的发展也越来越受到读者的影响。读者需求成为图书馆管理过程首要考虑的问题。

（四）图书馆合作加强

各种国际的、国内的、地区范围内的图书馆协会不断涌现，馆际合作不断加强。从早期的馆际联合目录编制、馆际互借，到如今的联合采购、图书馆网络，不仅图书馆的界限得到突破，而且极大降低了图书馆管理的成本，更方便了广大读者，世界范围内的信息共享绝不再是只是一个构想。

（五）信息的深加工成为图书馆管理的一项新内容

早期图书馆只承担着文献信息资源的简单搜集和整理工作，即便有对文献的加工也是粗浅的，是为了满足自身管理的需要和方便读者。现代化图书馆管理为读者和用户提供的信息深加工服务已经成为图书馆管理新的工作内容。文献信息的个人定制功能、信息追踪功能等不断满足读者和用户对信息的深层次需求，而高质量的信息分析服务必将成为图书馆管理的一项重要内容。

第四节　我国现代图书馆管理建设

一、现代图书馆管理的内涵

对于图书馆管理概念的研究，中西方学者采取了不同的态度。西方学者在自己的论著中对图书馆管理的概念均无明确的定义。而我国学者采取的做法则截然不同。因为在传统的各学科基础理论的研究中，对于概念的研究是一项重要内容。

众所周知，概念是组成判断的基本要素，而推理和论证又是由判断组成的。所以，概念是思维形式最基本的单位。概念所反映出的事物本质属性（或特有属性）的思维形式，是人们在实践的基础上，经过感性认识上升到理性认识而形成的。概念是用词或短语表达的，是词和短语的思想内容，而词和短语是概念的语言形式。一般情况下，概念有内涵和外延之分。概念的内涵是指概念所反映的事物的特殊性或者事物的本质特征，它反映概念质的方面，说明概念所反映的对象是什么样的。概念的外延反映出包含在概念中的不同种类的事物，它反映概念量的方面，即概念的适用范围，它说明概念反映的是哪些对象。因此，鉴于概念在基础理论研究的重要性，我国的一些学者对于图书馆管理都给出了自己的定义。

黄宗忠认为：图书馆管理就是通过计划、组织、指挥、协调和控制等活动，最合理地使用图书馆系统的人力、财力、物质资源、使之发挥最大作用，以达到图书馆预期目标，完成图书馆任务的过程。

吴慰慈认为：图书馆管理是对图书馆的文献信息、人力、财力、物质资源，通过计划和决策、组织、领导、控制、协调等一系列过程，来有效地达成图书馆的目标的活动。

郭星寿认为：所谓图书馆管理，就是遵循图书馆工作的规律，依据管理工作的内容与程序，在图书馆系统最优化的条件下，充分利用其资源，以有效地实现其社会职能的一系列有组织的活动。

于鸣镝认为：应用现代科学的理论与方法，遵照图书馆工作和图书馆事业的固有规律，合理地组织和最大限度地发挥图书馆的人力、物力、财力等各种资源的作用，以便达到预定目标的决策过程。这就是图书馆的科学管理。

鲍林涛主编的《图书馆管理学》指出，图书馆科学管理就是通过计划、组织、指挥、协调和控制等行动，按照图书馆事业和图书馆工作的发展规律，最合理地使用图书馆的人力、财力、物质资源，使之发挥最大的作用，以达到图书馆预期的目标，圆满地完成图书馆任务。

潘寅生主编的《图书馆管理工作》指出：图书馆管理是遵照图书馆工作的客观规律，通过计划、组织、协调、指挥等手段，合理配置和使用图书馆资源，以达到预期目标，满足读者知识信息需求的一种活动。

倪波、荀昌荣认为：图书馆管理是指应用现代管理学的原理和方法，合理组织图书馆活动，有效地利用图书馆人力资源和物质资源，发挥其最佳效率，达到其预定目标的过程，并在此过程中不断地审查改进，最终圆满完成任务。

原国家教委高教司《图书馆管理学教学大纲》提出：图书馆管理是指以图书馆发展的客观规律为依据，遵循管理工作的内容与程序，建立优化的管理系统、合理配置和利用图书馆资源，实现其社会职能的控制过程。

综合以上关于图书馆管理的论述，我们可以看出，当前，图书馆的管理概念是因各学者或组织的出发点及角度的不同而产生的不同看法。但依据管理的基本原理来看，其内涵都具有一定共同之处，只不过是由于将管理的基本原则同方法、技术、手段混为一谈，而产生了一些偏颇，因此，有必要对这些主要的图书馆管理概念相互关系加以分析，对其概念中所具有的内涵加以理解把握。具体可以从以下几个方面入手。

首先,图书馆管理是管理学的基本原理在图书馆领域的具体表现,如图书馆管理中重视人力的作用,是管理学基本原理中人本原理的运用。充分使人力、财力、物质等资源在管理活动的影响下以发挥其最大作用,是系统原理和效益原理的充分体现。对图书馆管理活动进行计划、组织、指挥、协调和控制是动态原理的适用。

其次,图书馆管理中要注意把管理学中的各项人本原理、系统原理、动态原理和效益原理等相关理论有机地结合起来,以尽量避免因为认识上的偏差而使它们在实际运用中人为地割裂开。

最后,在实际图书馆管理工作中,要使管理的基本原则同管理的方法、技术、手段等有机地联系起来,在基本原理的指导之下,针对图书馆管理工作中出现的新情况、新问题而采取相应的方法、技术和手段。

所以,图书馆管理不过就是图书馆在正常运转过程中为了实现图书馆的工作目标,完成图书馆的工作任务,而对其系统内的各种资源进行利用的活动。

二、现代图书馆管理的特点

图书馆管理是一种存在于社会中的特殊的实践活动,是人类在进行文献信息资源的搜集、整理、储藏、利用过程中形成的管理活动。因此,图书馆管理除了具有一般社会实践活动的如客观性、能动性和社会历史性等共性特征外,还具有自己特有的特点。

(一)综合性

管理是以研究企事业单位中人的活动规律,用科学的方法改进管理工作,充分调动人的积极性的一种行为。它主要是以人为中心的各种管理行为为对象,发现活动规律,并通过合理的组织和配置人、财、物等因素,提高企事业单位中的工作效率,调动人的积极性最终达到提高生产力的水平的目的。图书馆服务工作的主体是读者,以读者为中心,维护图书馆服务工作的正常运行和发展进步,图书馆的管理者无非是要解决好人与环境、人与人之间各种关系问题。所以说,图书馆管理实质上是围绕管理和服务进行的,是多种综合的结果。

(二)理论性

图书馆管理是一项特殊的管理活动。在管理的实际运行中,可以借鉴多种基础理论的研究成果,如管理学、图书馆学、情报学、经济学、心理学等一系列学科。这些学科的某些优秀成果与图书馆管理相结合,并具体运用到管理的实际运行中去,使图书馆的管理以深厚的理论为基础,以便能更好地推动图书馆事业的发展,提高图书馆在人类社会进步中的地位和作用。

(三)科学性

图书馆管理是一项具有科学性的活动,从图书馆产生之初,人类就知道采用一些方法以便更方便地查找文献信息。因此,在图书馆管理的过程中,人们发现了很多的方法管理和利用文献信息资源,这些方法逐渐形成了图书馆管理工作的规定,有些甚至上升成标准和法律。

(四)组织性

随着图书馆事业的发展,图书馆已经逐渐形成了规模化,图书馆管理活动也复杂起来。管理活动中涉及的各种资源也越来越多,人力、物力、财力、文献信息等因素交织起来影响着图书馆的管理活动运行。对这些资源的管理的好坏直接影响着图书馆的正常运行,所以在图书馆管理中要有计划、有目的地去进行管理,图书馆管理是一项系统的、有组织的管理活动。

(五)动态性

管理活动的本身就是要在不断变化的环境中进行。为了应对不同的读者需求图书馆管理要变化,为了文献信息的形式改变管理要变化,为了随时改变的社会环境管理活动也要变化。所以,图书馆管理是一项要随着服务对象、工作环境和社会环境等因素变动而进行改变的活动。只有跟上时代的变化,随时适应影响图书馆发展的各项因素,才能使图书馆符合社会发展的需求,不被时代所遗弃。

(六)协调性

图书馆管理涉及图书馆各项业务活动和行政管理活动等方方面面具体的活动。这些具体活动直接影响着图书馆管理能否正确、正常和有序地进行。图书馆管理就是要使这些具有关联性的各种业务活动和行政管理活动中的人际关系、利益关系处于一种和谐、平衡的状态,消除管理活动中的各项不利因素,从而减少内耗、降低摩擦,发挥组织的协同作用,使图书馆有限的人力资源、信息资源发挥出最大的效用。

三、现代图书馆管理环境

(一)图书馆管理的外部环境

1. 一般环境

一般环境是图书馆管理的外部环境之一,又称为宏观环境,是指对图书馆管理活动产生影响,但其影响的相关性不强或间接相关的一些因素。这些因素对图书馆的影响虽然不是直接的,但有可能对图书馆产生某种重大的影响。具体包括以下几点。

(1)政治环境

政治环境的稳定是图书馆发展的基础因素,国家对图书馆的重视程度直接决定着国家对图书馆的宏观调控政策、财政对图书馆的支持和图书馆管理的对外交流情况。

(2)经济环境

经济环境指的是包括社会经济结构、经济发展水平、经济体制和宏观经济政策等几个方面,它们构成图书馆生存和发展的社会经济状况及国家经济政策。

(3)法律环境

法律环境指的是与图书馆相关的社会法制系统及其运行状态。当前,越来越多的国家将图书馆和图书馆管理纳入法制化管理渠道,为图书馆的发展提供了稳定发展的基础和保证,我国目前的图书馆和图书馆管理还没有上升到法律层面,有必要向此方向发展。

(4)科技环境

科技环境是指图书馆所处的社会环境中的科技要素及与该要素直接相关的各种社会现象的集合,包括社会科技水平、社会科技力量、国家科技体制、国家科技政策等。科技环境对图书馆的影响巨大,现代图书馆的快速发展与科技发展密切相关,所以关注科技环境有利图书馆的发展。

(5)社会文化环境

社会文化环境包括一个国家或地区的人口、家族文化教育、传统风俗及人的道德和价值观念等。这些因素影响着图书馆的数量、文献信息资源的收集方向以及图书馆的服务对象等方面。

2. 特殊环境

特殊环境,又称微观环境或任务环境。它是指对图书馆的组织目标实现产生直接影响的外部环境因素。与一般环境因素相比,这些因素对图书馆的影响更频繁、更直接。包括以下几点。

(1)读者或用户

读者或用户是指利用图书馆文献信息资源的人群,是图书馆服务的对象,是图书馆存在的必要条件,对图书馆的影响起着决定性作用。

(2)文献信息资源的供应者

文献信息资源的供应者包括出版社、图书馆经销商、数据库的开发者和经营者、信息设备的开发和生产,当然也包括各种信息、技术和服务等。这些供应者提供的产品或服务的数量、质量和价格直接影响着图书馆的文献信息资源的保藏程度、水平和服务的质量。

(3)图书馆的竞争者和合作者

网络信息服务使图书馆的发展面临着巨大的困难,它的方便、灵活、丰富性影响着传统图书馆的管理,为此,图书馆的管理要向网络信息服务的管理模式借鉴,以及调整自身的战略目标。同时,与网络信息服务合作,发展自身特色的网络信息服务平台,促进自身发展。

(4)业务主管部门

多数类型的图书馆,都是受一定部门的领导。与这些部门的良好沟通,是保证图书馆朝着既定目标前进的基础之一。

以上这些环境因素构成了图书馆管理的外部环境。外部环境的不确定性和复杂性使图书馆在存在和发展过程中要不断密切这些因素的变化、建立一定的缓冲机制和弹性机制以适应这些因素的影响,并加强自身对外部环境的控制,努力调适图书馆管理使外部环境对图书馆的负面影响降至最低。

(二)图书馆管理的内部环境

图书馆管理的内部环境一般包括图书馆文化(图书馆内部气氛)和图书馆的基础条件两部分。

(1)图书馆文化(图书馆内部气氛)

图书馆文化是处于一定经济、社会、文化背景下的图书馆,在长期的发展过程中逐步生成和发展起来的日趋稳定独特的价值观,以及以此为核心而形成的行为规范、道德规则、群体意识、风俗习惯等。一般可分为以下三个结构层次。

表层文化即物质文化层,包括馆舍馆貌、工作条件、工作设施配备情况等是图书馆内层文化的物质体现和外在表现。

中层文化即制度文化层,是指对馆员和图书馆自身行为产生规范性、约束性影响的部分,主要包括工作制度、责任制度和其他特殊制度等,是图书馆物质文化和精神文化的中介。

内层文化即精神文化层,包括用以指导图书馆开展读者服务活动的各种行为规范、价值标准、职业道德、精神风貌及馆员意识等。

以上这三个结构层次的文化互相联系、互相依赖、互相影响和互相转化,构成图书馆文化的统一体。对图书馆的管理起到了导向功能、凝聚功能、激励功能、规范功能以及渗透功能。

(2)图书馆的基础条件

图书馆的基础条件是指图书馆所拥有的各种资源的数量和质量情况,包括人员素质、文献信息资源的储备情况、科研能力等。

这些因素与其他因素一样,影响图书馆的目标的制定与实现,而且还直接影响图书馆管理者的管理行为。

四、图书馆管理的职能

图书馆作为一种提供信息服务的社会机构,对人类社会文明的贡献是巨大的。17 世纪德国的 G. W. 莱布尼茨就将它归结为人类的“百科全书”,甚至称誉它是“人类灵魂的宝库”。从古代的哲人到现代的科学家、文学家、思想学等,凡是在历史上为各个学科领域的发展提供了某种新思想、做出某种创造性贡献的人,其成功无一不是与充分利用图书馆文献信息资源息息相关的。图书馆无论在历史上、现今社会还是未来社会中,都是对人类文明的进步和发展起着不可替代作用的组织。图书馆之所以能获得如此高的评价,图书馆管理工作在其中起了决定性的作用。

图书馆管理的职能指的是管理在图书馆的业务、政务管理和职工生活管理过程中所发挥作用,是管理职能在图书馆的具体执行和体现。

(一)决策职能

决策是行动的先导,是最重要的管理职能。一般说来,这项职能是图书馆领导机关的主要功能。当然,为了在图书馆管理的过程中最大限度和最有效地发挥决策职能,还应该实现管理决策的科学化、民主化,还必须建立健全民主决策制度,注重信息的公开化。因为决策不仅仅是方案的一次性选择,实际上行政决策贯穿于图书馆管理过程的始终,管理的其他各项职能都离不开决策活动,整个管理实际上是一系列决策的总汇。可以说,管理就是决策。

(二)计划职能

计划职能是指图书馆各个部门为了实现既定的行政决策目标,对整体目标进行科学分解和测算,并筹划必要的人力、物力,拟定具体实施的步骤、方法以及相应的政策、策略等一系列管理活动。具体包括计划的制定、计划的执行和计划的检查监督等环节。其目的是使图书馆的各项工作能够有计划、有步骤、有方法地进行,以杜绝领导工作的随意性,避免对图书馆管理的消极影响。

(三)组织职能

图书馆管理组织职能的目标就是具体落实和实现决策和计划,是实现管理目标和管理效能的关键性职能。组织职能具体包括对图书馆各种工作机构的设置、调整和有效运转;各机构职权的合理划分;对全馆工作人员的选拔、调配、培训和考核;对资金、固定资产和其他物品的安排和有效利用;对执行活动中的各项具体工作进行的督促、检查和指导等。

(四)协调职能

图书馆管理中的协调职能,是指对图书馆行政部门、业务部门以及全体工作人员之间的各种工作关系进行调整和改善,使它们按照分工协作的原则,互相支持、密切配合,步调一致,共同完成本馆内预定的任务和工作。现代图书馆管理,是专业化协作的管理,没有协调要达到共同目标是不可能的。因此,协调是管理运行过程中的一项职能,具体内容包括:协调行政管理机构之间,业务管理机构之间,行政管理和业务管理机构之间,工作人员之间、工作人员与行政管理部门、业务管理部门之间,与本单位之外的政府、企事业和其他组织之间的关系。

(五)控制职能

控制职能是指管理按照行政计划标准,衡量计划完成情况并纠正计划执行中的偏差,以确保计划目标的实现。图书馆管理的控制职能贯穿于行政管理的各个方面和全过程。做好控制职能一般要注意以下几个方面:第一,确立控制标准,使各项工作有可衡量的指标,以采取正确的纠正措施。第二,对管理行为的偏差进行检查和预测,对图书馆管理工作的实际结果与质量标准监测,获取管理工作的偏差信息,为下一步采取控制措施提供依据。第三,采取相关措施对图书馆管理工作的行为和过程进行调节。即判断管理行为偏差的性质和层次,确定偏差的程度和范围,找出产生的全部原因,制定相应具体的纠正措施。第四,实行有效的监督。即根据行政目标、计划和控制标准,监察、督导行政过程的正常发展和行政系统的有序运转。

总之,图书馆管理的职能是图书馆各个机构设置和改革的重要依据,也是管理运行的必需环节,科学地认识、确定管理各方面、各阶段的职能和保持它们之间的有机的联系,并适应环境和形势的变化及时地转变职能,对有效地进行图书馆管理,具有十分重要的意义。

第四章　我国现代图书馆行政管理

第一节　我国现代图书馆的行政管理简析

一、图书馆行政管理的内涵

我们知道“管理”一词的历史与行政相比，显得更加久远，范围也更加广泛。可以说，人类社会的管理现象与人类社会是同时产生的，只要存在着两个以上的个人或两个以上群体的共同活动，就有了管理活动。而“行政”一词在中国最早可以追溯到2000多年前的《左传》中的“行其政事”“行其政令”。《史记·周本纪》首次把“行政”连用，其意思就是指对国家政务的管理。“行政”一词在西方社会也可以追溯到古希腊时代，亚里士多德就使用过“行政”一词。现代英语 Administration，即行政，就是从拉丁文 Adimiruatrare 而来，按国际通用的《社会科学大辞典》的解释：行政指的就是国家事务的管理。这种起源于原始氏族和部落公共事务的管理，随着阶级和国家的产生而产生，并随着阶级和国家的变化发展而变化发展。因此，作为管理的一种形式，结合行政的具体含义，人们将行政又称为行政管理。在当前社会，行政管理的概念已经大为扩展，其含义也有了本质的不同。

目前，对于行政管理概念的理解存在着一些分歧，主要有以下三种观点：一是狭义的行政管理。从国家“三权分立”的角度理解行政管理，认为行政管理是国家行政组织即政府系统依法对国家事务和社会公共事务进行管理，是国家行政权力的运用。二是广义的行政管理。这种观点从整个国家管理的角度理解行政管理，认为行政管理的范围应该包括整个国家的管理活动，即凡属国家机关的活动都是行政管理活动。三是最广义的行政管理观点。认为行政管理不仅包括一切国家机关的管理活动，而且包括企业、事业单位和群众团体管理活动。

在第三种观点中，行政管理行为已经不限于国家权力的行使，而将企业、事业单位和群众团体的管理活动纳入行政管理研究的范畴，这主要是由于国家和所有的单位、团体、组织都是出于某种确定的目的而形成的，这就需要对这个单位、团体、组织的行为进行必要的指挥和协调,具体包括行政目标的确定,决策、计划的制定和执行,人员的安排,经费的管理等一系列行为,组织内的所有行为都是为实现统一的目的围绕这些行为而做出的。所以,国家行政管理与其他单位、团体、组织的行政事务管理相近似,这就使得第三种观点越来越得到大家的接受,除学术或专指国家行政权的行政管理概念,日常生活中人们提到的行政管理,指的都是最广义上的行政管理观点。

图书馆的管理工作按不同的工作内容可以分为业务管理和行政管理。其行政管理工作指的就是图书馆的管理者,按照本单位的工作特点和工作性质,通过计划、组织、决策、指挥、控制、协调等一系列行为,使图书馆的人力、财力、物力、时间等资源合理地得到使用,以帮助完成图书馆工作最终要求达到的目的。图书馆行政管理作为图书馆管理工作的重要组成部分承担着图书馆建设中的辅助作用,为图书馆业务发展和读者管理提供有效的保证。

二、图书馆行政管理的特点

图书馆行政管理作为图书馆管理的重要的组成部分,在图书馆的建设和发展中具有重要作用,影响着图书馆管理的成败,这主要是由于行政管理的特点所决定的。图书馆行政管理具有以下特点。

(一)引导性

所谓行政管理的引导性指的就是行政管理工作对图书馆的正常运行起着引导作用。行政管理部门负责本单位规章制度的制定、执行和监督,这就对工作人员的行为产生了一种导向作用,引导工作人员按着一定的标准和要求进行工作,使图书馆管理工作达到事半功倍的效果。

(二)约束性

图书馆作为一个组织整体必须要具有统一的目标、统一的工作标准,这就需要依靠具有约束力的行政手段来实现。在行政管理的实践中并不是全面采取这种具有约束力的行政手段,如在图书馆工作中的决策、计划的制定需要以民主为基础,但在决策、计划的执行上则需要具有约束性的行政手段介入,从而强制保证决策、计划的实施。

(三)凝聚性

凝聚性是决定着图书馆内部发展的活力。在当今社会,图书馆作为公共事业单位在发展中面临着众多困难,这中间包括资金因素、人员因素以及社会因素等。当这些因素对图书馆的发展产生影响的时候,作为图书馆调解中枢的行政管理部门就要发挥其凝聚性,解决这些不稳定因素给图书馆带来的负面影响。

三、图书馆行政管理的基本原则

图书馆行政管理的原则是行政管理本质的反映,其实际内容和具体的表现形式,是决定行政管理工作如何进行、怎样进行的基本准则。

(一)服务性原则

图书馆行政管理的服务性原则指的就是行政管理工作是为本单位的各项基础业务管理提供服务的,既包括工作人员需要,也包括广大读者的需求。服务性原则,不仅贯穿于行政管理过程的始终,而且贯穿于行政管理的各个领域和各个环节。

1.为图书馆业务提供服务

图书馆是一个以为读者服务为基础业务的组织,这项基础工作受诸如财力、物力的支撑,工作人员的选择、培训等多种因素的影响,而行政管理工作正是可以左右这些因素的关键环节。行政管理必须秉持对业务管理服务的原则,根据业务管理的需要,有效、及时地满足所有业务管理过程需要,促进图书馆事业的发展。

2.为工作人员提供服务

图书馆工作人员是图书馆事业发展最活跃、最积极的因素,充分调动这部分人的积极性、主动性、创造性,使他们将爱岗敬业的精神真正地投入到工作中去,才是实现图书馆事业创新发展的保证。行政管理工作的一项重要内容就是要妥善做好人力资源的管理工作。人事管理中不仅要注重提高全体馆员的职业和道德素质,还要努力促进馆员的工作积极性,使他们在工作中没有后顾之忧,解决好工作人员的各种合理需求,保护馆员的身心健康。这就要求行政管理者要将服务原则运用到人事管理中,要具体结合本单位的实际情况,切实了解馆员的需求,耐心细致地开展人事管理工作。

3.为广大读者提供服务

读者是图书馆的服务对象,图书馆的所有服务和业务都是以读者为核心,围绕读者展开的。行政管理也是一样,虽然行政管理人员并不直接与读者接触,但行政管理所承担的涉及的财务、后勤等工作与图书馆的对外服务密切相关。行政管理在读者和业务管理中承担着调解中枢作用,是读者所享有的各类信息服务、知识服务的保证。

(二)效率原则

所谓效率原则在图书馆行政管理中运用就是指用最少的行政投入(包括人、财、物等),获得最大的行政产出(包括社会效益、经济效益等)。具体应该从以下几个方面着手。

1. 建立高效率的行政组织机构

行政管理工作需要建立高效率的行政机构,设立这种机构应该做到:一是合理设置行政机构。机构的种类、数量的多少、层次的划分、规模的大小都要从实际出发,部门之间要分工合理。二是科学地确定行政管理机构内部的人员结构。任何行政管理机构都是由若干职位构成的,根据实际需要确定行政机构内部的各种职位,按照职位配备具有相应才干的人员。三是实行定编定员。行政人员的数量应科学地设置,注重精简机构,避免人员过多,无所事事,人员过少,穷于应付,妨碍行政效率的提高。四是要不断提高行政工作人员的职业素质和道德修养。行政管理是一门科学,从事的工作对行政人员的文化素质和职业道德有较高要求,同时从事这项工作还要对图书馆的基础业务有所了解,才能适应图书馆的发展要求。

2. 建立和健全行之有效的行政工作程序

图书馆行政管理工作涉及的范围非常广,处理的问题又非常复杂,很多问题还具有专业性。因此,为了有效地执行日益复杂的行政事务,行政管理工作程序必须科学化、制度化,使行政管理工作在具体操作时做到有章可循,还方便行政管理管理工作的考核。

3. 健全岗位工作责任制

岗位工作责任制是提高工作效率的有力保证。图书馆应根据行政工作的性质和特点,明确划分行政责任,职责要分明、分工要详细,应有数量、质量、时间等具体指标的要求,明确政绩考察的内容,建立各项考核和奖罚制度。一旦出现问题,立即追究,形成人人有动力、有压力,充分发挥人们工作的主动性和创造性,提高行政效率避免不必要的人、财、时间的浪费。

(三)整体原则

图书馆行政管理工作是一个多方面、多层次、多环节相互依赖、相互作用的有机整体。一方面,行政管理工作对图书馆基础业务具有辅助作用,为图书馆业务管理提供财力、物力的支持。另一方面,行政管理工作又决定着图书馆的发展方向,所以要求行政管理部门要积极与业务管理部门互相沟通,使行政信息协调、统一地在各部门之间运行,使业务部门与行政管理部门形成一个相互促进的整体,实现图书馆管理的目标。

第二节　我国现代图书馆的组织结构与管理者

一、图书馆性质管理的组织结构

(一)图书馆行政管理组织结构设置的必要性

我们知道组织作为一种社会现象,是一切社会管理活动赖以开展的基础。同样地,图书馆的行政管理组织也是图书馆开展本单位管理活动的基础。依靠行政管理组织图书馆工作人员可以在本单位这个框架内进行交往互动,满足各种工作需求,实现图书馆业务的正常进行。图书馆行政管理组织是一种有着相对明确的边界、规范的秩序、权威层级、沟通系统及成员协调的集合体,这一集合体具有一定结构性,其从事的活动往往与多种目标相关,其活动对图书馆工作人员、图书馆本身以及外部社会环境都产生一定的影响。

具体地讲,图书馆的行政组织结构是指在图书馆中建立起来的各种部门或机构之间以及部门机构为依托的图书馆成员之间的权利和责任关系的结合方式,是表现图书馆各部分排列顺序、空间位置、聚集状态、联系方式以及各要素之间相互关系的一种模式。即按照本单位的工作性质把工作进行精确分工,然后在分工基础上进行协作以完成工作目标的各种途径,包括设定工作岗位,将岗位组合成部门,确定达到什么样的要求,如何使不同层次的部门能按时完成本单位的工作任务,最终实现本单位的目标,达到预期的结果。图书馆行政组织的结构建立是一件非常复杂而细致的管理工作。因为,没有一种合适的行政管理组织,没有严密的分工与协作,是不可想象的。图书馆行政组织的工作目的就是要通过建立一个适于本单位工作人员相互合作、发挥各自才能的良好环境,从而消除由于工作或职责方面的原因引起的各种冲突,使工作人员能够在自己的岗位上为本单位的目标实现做出应有的贡献。

(二)图书馆行政管理组织结构设置的原则

在现代化图书馆的行政管理中合理的行政组织结构是各项基础业务的客观要求,这就要求图书馆行政管理组织结构设置时应遵循以下一些原则。

1. 权责对等原则

图书馆行政管理职责是本组织成员在一定职位上应该担负的责任。而其职权则是为了担负责任所应该具有的权力,组织中的每一个职位之间的任职者都具有相应的权力并承担相应的责任。由于权力、责任和职位之间的相关性,因而人们往往把职位上的责任和权力简称为职权、职责。为了能够使行政管理人员完成其职责,又不至于滥用权力,要求在组织结构设置时要注意权责对等。

2. 统一指挥原则

图书馆内部的部门和职位之间的地位并不平等,而是具有层次结构的,这就产生了上级如何指挥下级的问题。因此,在图书馆的行政管理中要求贯彻统一指挥的原则,以避免多头领导和多头指挥。

3. 高效精干原则

图书馆的行政管理组织设置要把高效精干原则放在首要位置上,力求减少管理层次,精简管理机构和人员、充分发挥组织成员的积极性,提高管理效率,在保证行政管理职能的基础上,要更好地实现本单位的工作目标。

4. 分工协作原则

图书馆组织设计要确保组织内既有合理的分工又要在分工的基础上保持必要的协作。由于组织机构之间的分工不能过细,以避免机构增多、浪费人力资源以及部门之间责任不清和职能交叉等情况。所以应根据组织的具体情况从各项管理职能的业务性质出发,在行政管理的组织内部进行合理的分工,划清职责范围,提高管理专业化程度,以达到提高工作效率的目的,并且加强协作、相互配合。

(三)图书馆行政管理组织结构模式

职能型组织结构是图书馆行政管理组织在自身的发展过程中形成的结构模式,这种结构是在馆长统一领导下,按照各项工作职能分工设置图书馆的若干部门,每个职能部门直接对其上级领导负责,并在其职能范围内对本部门的员工有指挥、协调、监督等控制权力。

职能型组织结构的优点是,各级管理者分工明确,可以充分利用本部门的资源,有效地处理比较复杂的问题。对提高馆员的积极性、主动性和创造性具有良好的效果。同时,职能型结构还可以减轻上级领导的工作负担,使其能更好地处理重大问题。但是这种组织结构的缺点是,容易造成多重领导,出现政出多门的现象,各部门容易从各自的利益出发,造成互相推诿的情况,进而影响统一指挥、增加了协调的困难。这种情况下,就需要较高层次的领导在进行管理的过程中关注大局,从图书馆的整体发展出发,避免各自为政的出现。

（四）新环境下的图书馆组织结构变革

不可否认,职能部门化的组织结构曾经推动图书馆事业的发展,既保证了馆长的统一指挥,又能发挥职能部门的专业管理作用,促进了图书馆人才的专业化发展。但是在新技术环境下的今天,社会对图书馆的需求呈现多元化、专业化、综合化,传统的职能部门化的组织结构已不再适应图书馆的发展目标了。当前,讨论最多的是扁平化的组织结构和矩阵式组织结构在图书馆中的应用,以及图书馆组织的再造。

1. 扁平化的组织结构

所谓组织扁平化,是指以管理信息的运行作为主轴和中心结构,将原来的管理层次缩减或压缩,把中间管理幅度加宽,职能加以扩展,允许内部组合多样化。扁平化组织结构的目的在于调动各层级管理人员、作业人员的主动性和创造性,对环境反应敏捷,使决策迅速。扁平化组织结构的特点是:组织结构层次少;信息获取、传递和运用都十分方便快捷;中间层管理幅度大,可以进行信息的传递;决策权向组织机构下层移动,扩大了员工共同参与组织工作的机会。

信息技术的应用实现了图书馆工作流程的自动化,它可以集成许多等级部门的功能,从而缩短了信息流转的周期。对于管理者而言,信息技术的应用,一方面在很大程度上提高了管理控制幅度,另一方面削减了中间管理层的决策作用。与此同时,金字塔式的等级制组织结构的弊端也日益显露。传统图书馆的等级管理结构将变得不仅无法使工作人员满意,还存在功能性方面的障碍。图书馆应当寻求一种平衡机制,充分考虑各种任务的提出、宣传和实施,并通过提高个人的责任感,以达到它的战略目标。扁平化组织结构的产生,将提高图书馆对周围环境的反应能力与应对变化的效率。

2. 矩阵式组织结构

矩阵式组织结构是借用数学中“矩阵”概念进行图书馆组织的一种方式。它是在直线式组织形式和直线职能式组织形式的垂直管理基础上，强化图书馆组织的横向领导关系，使纵向的指挥与横向的领导相结合，注重计划与目标的结合、部门与项目的结合，从而形成纵横交错的组织管理构架。可以说，矩阵式图书馆组织结构是由图书馆管理的两套系统所组成，一套是建立图书馆管理的职能管理系统，一套是图书馆活动中各项任务之间项目管理系统，它打破了图书馆组织中统一指挥的传统原则与方式，具有职权的平衡对等性。在新技术条件下图书馆的管理活动中能够协调和平衡任务与部门之间的关系，适应图书馆组织目标和信息资源与服务活动的多重要求，是一种较为理想的图书馆组织结构形式。但是，这种图书馆组织结构形式若不注重职责权限的划分，就容易引起管理上的混乱，形成多头领导的局面。矩阵式最大的特点在于其具有双重命令系统，小组成员既要接受职能部门管理者的直接领导，又要服从临时项目小组负责人的指挥。

相对于传统的纯职能部门化的组织结构而言，矩阵式结构具有以下优点。

第一，各职能部门的设计更能适应新技术的发展，针对社会的需求，体现以用户为中心的思想。在原有职能部门的基础上，解决了一般组织形式横向关系脆弱的弊病，使新的职能部门能够将工作重点放在向用户提供优质的信息服务上。

第二，它有利于不同职能部门之间的协调和信息沟通，加强部门间的横向联系。在临时项目小组中，来自不同部门的成员在完成项目的同时所进行的全方位交流，集中各种专业的知识和技能，迅速完成任务，提高了管理组织的灵活性，增加小组成员对各个部门的了解和配合。这样，可以改变传统金字塔形图书馆组织结构中部门沟通闭塞的缺点，加强部门之间的联系与协作。

第三，它能较好地解决组织结构相对稳定和管理任务相对多变之间的矛盾。新技术的发展与应用同时也给图书馆带来了相当大的冲击，图书馆需要相对稳定的组织结构，以保证常规业务顺利有效地开展。临时项目小组的成立就有利于应付突发事件的产生。

当然，矩阵式组织结构也存在不足，纵向系统和横向系统同时存在，如果不注意职责权限上的划分，容易引起指挥上的混乱，造成多头领导的局面。

3. 图书馆组织的再造

近年来，科技发展引发经济全球化浪潮，市场竞争日趋复杂，导致企业外部环境急剧变化，企业内部原有的以亚当·斯密“分工理论”为基础的部门结构和业务流程很难适应新变化。因此，1990 年，美国管理学家米切尔·汉默（Michael Hammer）和詹姆斯·钱皮（James Campy）提出了“再生工程”（Business Process Reengineering)的观点,强调应用现代科技,彻底地重新设计作业流程,以便对用以衡量企业绩效的关键指标,如成本、质量、服务和速度做大幅度的改善。再生工程不同于一般改革,不是改组,也不是规模缩减等组织改革措施,而是从深层次开始进行的全新的再设计,即重新思考工作流程,将人力分配与业务流程彻底翻新。在机构改造中,以求对成本、品质服务和速度等影响绩效的重大因素做大幅度的革新,从而最终提供企业的整体竞争力。国内外一些企业通过再生工程迅速取得了骄人的业绩。

再生工程是企业改造的理论,从管理方面来讲,图书馆界也可以运用这一理论,结合实际工作,进行组织的再造。从再生工程的理论来看,我们必须重新审视图书馆的作业流程,将大量的信息技术运用到作业流程中去,改变传统图书馆原有的层次结构与分工方式,正确处理图书馆技术服务与外包作业的关系,简化用户服务的相关流程等。以用户需求、流程为导向,建立以人为本的图书馆组织再造流程。

(五)图书馆行政管理组织的工作内容

由于行政管理工作在图书馆管理工作中的中枢作用,决定了图书馆行政管理工作的多样性。这些具体的工作按照职能进行划分可以分成以下几项工作内容。

1. 人力资源的管理

人是图书馆构成要素中的活跃因素,管理好人力资源才能做好各项基本工作,发挥图书馆的信息资源优势。因此,人力资源管理是图书馆行政管理工作的核心,是行政管理工作的重中之重。

2. 财务管理

对于以政府财政拨付为主要来源的资金和资产进行管理,保证图书馆运行的物质基础。

3. 对外事务管理

作为一个文化事业单位,图书馆在正常业务活动中要不断地与外界进行交流,这里既包括举行各种文化活动、学术交流,还包括接待上级单位检查、兄弟馆的参观等一系列外事活动,而这部分工作者需要由行政部门策划、接待和处理。

4. 规章制度的建立和完善

图书馆工作是一项兼具学术性、业务性、服务性的复杂劳动。为了能更好地完成图书馆的职能和工作，实行科学化管理是不可避免的。而实行科学化管理的关键就是建立健全图书馆的各项规章制度，这些制度应该包括：馆内各个部门的工作职责；每个工作岗位的工作细则；各级管理者的权利与义务；各种会议制度；各种工作规范；考核、考勤制度；休假制度；奖惩制度等。这些制度是行之有效的管理工具，既有制约作用还有激励作用，对规范馆员的各种工作行为具有重要意义。

5. 内部事务的沟通、协调

图书馆行政管理工作中一项重要内容就是承上启下地做好信息沟通工作。这里的承上启下指的是接受领导的指示、决策和命令后向下级各个部门进行传达，并将下级部门对指示、决策和命令的反应和执行情况向上级领导进行反馈。

6. 读者接待服务工作

一般说来，接待读者为其提供服务并不是行政管理部门的主要工作，但作为图书馆的一分子，行政管理部门在工作中也要注意配合业务部门尽可能为读者提供服务，解决读者在接受服务过程中遇到的困难。

7. 后勤管理

后勤工作虽然表面看起来简单，但其工作内容却是与图书馆职能的正常运转密不可分的。后勤工作具有服务和保障特性，主要为图书馆提供各种服务和资源性保障，具体包括水电维护、设备维修、办公物品采购等一系列活动。这些活动为馆员和读者提供了便利，是行政管理工作中不可分割的一部分。

总之，行政管理工作艰巨繁杂又零散琐碎，本章对人力资源管理和财务管理这两项行政管理工作中最重要的两项进行了专门论述，行政管理工作的其他内容虽然并没有进行详细的论述，但在行政管理工作中同样重要，其工作效果的好坏也直接影响着图书馆工作的正常运行。图书馆应该加强行政管理的各项工作，以科学、合理的方法使行政管理工作充分发挥其枢纽作用。

二、图书馆的管理者

（一）图书馆管理者的重要性

从图书馆的性质和职能来看，无论其从事的是图书馆的基础业务（如采、编、流的工作人员），还是从事其他工作（如财务、办公室等），所有馆员从事的都是一种管理工作。但这种管理工作仅是一种同管理有联系的业务活动，并不从事对人的管理，故而只能称为业务管理人员，而不是真正意义上的管理者。对图书馆工作来说，只有那些在从事管理过程中对图书馆的普通馆员进行领导、组织协调和监督的人员才是真正的管理者，即中级管理者各部门的主任和高级管理者馆长。

管理者对于图书馆的发展具有非常重要的作用。第一，图书馆的生存发展在很大程度上取决于这些管理者的决策，特别是高层管理者的战略决策，取决于高层管理者能否审时度势，把握环境的变化，抓住机遇，有胆略地进行风险决策。第二，图书馆要取得良好的运行效果，必须要有严格的管理，而严格的管理要依靠管理者设计、拟订和实施一整套符合图书馆运行的管理制度。第三，合格的管理者本身应是创新者和改革者。在图书馆快速发展和信息膨胀的当前环境中，墨守成规，不改革、不创新，图书馆的发展将无法适应变化着的形势。这就要求管理者尤其是高层管理者作为变革者，去克服发展中的重重阻力，排除各种干扰，积极改革创新，利用自身敏锐的洞察力和创新胆量营造图书馆的未来。第四，图书馆的发展在很大程度上依靠本单位各部门间的协调和配合，因此要求面对各部门之间的沟通和矛盾解决管理者既要有权威又要有经验，才能把各部门的力量集中到实现统一的工作目标中来。第五，图书馆工作目标和社会效益的实现，要依靠广大馆员的工作热情和奉献精神，这就需要管理者在工作中要充分调动馆员的积极性、创造性，开展深入细致的思想工作，不是单纯地说教式的空洞工作，而是贴近馆员的生活实际和工作实际，从而加强图书馆的工作凝聚力。

（二）图书馆管理者的职能

图书馆管理者的工作是纷繁庞杂的，既有图书情报专业方面的工作，又有日常管理上的工作。一般而言，管理者工作层次越高，他将着重于非结构化的、非专业化的、长远性的工作安排。而低层管理者主要是保证组织内部稳定的工作，因此，更关注的是当前的、具体的、集中的和短期性工作。归纳起来，管理者必须做好的基本工作有以下几项，只有将这些基本工作完成，管理者才有可能综合各种资源，实现图书馆的工作目标。

第一，拟定工作目标。不论是中级管理者还是高层管理者在工作中都应拟定一定的工作目标，然后以这些目标为基点，决定为达到这些工作目标所做的事情，并将工作目标向负责管理的馆员解释清楚，借以使目标有效达成。

第二，组织执行工作。分析所需要完成的工作目标，将工作分类，并将其交给相关的执行部门或个人。

第三，联络协调工作。将负责各种业务的馆员组织起来并开展必要的沟通和协调。

第四,考核。管理者对其管理的部门和个人的业绩进行科学、客观的评价,将各种考核的意义及其结论传达给部属、上司及同事,以便做出必要的改进。

第五,培养人才。善于发现下属的特殊能力和才干,有目的地进行培养。

（三）图书馆管理者的素质及其培养

由于管理者要在图书馆的管理工作中充当多种角色,履行管理的各项职能,这就要求他们要有坚实的知识背景和基本的管理技能。那么,管理者应该具有什么样的素质呢?众多管理学家们提出了很多观点,但总体来看,一个管理者的素质应该包括品德、知识水平和能力三大方面。因为,品德是推动一个人行为的主观力量,决定着个人工作的愿望和干劲。知识和能力代表了一定的智能水平,决定着一个人的实际工作能力。可以说,素质是决定着管理者为谁干、为何干和能干得怎么样的内在基础。

1. 品德方面

一个人的品德体现了其世界观、人生观、价值观、道德观和法制观念,持续有力地指导着一个人对现实的态度和行为方式。作为一名管理者,应该具有强烈的管理意愿和良好的心理素质。

（1）管理意愿和责任感

作为管理者必须具有为他人工作承担责任、激励他人取得更大成绩的愿望。如果管理者缺乏这种意愿,那么他就不可能是一个成功的管理者。管理愿望是决定一个人能否学会并运用管理基本技能的主要因素。只有树立起一定的理想,有强烈的事业心和责任感,管理者才能在管理岗位上有所作为,有所贡献。

（2）良好的心理素质

管理工作具有其特殊性,作为一名管理者,除了要有强烈的管理意愿外,良好的心理素质也是必备要素之一,即要具有创新精神、实干精神、合作精神和奉献精神。面对着复杂多变的管理环境,管理人员要具有创新精神,要勇于引进新的技术、起用合适的新人、采用全新的管理方式,要敢于冒险,并承受风险带来的损失。缺乏这种心理素质的人是不适合从事管理工作的。当然,管理者要有与人合作共事的精神,善于团结群众、依靠群众。同时图书馆的管理者要有一种服务于图书馆、服务于馆员和读者的奉献精神。

2. 知识方面

图书馆管理工作要求管理者掌握一定的图书情报专业知识，这些专业知识同管理知识一样是提高管理水平和管理艺术的基础与源泉。因此，管理是一门综合性的科学，涉及的学科知识很广。一般来说，图书馆的管理者应该掌握以下几方面的知识。

(1)政治、法律方面的知识

要掌握党和国家的路线、方针、政策、国家的有关法令、条例和规定。

(2)图书馆学、情报学和管理学知识

要求管理者具有图书情报知识背景，并且管理学知识也是图书馆管理过程中必不可少的知识。

(3)心理学、社会学方面的知识

善于协调人与人之间的关系，以及调动员工的积极性。

(4)计算机方面的相关知识

图书馆在当今社会的发展离不开计算机的支持，不论是图书馆业务管理方面、信息提供方面还是图书馆行政业务的管理，计算机专业知识的应用必不可少。

3. 实际能力方面

一个成功的管理者并不意味着只要把管理的理论、原则、方法背得滚瓜烂熟即可，而是能很好地把各种管理理论与业务知识应用于实践，进行具体的管理，解决实际问题，这才是管理者的实际能力。而要提高管理技能的最有效的方法就是通过实践。在实践中管理者的基本理论和专业知识不断积累和丰富，既有助于将能力与知识联系起来，使实际能力有所增长与发展，同时又促进管理者对基本理论知识的学习消化和具体运用。

三、领导者——图书馆中一类高要求的管理者

管理和领导是两个既有所相似又有所区别的定义，相似之处在于两者都涉及对要做的事情做出决定，并尽力保证任务能得到完成，两者都是完整的行为体系；区别在于管理强调微观方面，侧重具体事项，注重的事情基本在几个月或几年的时间范围内，时间较短，看重风险的排除以管理行为的合理性。领导则注重宏观方面，侧重于发展的整体性，关注更长时间范围的事情，具有一定风险战略的部署。更基本的是，领导和管理具有各自的主要功能。领导能带来有用的变革，管理则是

为了维持秩序,使事情高效运转。

基于以上认识,对图书馆的管理者认识就要有所区别。馆长作为图书馆管理者的一类人群就超出了其他管理者,是一种领导者地位,在图书馆的发展中占有更加重要的位置。而领导者——馆长也要有着区别于普通管理者的素质和领导行为。

(一)领导者(馆长)应具备的素质

与普通管理者相比,领导者(馆长)应拥有以下几种共同的素质:

第一,战略思考能力。领导者(馆长)对图书馆发展的指导思想和长远目标应该具有很好的战略思考的能力,不论遇到何种挫折和失败,都应坚持和奋斗下去。

第二,充满激情。领导者(馆长)应对未来的图书馆事业和工作充满激情,真心喜欢自己所做的工作。在工作中用自己的激情鼓舞图书馆的馆员,使馆内的工作氛围浓烈,促进各项工作的完成。

第三,公正。这里的公正包括领导者(馆长)对自己能力的公正评价和对其属下工作人员能力和工作成果的公正评价。因为一个人不了解自己的优缺点和真正的能力是不可能取得成功的。而善于观察、善于和他人共事、善于向别人学习,对自己属下的工作能力和成果要公正、真实地评价同样也是领导者应具备的素质。

(二)领导者(馆长)的关键行为

1. 为图书馆构建远景

作为图书馆的领导者(馆长)只是一个不变的工作岗位,但实际执行人却总是在不断变化中的,这就使得图书馆的发展要受到很大人员更换的影响。因此,图书馆要想成功发展,就需要在管理中注重保持不变的核心价值观和发展目标,这是图书馆不断地适应外部变化成功发展的稳定标志。而图书馆核心价值和发展目标的确定就需要领导者(馆长)的远见卓识和有活力的远景规划。

2. 识别和关爱下属

真正的领导者应该了解下属的工作内容和在工作中面对的压力。通过仔细倾听和敏锐观察,认识到下属的需要,在合理范围内考虑他们的最大利益。当前在图书馆行政管理中所需处理的各种关系呈现多样化的发展趋势,领导者(馆长)处于这种关系网的核心。这就要求领导者必须了解其下属的观点和态度,这既是领导者(馆长)向他人表示尊重和认可的最佳方式,也是领导者(馆长)向群众学习的一种表示。

3. 正确利用和提高下属的工作能力

领导者(馆长)的一项基本任务,就是不断地提高其下属把共同的价值标准付诸实践的能力。为了实现这一任务,领导者(馆长)要增强下属的能力和自信,提高图书馆这个团队的工作能力,树立起领导者(馆长)的威信。此外,为了实现这一任务还必须保证下属存在着受教育的机会,以便增加其知识和技术,并在提供资源上给予支持,使下属能够将其能力投入到对图书馆的有益的用途中。

4. 服务于图书馆的发展目标

领导者(馆长)的职责就是为图书馆的发展目标而服务,这就要求他们要以行动表明自己将图书馆的发展目标置于工作首位,要在各自岗位上做好自己的本职工作,以实际行动表明自己的决心,努力为图书馆的利益去奉献。并且通过自己的行为去感染下属,使他们为同样的目标而奋斗。

5. 保持希望

一般情况下的图书馆都是国家投资的事业单位,这就使得图书馆在发展过程中缺乏企业那样的竞争性。这种竞争性的缺乏,使得图书馆的发展缺少了一份活力和激情,因此,领导者(馆长)应该让馆员充满希望,努力激发他们的才智和能力,使图书馆的发展一直保持希望,保证图书馆拥有发展的活力。

第三节　我国现代图书馆人力资源与财务管理

一、图书馆人力资源管理

行政管理无非就是对人的管理。图书馆人力资源管理的任务就是确保图书馆在适当的时间获得适当的人员(包括数量、质量、层次和结构等),实现人力资源的最佳配置,使图书馆和馆员双方的需要都能得到满足。所以人力资源的管理部门作为图书馆行政管理的基础部门之一,承担着对馆内工作人员的规划和选拔、培训和开发、保留和激励、评价和考核工作。我们知道,有效的人力资源管理,有助于管理者成功地实施组织战略。图书馆的人力资源管理应以确认、发展、激励和评价与组织的目标一致的活动为着眼点,着重发挥馆员的创造力和构建学习和创新的工作环境,从而创造和激励一支成功的图书馆工作人员队伍。

（一）馆内人力资源的规划工作

人力资源的规划目的是保证实现单位的各种目标，并有助于改善人力资源的配置，降低用人成本，同时谋求人力资源使用的平衡，谋求人力资源科学有效的开发。图书馆人力资源规划指的是为了达到本单位的战略目标与战术目标，根据馆内当前的人力资源状况，为了满足未来一段时间内组织的人力资源质量和数量方面的需要，而做出的决定引进、保持、提高、流出人力资源的工作安排。当然，在制定人力资源规划时要充分考虑图书馆内外环境的变化，注意图书馆的战略与馆员规划的衔接和必须是以图书馆发展为前提。

图书馆工作人员按工作岗位划分，可分为行政管理人员、业务管理人员和后勤人员。其中行政管理人员和业务管理人员是图书馆工作人员的主体。行政人员主要负责图书馆内部事务的管理和对外事务的沟通，而业务人员主要负责图书馆的各项特色业务，但无论是行政人员还是业务人员的工作内容、职位安排都需要根据图书馆的战略计划进行、特色发展设计，以满足图书馆的未来发展的远景规划。因此，人力资源管理部门要根据馆内人事的需求，通过人事决策、工作设计和职位优化组合，加强有特色的馆员配置，制定相应的政策体系，及时发布人事信息，以便在不断变化的图书馆工作中有效地管理好本馆的人员，使图书馆最活跃的因素——馆员，最大限度地发挥作用。

（二）馆员的招聘

在图书馆人事管理中，聘用合适的人员尤显重要。一方面保证聘用到优秀的组织成员，能够胜任工作，做到人尽其职；另一方面，优秀的馆员能满足本单位的工作需求，从而使职得其人，有利于图书馆的发展。因此，聘用是人力资源管理系统动作中的首要功能，是图书馆补充人员的主要渠道，也是获得最佳人选的好办法。通过对招聘的有效规划，使馆员队伍拥有更高的知识、技能和能力。

（三）馆员的培训与再教育

对图书馆来说，馆员培训开发具有十分显著的作用。图书馆是一个以提供信息服务为主的组织机构，而当今社会又是信息社会，信息更新之快，让人目不暇接，加之信息技术的不断发展，计算机技术、多媒体技术、网络技术等被大量引入图书馆，使图书馆的资源结构、信息处理技术、服务项目和手段都已经发生巨大变化。如何保持在这种信息高速发展、变化的时代保证图书馆的发展，是图书馆在发展过程中遇到的一项困难，而馆员的再教育和培训开发是解决这个困难的关键因素。

教育和培训目的就是提高馆员的知识水平，通过补充和提高馆员的专业技能，帮助馆员发展相互沟通、配合的能力。因为，只有加强在职人员的知识更新，不断提高馆员的专业素质和修养，才能使其与图书馆事业同步发展，并跟上信息时代的变化。同时，根据馆员知识更新的情况，考查他们的业务水平，继而对其进行评议，做到择优选拔。

（四）馆员职业生涯规划和设计

图书馆的工作人员在自己完整的职业生涯中，有安全性、挑战性和自我发展的需要。人力资源管理部门要善于有效地把图书馆的工作目标与馆员个人的职业发展目标结合起来，关注馆员的职业愿望、职业价值、职业感知和对职业经历的有效反应，努力为他们确定一条可依循、可感知、充满成就感的职业发展道路。通过本单位的职业发展规划、晋升计划等达到保留和促进馆员自我发展的目的，以提高图书馆业务水平。

（五）馆员激励

图书馆行政管理的目的，就是要充分利用馆内所拥有的资源，使图书馆处于高效运转的状态。图书馆所拥有的资源，无非就是人、财、物和信息四大类，但人才是这四类资源中最重要的资源，其余三种资源都需要人来操作，才能发挥其功能。所以图书馆人力资源管理要注重馆员激励措施的运用，提高馆员的工作热情。

这里可以将激励理解为创设满足馆员工作、生活的各种条件，用以激发馆员的积极性，使之产生实现图书馆工作目标的特定行为的过程。主要包括以下几种激励措施。

1. 物质激励

通过正负激励手段，即发放奖金、津贴、福利、罚款等调动馆员以期大家多做贡献。但奖罚措施要公之于众，形成制度稳定下来，在实践过程中要力求公正，不搞“平均主义”。

2. 精神激励

精神激励属于在较高层次上调动职工的工作积极性，较之物质激励，精神激励能在更大程度和更长时间里起到刺激效果。精神激励主要有以下几种形式。

（1）目标激励

即图书馆作为一个组织机构应将自己的长远目标、中期目标和近期目标进行宣传，加强馆员了解自己在目标实现中所起到的作用，使馆员认识到只有在完成本单位的目标过程中，才能实现个人事业的发展和待遇的改善，图书馆的发展和提高与馆员息息相关，从而促进图书馆馆员的责任心和凝聚力。

（2）工作激励

一位日本的学者曾经说过："工作的报酬就是工作本身！"这句话表明工作本身具有激励作用。在工作中人们如果获得足够的重视和发挥的空间，就会力求将自己最大的潜能发挥出来，以期表现出自己的才能，最终获得一种自我实现感。图书馆人事管理工作中要重视工作本身的激励作用，多为馆员创造发挥的空间。

（3）荣誉激励

荣誉是众人或单位对个体或群体的正面评价，可以满足人们自尊需要，是激发人们奋力进取的重要手段。荣誉作为一种激励手段，不需要太多的资源，但其效果深远，是人事管理中很好的管理手段。

3. 情感激励

情感激励指的就是加强与馆员的感情沟通，尊重馆员，使馆员始终保持着良好的情绪以激发职工的工作热情。这会使得馆员在良好的心态下拓宽思路，从而快速解决所遇到的工作问题。可以看出，情感激励是一种动机激发功能。具有创造良好的工作环境，加强管理者与馆员之间以及馆员之间的沟通与协调的作用，是情感激励的有效方式。

4. 发展性激励

发展性激励就是图书馆为馆员创造学习与成长的机会，包括设置挑战性的工作任务、提供更多的学习与培训的机会、合适的轮岗安排、职业生涯设计与使用等。其中，职业生涯发展体系通过为馆员构建职业开发与职业发展轨道，最大限度地开发个人的潜能并充分发挥其潜力，使之与馆员的职业需求相匹配、相协调、相融合，使图书馆的发展与馆员的需求达到最佳的结合，最后达到满足馆员和图书馆的需要，获得双赢的结果。因此，职业生涯发展成为发展性激励的主要内容。

（六）馆员的绩效考核

1. 绩效考核在图书馆人力资源管理中的含义和作用

馆员的绩效考核，一方面是图书馆对本单位工作人员完成工作的质量和数量所进行的评价，即馆员是以什么样的态度完成了所分配的任务以及完成任务的程度如何；另一方面是对馆员的能力、性格、适应性等素质方面进行综合的评价。在图书馆人力资源管理中运用绩效考核,可以衡量和评估馆员某一时期的工作表现,协助他们在本单位更好的发展,是一种有效的人事管理手段,具有积极的作用。

第一,绩效考核可以为人事管理和其他管理工作提供客观依据。绩效考核可以根据馆员素质、成绩的全面鉴定和评价,了解和肯定馆员的能力和素质,考核结论对于职务升降、调动培训、奖惩等提供重要的依据。

第二,作为人力资源管理的竞争和激励机制,绩效考核打破了人员维持现状、不求进取的心理状态,从而刺激了图书馆发展的活力,是科学规范的人力资源管理制度建立和完善不可或缺的手段。因为,绩效考核可以创造竞争和激励,为馆员的工作行为提供测量标准,从而起到鼓励先进、鞭策后进的作用,使馆员保持旺盛的工作热情,出色地完成工作任务。

第三,绩效考核为考核者和被考核者提供了一个正式沟通的渠道,使双方可以面对面地讨论考核结果,指出优缺点和需要改进的地方。考核者可以及时了解被考核人的实际工作状况及深层次原因,从而对人力资源管理各项决策的效果进行评估,及时发现问题和不足,为人事管理政策的改进提供依据。同时,被考核人员也可以及时了解管理者的管理思路和计划,可以更加了解自身和工作以及单位对自己的评价,有利于上下沟通、更清楚地接受组织目标,把馆员对工作的不满减少到最低程度。

第四,绩效考核能把馆员的行为与图书馆的目标有机结合在一起。通过把馆员的行为导向图书馆目标和监督馆员的行为,能够使馆员的行为与图书馆目标的实现达成一致。因为,绩效考核实质上是一种行为规范方式,通过认可的、有助于目标达成的行为方式和行为标准,试图把馆员的行为导向图书馆期望的目标,并将行为结果与馆员在组织中发展的前景联系起来。另外,绩效考核还能通过承认和奖励馆员良好的绩效以激励其绩效"达标",或者确认和改正存在的绩效问题,从而有利于馆员的行为不偏离图书馆的目标。

2. 绩效考核的原则和内容

为了做好图书馆绩效考核工作,需要在现实的工作中坚持以下原则。

(1)客观公正原则

绩效考核要以绩效这一事实为基点,考核的重要依据可以因馆员职位不同而不同,但考核的指标要客观。也就是说,绩效考核绝不能主观臆断,无中生有,或编造事实;考核的重要依据不能因人而不同;指标要准确具体,要具有针对性和可操作性,应反映具体职位的基本特点,便于衡量和考核。而且,指标要尽可能定量化,以增加考核的科学性和准确性，能够准确地评定和反映人员的实际工作绩效水平。不准确和不公正的考核往往会使馆员丧失对图书馆的信任，从而影响馆员的工作积极性。

(2)民主公开原则

考核工作要民主、公开和透明，应让馆员了解考核的目的和意义。也就是说，不能搞一言堂，特别是不搞暗箱操作，应把考核条件、考核范围、考核标准、考核程序、考核结果等事项都加以公开，只有公开的评估才是公正的，才能得到图书馆全体馆员的认可。

(3)注重实绩原则

馆员的实绩指的是馆员的工作绩效，包括完成工作的数量和质量、对馆内建设的贡献等。它是馆员工作态度、工作作风、工作经验、工作技能和知识水平等方面的综合表现。注重实绩的考核有利于激励馆员认真履行工作职责；有利于馆员不断提高自身素质，以便更好地完成本职工作；有利于克服考核过程中可能产生的不当行为，为考核确定一个量化的标准和工作指南，增加了考核的准确性和可操作性，减少了不当行为发生的可能性。

此外，在馆员绩效考核中要注意考核原则的一致性和可靠性，要适应各类型、各层次人员，具有可执行性。考核应及时、针对性地进行反馈。因为，把考核结果反馈给被考核人，能够取得让馆员了解自身的优缺点以便发挥长处和克服短处。

馆员的绩效考核的基本内容包括德、能、勤、绩四个方面。德、能、勤、绩是一个有机的整体，德和能是业绩考核的基础，勤和绩则是工作过程和成果的具体表现。其中，绩是德、能、勤的综合体现，我们不可能抛开工作业绩来空谈馆员的思想品德、工作能力和工作态度。在对德的考核中，应当注重馆员的政治思想素质、道德素质和心理素质；在对能的考核中，应当突出馆员的能力素质；在对勤的考核中，应着重放在馆员勤奋敬业的精神上；而对绩的考核则应放在馆员的工作绩效，包括完成工作的数量和质量、经济效益和社会效益上。

3. 绩效考核的程序和方法

图书馆绩效考核是一项细致的工作，必须遵循一定的程序来进行。一般而言，绩效考核的程序可以分为横向程序和纵向程序两种。

横向程序是按照绩效考核工作先后顺序形成的过程来进行的，主要环节包括：第一，准备阶段。获取馆内的支持，对馆员进行必要的宣传和动员；选择考核的时间、地点、方法和考核人；制定考核标准，避免主观随意性。第二，具体执行阶段。

先由馆员在一定范围内进行述职，介绍自己在被考核阶段的工作情况，取得的工作成绩及存在的不足之处。然后由考核人进行民主评议，对馆员的工作绩效进行考证、测定和记录。然后，考核人根据已有的资料和对被考核人情况的了解，就评估的结果进行分析和评定，把考核的记录与考核标准进行分析和评定，从而获得考核的结论，由考核人客观、公正、实事求是地填写考核表。第三，结果反馈。考核结论通常应告知被考核人，使其了解本单位对自身的看法和评价，从而发扬优点、克服缺点。同时，还要对考核中发现的问题采取及时的纠正措施。将考核结果与奖惩、晋升、培训、工资等人力资源管理环节结合起来，有针对性地修正下一阶段的工作计划和人力资源的发展规划。

纵向程序是按照馆内组织的层级进行的，一般先对基层进行考核，再对中层考核，最后对高层考核，形成自下而上的过程，它包括：第一，基层考核。由馆内各科室部门的考核人进行考核，考核内容包括馆员的工作行为、工作绩效，也包括影响其行为的个人特征和品质。第二，中层考核。内容包括各科室部门的负责人的工作行为与特性，也包括该部门总体的工作绩效。第三，高层考核。主要是指馆领导层的考核。由图书馆所隶属的上级机构来进行，内容主要包括图书馆目标的达成等内容。

选择考核方法时应该考虑考核的目的和内容，考核人和被考核人及考核的次数、方法的性质。一般说来，可以同时采用多种考核方法，将这些方法综合起来使用，优势互补，以保证考核的有效性。与晋升有关的考核往往采用叙述、评语、图表评等级、排序等方法；与发展有关的考核一般采用行为定向、关键事件法、叙述、评语等方法；与加薪有关的考核一般采用目标管理、工作标准、排序、强迫分配等方法。以下是几种有代表性的绩效考核方法。

(1)比较法

这是通过馆员之间工作绩效的比较来进行绩效考核。它用的排序形式包括：简单排序，是由考核人依据工作绩效将馆员从最好到最差进行排序；配对比较法，是考核人将每一个馆员相互进行比较，比较中得到好评最多的人员接受最高等级；强制分布法，是考核人在每一个优胜档次上(比如“最好”“一般”“最差”)都分配一定比例的人员，强制性地把馆员确定为A、B、C级等。

(2)量表法

在量表中列出一系列被认为是成功绩效所必需的个人特征，每一特征都伴有一个评定分数。量表上用数目或描述性的词语指示不同的绩效水平。

(3)关键事件法

指考核人将每位被考核人在工作中表现出来的非同寻常的良好行为或不良行为(或事故)记录下来,在每隔一段时间里根据记录的特殊事件来讨论被考核的工作绩效。

(4)目标管理法

目标管理是把图书馆的具体工作计划以指标的形式分解到每一个馆员的身上,以这些具体指标作为对馆员工作业绩的考核依据的一种考核方式。目标管理通过使每个馆员都为完成工作目标而努力去实现图书馆的要求。主要包括两个方面的内容:一是与每一位馆员共同制定一套便于衡量的工作目标;二是定期讨论目标完成情况。

(5)平衡记分卡法

采用一种衡量图书馆未来业绩的驱动因素来考核工作人员,具有战略管理的功能。由于平衡记分卡与奖金相联系,和业务流程改进相联系,因而把图书馆战略与绩效管理结合在一起。它把目标设定为多个方面。每个战略目标都有一个或几个量化的指标,每个指标又都设有目标值,实现每个关键目标都要有一个行动方案。图书馆目标逐级向下分解,一直落实到每个馆员。可以对目标进行定期、经常性地回顾,然后根据不断变化的内外环境对战略、目标、目标值或行动方案进行调整。

(七)图书馆人力资源开发

人力资源开发(Human Resource Development,HRD)是人力资源管理的核心内容。人力资源开发的本意是指对人的才能进行开发,在现代管理学中人力资源开发就是把人的智慧、知识、经验、技能、创造性、积极性当作一种资源加以发掘、培养、发展和利用,以提高人的才能和增强人的活力。图书馆人力资源开发就是通过对图书馆馆员进行有计划的人力资本投资,采取教育、培训等有效形式,充分挖掘图书馆员的智慧、知识、经验、技能和创造性,积极调动图书馆人力资源的工作积极性和潜在发展能力的过程,目的在于促进图书馆员的个人发展,提高图书馆员的才能和增强其活力,以保证图书馆各项目标的实现。

1. 我国图书馆人力资源开发的现状

目前我国图书馆的人力资源开发存在许多问题,还没有建立起规范、合理的相关制度,图书馆员的潜能释放受到很多因素的制约和影响。

首先,人本管理思想的缺失制约了图书馆员潜能的开发。近年来很多图书馆学专家都强调以人为本的管理方法,但在实践中往往得不到贯彻执行。强调管理监督功能的图书馆管理方法,暗示了对员工的不信任,在某种程度上挫伤了图书馆员的积极性。同时,管理层还认为员工工作的最终目的是经济利益,他们一旦获得学习的机会,更多地考虑是个人目的。从这个角度出发而形成的图书馆文化,显然是不利于员工的个人发展的,其潜能也得不到重视。

其次,传统图书馆管理理念导致图书馆员的潜能低层次释放。图书馆的传统服务形式是一种消极等待的被动服务,而图书馆员也只是作为文献资料的保管员和传递员来开展工作。在图书馆的管理活动中忽视了图书馆员的个性特长,忽视个人所具有的潜能,把图书馆员的潜能定位在低度释放的范围内,这种低要求、浅层次的能量转换,非但不能创造出图书馆服务工作的高绩效,反而制约了馆员正常能力的有效发挥,更谈不上潜能的最大释放了。

最后,封闭式的管理机制束缚了馆员的潜能释放。我国大多数图书馆的现行管理体制仍是在计划经济体制下产生和发展起来的,具有强烈的自我封闭性。人们没有从社会与发展的角度去清醒地认识图书馆组织的社会地位和作用,而且在图书馆工作部门的设置上按照线性作业流程和工作环节进行架构,实现部门的管理职能。这种线性发展的组织结构造成了对外与社会需求严重脱节,对内只突出了行政管理上的领导与被领导关系,而没有形成业务上的指导与被指导的关系,束缚了图书馆员的个人发展,同时也制约了图书馆的可持续发展。由于缺乏互相沟通和联系,无法实现工作任务的互换,从而使图书馆员长期从事简单重复的工作,缺乏挑战性和危机感,处于缺少竞争力的消极被动状态之中。

为了改变这种落后的人力资源管理面貌,就需要加大改革力度,开发图书馆人力资源,提高图书馆管理效率,激发图书馆工作人员的才能和活力,使之不断焕发出工作激情。

2. 图书馆人力资源开发的意义

第一,人力资源开发是图书馆适应社会进步和技术发展的重要措施。社会的进步是推动图书馆事业发展的强大动力,而技术的进步又是图书馆增强生命力和长远发展的重要手段。哈佛大学图书馆的 B. 格拉汉指出:技术的推动常常会掀起一阵学习的浪潮,原有的挑战压力依然存在,而我们手中的工具已经改变,我们必须学会使用它们。图书馆员必须不断更新知识和技能。知识要通过学习和实践来获得,技能要通过在实践中勤学苦练来形成。因此,对图书馆人力资源的智力开发和职业技术开发、人力资源管理政策的开发以及使用性开发都成为图书馆人力资源管理和开发的主要内容，成为系统化的管理工程。

第二，人力资源开发可以提高图书馆工作人员的素质，改善图书馆服务的质量，提高图书馆工作的效率和社会效益。

第三，人力资源开发是图书馆获得竞争力的关键。目前社会上出现了越来越多地提供与图书馆业务类似的服务的机构，同时网络的迅速发展普及，使图书馆不再是人们获得所需信息的唯一途径。要保持并提高自身的地位，图书馆就必须重视开发人力资源，只有如此才能获得长期发展的竞争力。

第四，人力资源开发还是促进馆员发挥潜能的有效途径；通过培训等有效的继续教育方式，使图书馆员的个性和特长得到进一步的发挥，真正落实以人为本的管理思想，馆员的个人发展得到管理层的理解和重视，使他们感受到来自工作中的自我实现成就感，就能够极大地改善图书馆的工作氛围，从而使图书馆和馆员自身实现"双赢"。

3. 图书馆人力资源开发的内容和方式

有学者认为，图书馆人力资源开发的内容应包括能力的开发和精神的开发。能力开发，指体能与智力的开发。精神开发，指人力资源的政治观念、职业道德、敬业精神、合作意识等属于组织文化内涵方面的开发。具体包括：①启发调动人力资源已有的体能和智能；②在原有能力的基础上，进一步培养、训练和提高人力资源的能力，特别是智能；③营造图书馆的组织文化，提高图书馆员的思想素质水平，培养图书馆员应有的价值观、敬业精神；④采取各种措施充分调动图书馆员的工作积极性、自觉性和创造性，改进工作绩效；⑤合理配置、使用图书馆的人力资源，根据个人的才能特点，将之置于恰当的岗位，做到"人尽其才"。

根据人力资源的特点以及现代人力资源开发理论，我们可以把开发活动划分为三个层次。

（1）培养性开发

图书馆人力资源培养性开发主要指以教育培训的方式来进行开发，它包括馆员知识的更新、技能的扩展、素质的提高。在新的网络环境和社会环境下，图书馆员应成为咨询专家、知识导航员，这是图书馆员专业性的体现。根据这种社会需求，应通过对图书馆员的继续教育与培训提高其工作技能和自身素质。例如，日本的终身教育审议会于 1996 年提交了《社会教育主事、学艺员以及司书培养等的改善方案》，提出了对图书馆员进行培训的具体要求，其中包括情报服务的技术与动向，图书馆内著作权的处理，有关心理咨询与人际交流的研究，参考服务的实践，资料的收集、整理和保存的实践，各种媒体的操作，有关图书馆经营（管理）的研究等。我国学者对此也有不少精辟的见解。如贺子岳提出其内容应包括显在知识部分（图书情报专业知识和技能、学科知识背景、计算机以及网络相关技能、管理知识和沟通技巧）、组织文化部分（图书馆价值观、图书馆各种规程规章等）和隐含知识部分（经验、工作流程、与用户的关系等）。

图书馆员不仅要加强图书馆学情报学专业知识的培训，还要重视其他相关知识和技能的学习。一专多能的人才是图书馆持续发展的保证。图书馆员应进行的知识技能培训为：基本技能培训和工作能力培训。基本技能培训主要指为了满足信息时代用户的信息需求，掌握有关的计算机基本操作、网络基础知识、数据库管理、信息搜集与处理、专业外语等方面的内容。而工作能力培训主要是提高解决实际问题的能力，如怎样正确处理工作中的人际关系、如何设立有效的激励机制、如何分配图书馆中的各种资源等。图书馆人力资源开发的培训应该实现制度化、规范化，对其内容也应有相对权威的规范。中国文化部从 1998 年起就开始组织图书馆界的专家学者编写有关图书馆员培训的教材，现已形成一个较完整的教材系列。

（2）使用性开发

实际上，使用性开发是对图书馆员激励的一种手段。其内容主要是量才为用、职务晋升。图书馆人力资源使用性开发的关键是用人。我们主张在充分考查图书馆员个人的专业、学历、特长、技能、发展方向和个性的基础上，为其提供更具挑战性的工作任务。图书馆员在工作实践过程中，将不断学习新的技能、积累新的经验、获取新的管理方法，这实际上也是对自身能力的一种挖掘与开发。图书馆在做出这样的工作设计时，不仅使本馆的人力资源得到充分利用，同时也使馆员得到了个人的发展。此外，增加员工岗位轮换也不失为一种有效的开发方式。图书馆员如果长期在同一个岗位工作，容易满足现状而产生惰性，甚至对工作产生心理疲劳。通过岗位轮换，使员工有更多的机会了解、熟悉并从事图书馆内一系列相关工作，扩大视野；同时也能使员工对工作产生新鲜感，增强学习新知识和掌握新技能的兴趣，有利于更新知识结构和培养一专多能的复合型人才，促进图书馆事业的不断发展。但目前一些图书馆考虑到岗位轮换将要付出的培训费用，往往忽视馆员渴望新的工作任务和新的挑战的心理，不鼓励提倡馆员在馆内的工作岗位轮换，导致了工作效率低下的后果。作为图书馆的管理层，应该避免这种“短视病”。

(3)政策性开发

人力资源政策性开发是指通过制定符合人才成长规律和人力资源管理原理的一系列调整政策,来变革管理体制,充分运用激励机制等手段,促进人才的不断涌现。目前我国图书馆人力资源开发与管理的现状不容乐观,很多图书馆都没有形成相关的制度与政策,缺乏对人力资源开发管理的长期规划,对于馆员的开发和聘任等仍主要是遵从上级部门的分配,随意性大,岗位设置与人员结构不合理,造成了一定程度的浪费。对于图书馆人力资源的政策性开发,管理者要做的是制定一套尊重馆员个人发展需要的规章制度,保障馆员的科学培训和合理使用。国内一些具备领先意识的图书馆就制定了这方面的规章制度。例如深圳图书馆于 1998 年颁布了关于馆员继续教育的政策,其中包括《深圳图书馆关于专业技术人员继续教育实施办法通知》《深圳图书馆职工继续教育办法》以及《深圳图书馆员工继续教育总结考评办法》等一系列规章制度。它们从政策的层面保证了该馆人力资源开发的连续性和制度性,使该馆馆员能够在这一系列的政策中感受到来自工作的压力以及该馆对员工个人发展的重视。

二、图书馆财务管理

(一)图书馆财务管理的内涵

行政管理体系中除了对人的管理以外,另一项重要的管理对象就是对钱和物的管理。众所周知,在现今这个高度组织化了的社会,无论是从事社会管理的政府,还是从事营利活动的企业,甚至一个家庭都离不开人力、物力、资金等要素的运转和支撑。当然,企业等以营利为目的的机构组织中,追求利润最大化是其终极目标,它代表了企业等组织努力实现的最终结果。而图书馆作为一个为社会提供信息服务的非营利性公共组织,其业务活动的目的不是追求利润,而是为社会提供一种公益性服务,其所拥有的财务资源只是实现最终目的的手段,利润本身并不是图书馆的最终目标。但即使这样,图书馆的财务资源管理仍然是图书馆行政管理工作中的一项重要内容。如何加强图书馆资金的管理、扩大图书馆资金来源的渠道、严格控制各项费用的支出、合理安排资金计划,从而使图书馆资金预算计划顺利完成,是保证图书馆正常运行的物质基础。

因此,所谓图书馆的财务管理就是在日常管理中遵循资金运转的客观规律,对图书馆的财务活动及其所体现的财务关系进行有效的管理。这里的财务管理活动包括资金的筹措和分配、制定财务计划和预算、设立专门的财务管理组织、实施财务计划和预算、进行财务监督的全过程。其目标就是控制图书馆的经济活动,提高经费使用的经济效益,维持图书馆良好的财务状况,为图书馆基础服务工作提供物质保证。

此外,在进行财务管理的过程中图书馆作为非营利的公共服务组织,要严格遵守财务管理的原则。

第一,实行依法管理。对于图书馆的财务管理要依照国家法律法规、图书馆章程和财务管理制度的规定进行,图书馆的财务活动只有在这些制度范围内进行,才能保证有限资金得到合理的利用。

第二,实行计划管理。由于国家财政对图书馆资金的投入量并不能与图书馆的实际发展相符,因此,对财务的管理要有计划地进行,对影响图书馆活动的各种情况要进行预测,对预测结果进行分析后做出决策,并用财务预算的方式表示出来,以提高预见性。

第三,实行统分结合式的管理。图书馆的财务管理应该实行统一领导与分级管理相结合的方式,即财务管理由图书馆的领导者负责,设置单独的财务管理机构和相应的人员对钱和物进行集中管理。财务管理过程中要根据图书馆发展需要,合理安排各部门对资金的使用,保证重点项目和基础建设的资金,并接受馆员的监督。

(二)图书馆财务管理的目标、任务和原则

图书馆财务管理的目标、任务和原则是图书馆财务管理理论的基石,它决定着图书馆财务管理的方向、内容和方法。

1. 图书馆财务管理的目标

图书馆财务管理的目标是图书馆财务活动所希望实现的结果,是评价图书馆理财活动质量的基本标准,是图书馆财务实践、财务决策的出发点和归宿,也是图书馆财务管理的行为导向,图书馆的一切财务活动都是围绕这个目标而进行的。

图书馆财务管理的目标是努力增收节支,合理安排支出结构,严格控制经费支出,提高资金使用效果,充分利用有限的资金。

2. 图书馆财务管理的任务

图书馆财务管理的任务是:依法筹集并合理有效地使用资金,对图书馆的各项财务活动实施有效的综合管理。具体包括:①加强图书馆预算管理,保证各项事业

计划和工作任务的完成;②加强收支管理,提高资金使用效率;③加强资产管理,防止国有资产流失;④建立健全财务制度,实现图书馆财务管理的规范化和法制化;⑤按规定及时编报决算,如实反映图书馆财务状况;⑥加强财务分析与财务监督,保证图书馆各项活动的合理性与合法性。

3. 图书馆财务管理的原则

图书馆财务管理的原则是图书馆财务管理工作中应遵循的基本规范。它们来源于财务管理工作实践,是在图书馆理财实践过程中抽象出来的并且在实践中证明是正确的行为规范,是对图书馆财务管理工作提出的基本要求,也是评价图书馆财务管理工作质量的标准。它们反映着图书馆理财活动的内在要求,对于规范各类图书馆的理财活动,防止各图书馆自行其是,确保图书馆财务管理工作的质量,实现图书馆财务管理的目标,都具有重要意义。图书馆财务管理原则一般包括以下几条:①依法理财原则;②勤俭节约原则;③量入为出原则;④效益原则;⑤正确处理国家、图书馆和个人三者之间的利益关系原则;⑥责任性原则。

(三)图书馆财务管理的内容

1. 图书馆运转资金的筹措

图书馆作为非营利的公益性服务组织其运转资金主要依靠政府的投资。即使是大学图书馆的运转资金表面上看来源于学校的经费预算,但究其根源同样是来自政府对教育的投资。所以,图书馆的发展在很大程度上由国家财政投入的程度决定。自改革开放以来,我国国力逐渐强大,政府对公益性组织的资金投入比例也逐年增长。不过我国公益性组织众多,图书馆只是其中之一,而由于图书馆的运转资金来源单一,这就使得图书馆在发展过程依赖现象严重。当前,我国各种类型的图书馆都存在着经费紧张的现象,从而极大影响了图书馆的信息服务质量。如何在现有情况下,扩大图书馆运转资金的来源又能保持图书馆作为非营利组织的公益性,这就要求在图书馆发展中扮演幕后角色的财务管理发挥其应有作用,在资金筹措中为图书馆开辟新的途径。

(1)继续加强政府对图书馆工作的重视,提高政府对图书馆的投资力度

图书馆的资金运转来自政府投资,这一点是毋庸置疑的。单纯依靠图书馆自身的收入维持图书馆的运行并不可行,也会失去图书馆公益性的本质。而这就需要不断地强化政府对图书馆作用的重视,使政府认识到图书馆在现代文化生活中的作用和价值。要做到这一点,就需要图书馆人不断在发展和创新图书馆和各项

专业信息服务，使更多的公众认识图书馆，了解图书馆，利用图书馆。让图书馆成为信息社会不可缺少的信息助手，尤其在面临网络发展的时代，更不要使图书馆在社会生活中沦为可有可无的文化机构摆设。

(2)利用图书馆自身优势，扩大资金来源

第一，图书馆是信息资源汇集的场所，近些年从事图书馆管理工作的人员素质也大幅度提高，硕士、博士等专业型人才也大批涌入图书情报领域，使图书馆利用自身的信息优势，开挖深层次的信息服务成为可能。当前的科技查新、专题信息跟踪服务等有偿服务工作已经成为图书馆服务的亮点，这些项目不仅扩大了图书馆的服务领域，也为图书馆开辟了新的资金来源。第二，图书馆是文化教育的宣传场所，增加图书馆文化服务领域的活动也能带来一定的经济效益。这些活动主要有：信息培训服务、如各种数据库的使用等；文化娱乐活动，如美术、摄影展览等；与图书馆有关的经济活动，如图书展销、珍藏版图书中介等。以上这些活动的举行既不与图书馆作为公益服务性组织冲突，还能为图书馆创造经济收益，可谓一举两得。

(3)加大图书馆宣传力度，吸收各方捐赠

由于图书馆是政府投资的公益性组织，所以一直以来，图书馆多数都是静候读者上门，然后再向其提供相应的服务。因此，社会各界和普通公众对图书馆的认识模糊，利用率也低。这种宣传力度的欠缺和服务方式的懈怠造成图书馆物质资助的一个重要来源——捐赠受到严重影响，常常是时有时无。其实，捐赠一直以来就是图书馆获得物质资助的一种方式，主要以捐赠图书、期刊为主，金钱性质的捐赠并不是主流形式。目前来看，图书馆的捐赠者大概有三种类型，即个人、公司、基金会。图书馆如果想吸收各方的捐赠就要有计划和有目的地向这几种类型的捐赠者进行自我宣传，宣传方式可以灵活多样，但态度要真诚，对吸收的捐赠的管理要公开、透明。

2. 财务预算管理

由于资金的有限性和支出需求的无限性，使得图书馆资金在分配过程中要在可能的支出目标之间进行选择，找出优先的支出重点，这对本单位的资金分配具有重要意义。因此，财务预算管理在图书馆财务管理中是一项重要工作内容。所谓财务预算管理指的就是图书馆对一定期间内取得及使用资金的计划。通过对预算资金的筹措、分配、使用所进行的计划、领导、组织、控制、协调、监督等活动。其目的是完成预算收支任务，提高资金的使用效率，控制财务风险损失。

图书馆的财务预算是一种权利规制管理，体现了以政府为主要出资者的管理者对资金获得者的权利授予与约束。尤其是图书馆作为非营利性的公益组织，其资金来源于国家财政拨款，为了更好地履行自己的职能，优质高效地完成图书馆的任务，图书馆应该接受国家、政府以及公众对自己的资金约束和监督。管理者应该认识到财务预算不等于一个简单的财务预测或计划，而是作为一部内部“宪法”，在图书馆中贯彻执行。

财务预算的关键在于预算编制，对于图书馆的预算编制来说，第一，需要根据图书馆的发展需要，确定具体的资金分配方案，要具体化、数量化；第二，应该综合、全面地考虑和分析图书馆发展中的可能变化，并以货币计划的形式具体、详细地反映出来；第三，坚持综合平衡收支、略有节余，尽量避免预算赤字；第四，应量入为出，根据财务具体情况安排支出。

3. 财务收支管理

图书馆财务收支管理包括收入管理与支出管理两个方面，其中收入主要有政府拨款、各方捐赠以及图书馆自创经费等几种形式，其中头两项是图书馆的主要收入来源，这些收入按照规定要纳入财务部门的统一管理之下，这是财务管理的客观需要。而支出管理由于种类多、用途广，管理起来则更加困难，这就有必要对资金的使用范围、用途、指标进行管理，用以实现对图书馆各项财务活动的控制，避免差错或问题，保证图书馆的正常运转。因此，收支管理作为财务管理的基本内容，增强其管理的科学性和规范性，提高收支管理的水平也是至关重要的。具体操作要注意以下几点。

(1)严格遵守收支计划

图书馆财务收支计划是经过图书馆各部门讨论形成并经过严格程序通过的。因此，收支计划一旦通过，就被赋予了相应的效力，对图书馆来说就是具有约束力的文件，非经特定的程序不得随意修改。在计划期间内，各部门和各单位凡是有收入的都必须按规定入账；有支出的，也应按计划规定的项目、金额、时间进行开支；对于没有列入计划的开支项目，财务部门要拒绝为其开支。如果实在必要，应该履行相应的审批手续，编制补充计划、说明原因，并经过审核后才能列支。

(2)建立健全财务支出管理制度

图书馆为了保证财务收支合理有序，应该按照财务管理制度的要求建立健全支出管理体系，针对不同的支出项目建立相应的管理制度。对于经常性支出的核算、使用、效益、标准等实现统一化管理，同时对重大支出项目要遵循严格的程序，完善调研、立项和审批制度。

(3)保证馆内基本项目支出

基本项目支出是维持图书馆正常运转的物质基础,因此,应严格专项支出的管理。在考虑全馆的基础上,切实保证经常性开支的资金供应。为此一方面要严格遵守支出计划;另一方面要本着节约的精神,对于超计划、超范围、超标准的开支坚持抵制,从根本上做到计划开支、有序开支、专款专用。

4. 图书馆资产管理

图书馆资产是图书馆占有或使用的以货币来计量的经济资源,具体包括流动资产、固定资产和无形资产三类。这其中任何一种资产都具有其特定价值,可以为图书馆的正常运转提供客观条件和物质保证,因此,是图书馆财务管理的重要范围。

一般来说,流动资产是指在一年内可以变现或者耗用的资产或资金。具有周转速度快、循环周期短等特点。对于图书馆来讲,流动资产主要指短期内可以周转的货币资金。

固定资产则是指期限超过一年并且在使用过程中保持原有实物形态的资产,对于图书馆来讲,主要包括房屋、建筑物、运输工具、图书资源以及其他诸如桌椅、电脑、书架等设备。对于这些设施图书馆应做好管理工作。第一,需要做好固定资产管理的各项基础工作。如建立固定资产分级管理责任制,编制固定资产目录,建立固定资产的登记簿或卡片,做好固定资产的计价、折旧工作。第二,应当加强对固定资产实物的管理和维修,对新增固定资产做好验收、移交以及入账工作。第三,对清理报废及有偿调出的固定资产、租出和租入的固定资产必须做好登记。第四,对使用中的各种固定资产要做好日常维护、保养和检查、修理工作。

无形资产是指图书馆所控制的,不具有实物形态,但可以长期发挥作用且能带来经济利益的资源。在当今社会随着时代的发展和科学技术的进步,无形资产的管理日趋重要。而图书馆作为信息服务的公益单位,其凭借自身优势发展而取得的各种专利技术,文献信息加工成果以及其他信息资源的成果等对图书馆的发展具有重要作用,它所创造的效益也有发展的趋势,图书馆应该对这部分资产做好管理工作。

5. 财务的监督管理

由于是政府财政支持的单位,财务监督在图书馆管理中越发显得重要。所谓图书馆财务监督就是根据国家有关财务管理的法律、法规和财务制度,对图书馆的财务活动进行审核和检查的行为。

图书馆财务监督的主要内容有：监督资金的筹措和运用，监督预算的执行情况，监督资金的日常使用，监督资产管理状况等。在监督过程中主要依靠财务报告和财务分析为主，把图书馆一定时期的财务状况和预算执行情况编写成书面文件，用财务报表和财务情况说明书具体反映资金的运行情况以方便财务监督的进行。

监督的主体主要有本单位职工、上级主管单位和国家财务监督和审计部门。通过这些主体的财务监督可以使图书馆财务管理存在的问题显现出来，有助于改进和完善图书馆在发展过程中的财务制度，还可以提高资金的利用率，实现资源的有效配置。

（四）图书馆财务管理的技术方法

图书馆财务管理的技术方法是图书馆达到财务管理目标、完成财务管理任务的重要手段，也是图书馆财务人员从事财务工作的基本技能。图书馆理财活动中，运用着一系列的技术方法，它们共同形成了一整套科学、完善的财务管理方法体系。根据我国传统的财务管理理论，财务管理包括财务预测、财务决策、财务计划、财务控制及财务分析五个环节。与此相应，图书馆财务管理方法体系也主要由相互联系的财务预测方法、财务决策方法、财务计划方法、财务控制方法及财务分析方法组成。

1. 图书馆财务预测方法

财务预测是图书馆财务人员根据历史资料，依据现实条件，运用特定方法，对图书馆未来的财务活动和财务成果所做出的科学预计和测算。财务预测是财务决策的基础，是图书馆编制财务计划的前提，是图书馆日常财务活动的必要条件。

图书馆财务预测工作一般包括如下几个步骤：①确定预测对象和目标，制定预测计划；②收集、整理相关的信息资料；③选择特定的预测方法进行实际预测；④对初步的预测结论进行分析评价及修正，得出最终预测结果。

图书馆财务管理中常用的预测方法可分为定性预测法和定量预测法两种类型。定性预测法亦称非数量预测法，一般是在缺乏完备、准确的历史资料的情况下，由图书馆领导、财务主管及其他有关专家根据过去积累的经验，利用直观资料，依据个人的主观判断能力及综合分析能力，对图书馆财务的未来状况和趋势做出预测的一种方法。定性预测法又可分为意见交换法、类推预测法、理论推定法、专家调查法——德尔斐法等。定量预测法亦称数量预测法，是运用现代数学方法对历史数据进行科学的加工处理,充分揭示各有关变量之间的规律性联系,建立经济数学模型来进行预测的方法。定量预测法又可分为因果预测法和趋势预测法两种类型。

2. 图书馆财务决策方法

财务决策是指财务人员在财务目标的总体要求下,从若干个可供选择的财务活动方案中选择最优方案的过程。当然,在可供选择的财务活动方案只有一个时,决定是否采纳这个方案也属于财务决策。财务决策是财务管理的核心,直接关系到图书馆财务管理的质量。

图书馆财务决策一般包括以下几个步骤:①根据财务预测的信息提出问题;②根据有关信息制定解决问题的若干备选方案;③分析、评价、对比各种方案;④拟订择优标准,选择最优方案。

图书馆财务决策常用的方法有优选对比法、数学微分法、线性规划法、概率决策法、损益决策法等。

3. 图书馆财务计划方法

财务计划是在一定的时期内以货币形式反映图书馆业务及经营活动所需的资金及其来源、财务收入和支出、结余及其分配的计划。财务计划是图书馆根据本单位的业务工作安排及定额定员等标准,以财务预测提供的信息和财务决策确立的方案为基础来编制的,是财务预测和财务决策的具体化,也是控制图书馆财务活动的基本依据。图书馆预算、预算外资金收支计划、经营收支计划等都是图书馆的财务计划。

图书馆财务计划的编制过程一般包括如下几个环节:①根据财务决策的要求,分析主客观条件,全面安排计划指标;②对需要与可能进行协调,实现综合平衡;③调整各种指标,编制出计划表格。图书馆财务计划的编制过程,实际上就是确定计划指标并对其进行综合平衡的过程。

编制图书馆财务计划的方法主要有平衡法、因素法、比例法、定额法等。

4. 图书馆财务控制方法

财务控制是指在财务管理过程中,利用有关信息和特定手段,对图书馆的财务活动施加影响或调节,以便实现计划所规定的财务目标。财务目标是图书馆一切财务活动的出发点和归宿,是财务管理的行为导向,对图书馆财务活动进行管理和控制正是为了实现一定的目标。财务控制作为一种经济调控行为,其调节过程一般包括制定目标、分解目标、实施调控、衡量效果、纠正偏差几个步骤。

常见的图书馆财务控制方法有：①防护性控制。又称排除干扰控制，是指在图书馆财务活动发生前就制定一系列制度和规定，把可能产生的差异予以排除的一种控制方法。②前馈性控制。又称补偿干扰控制，是指通过对图书馆财务系统实际运行的监视，运用科学方法预测可能出现的偏差，采取一定措施，使差异得以消除的一种控制方法。③反馈性控制。又称平衡偏差控制，是在认真分析的基础上，发现实际与计划之间的差异，确定差异产生的原因，采取切实有效的措施，调整实际财务活动或调整财务计划，使差异得以消除或避免今后出现类似差异的一种控制方法。反馈性控制是根据实际偏差来进行调节的，属于事后控制，在平衡与调节的过程中，由于时滞的存在，又可能导致新的偏差。但这种控制方法运用起来比较方便，一般不需要太多的信息。因此，这种方法在图书馆财务管理中得到广泛的运用，特别是当干扰不能预计或发生很频繁时，它是一种典型的财务控制方法。

5. 图书馆财务分析方法

财务分析是根据有关信息资料，运用特定方法，对图书馆财务活动过程及其结果进行总结和评价的一项工作。通过财务分析，可以掌握图书馆各项财务计划指标的完成情况，评价图书馆财务状况，衡量图书馆工作绩效，研究和掌握图书馆财务活动的规律性，改善图书馆财务预测、决策、计划和控制，提高图书馆财务管理水平，促进图书馆财务管理目标的实现。

图书馆财务分析过程一般包括如下几个阶段：①确定题目，明确目标；②收集资料，掌握情况；③运用方法，揭示问题；④提出措施，改进工作。

图书馆财务分析方法主要有两种。

(1)比较分析法

比较分析法即比较两个相关的财务数据，来揭示财务数据之间的相互关系，分析图书馆财务活动的一种方法。它通常采用三种方式来进行比较：①将分析期的实际数据与同期计划数进行对比，确定实际与计划之间的差异，据此考核财务指标计划完成情况；②将分析期的实际数据与前期数据进行比较，确定本期与前期之间的差异，据此考核图书馆的发展情况，预测图书馆财务活动的未来发展趋势；③将分析期的实际数据与同行业平均指标或先进图书馆指标进行对比，确定本单位与同行业平均水平或先进水平之间的差异，据此找出原因，改进工作。

(2)比率分析法

比率分析法即把某些彼此相关联的指标以比率的形式加以对比，据以确定图书馆经济活动变动程度,揭示图书馆财务状况的一种分析方法。在图书馆财务分析中,常用的比率有以下两类:①构成比率。又称结构比率,它是某项经济指标的各个组成部分与总体的比例。通过构成比率,可分析指标构成内容的变化,从而掌握该项财务活动的特点与变化趋势,考察图书馆经济活动的结构是否合理。例如,通过计算图书馆各项支出在支出总额中所占的比重,可分析图书馆行政性支出与业务性支出之间、维持性支出与发展性支出之间、重点性支出与一般性支出之间的比例是否恰当,支出结构是否合理。②动态比率。即将某项指标的不同时期的数值相比而求出的比率。它反映的是同一财务指标在不同时期状态下的对比关系,说明的是图书馆财务活动在时间上的发展和变化程度。通过动态比率,可分析图书馆财务活动及相关指标的发展方向及增减速度。例如,经营收入增长率:(当年经营收入/上年经营收入-1)×100%。

第五章 我国现代图书馆服务管理

第一节 我国现代图书馆服务理念与服务管理

一、图书馆服务的含义

图书馆服务通常也称为读者服务工作,简称读者工作,是指图书馆根据读者对文献和信息的需求,充分利用图书馆资源向读者提供文献和信息的一切活动的总称。

图书馆服务是一项十分复杂的系统工程,其实质就是以读者信息需求为导向,确定图书馆建设方针、服务任务和服务目标,按照图书馆工作自身的特点和规律,准确把握读者的信息需求心理和阅读规律,通过不断地创造和完善服务方式,向社会传播知识,向读者传递文献信息,从而实现图书馆服务的目标。从这个意义上说,图书馆的一切活动都是围绕着读者服务这个中心展开的,图书馆的一切活动也都是图书馆服务工作的有机组成部分。

因此,图书馆服务研究领域包括的内容十分广泛。在传统图书馆服务领域,它包括读者对象、读者需求的界定,进而开展信息资源建设与组织,根据读者的组成结构、读者的阅读心理、读者的需求以及文献信息资源的特点和利用方式的特点等,精心开展文献信息资源的整序、组织和管理,以此为基础,通过阅览、借阅、文献传递、馆际互借、参考咨询等各项服务开展读者服务工作。在数字图书馆服务领域,还需构建适合网络虚拟环境的服务功能和方式,开展网上数字化信息服务。

二、现代图书馆服务的特点

在现代图书馆的建设与发展中,技术的进步与广泛应用从根本上给图书馆的服务观念和服务方式带来了巨大变革。技术的进步改变了图书馆的资源建设模式,开拓了图书馆的服务领域和方法,也促进了图书馆在信息资源共建、共知与共享领域的全面合作和服务。随着社会的发展,科技水平日新月异,计算机和网络快速普及,现代图书馆服务与传统图书馆服务存在很大的不同,其主要有以下四个特点。

(一)服务虚拟化

随着现代信息网络技术的广泛应用,建立在虚拟馆藏资源和虚拟信息系统机制上的新型信息服务模式逐渐形成。这种虚拟化的服务彻底改变了以文献信息资源为主线的传统图书馆服务模式,图书馆的服务始终处于一个动态和虚拟的信息环境中。通过网络传输,图书馆既可以利用自有或自建的数字化馆藏资源,又可以利用电子邮件资源、网络新闻资源、FTP 资源、WWW 资源、Gopher 资源等多种互联网资源,这种无形的、即时的虚拟化信息服务突破了时空限制,使得图书馆为读者提供无所不在的信息服务成为可能。因此,服务虚拟化包括服务资源的虚拟化(即信息资源的数字化、虚拟化)和服务方式的虚拟化(即由面对面的阵地服务转变为面向虚拟读者、虚拟环境的服务)。其实质是图书馆由向具体人群提供实体文献服务,转变为向非具体化读者(甚至匿名用户)提供虚拟数字信息服务。

(二)文献多样化

随着数字资源的急剧增长,图书馆为读者服务的文献信息资源已呈现出印刷型文献与联机数据库、电子出版物、网络化信息资源并重的格局。信息载体多样化的发展打破了纸质文献一统天下的格局,也改变着读者利用文献的习惯与观念。读者对信息载体的需求已不再局限于印刷型文献,单一的纸质文献及其传递方式已不能满足读者多元化的信息需求,读者的信息需求越来越多地转向各种类型的数字资源。同时,以现代视频技术为手段而大量涌现的数字视频信息资源,也为人们获取丰富的多媒体信息创造了条件。因此,文献多样化使得图书馆在文献保存、信息交流和教育的基础上,极大地拓展了服务空间,信息服务保障能力得到极大提升。

(三)信息共享化

由于网络及各种信息技术的广泛应用,图书馆信息服务的观念发生了巨大变化,人们逐渐从习惯于依靠自己所熟悉的一个图书馆获取信息服务,走向依靠图书馆联盟乃至基于共享技术整合在一起的泛在云图书馆获取信息资源。现代图书馆不再是一个个孤立存在的信息实体,而是整个社会信息网络的一个个节点。图书馆之间的信息共享服务有了越来越大的空间和自由,其交互需求与作用也越来越大。共享思想与共享技术使信息资源共享服务从来没有像现在这样成为现代图书馆服务不可或缺的有机组成部分,从而使真正意义上的信息资源共享成为现代图书馆服务的重要特征。

(四)需求个性化

随着经济社会发展对信息需求的深度和广度日益提高,读者对信息的个性化服务需求越来越突出。而图书馆通过专业馆员队伍素质的提升、现代信息技术的广泛应用以及信息综合保障能力的快速提高,为读者提供定制化、自助性、全天候的个性化服务,已成为现代图书馆读者服务工作发展的主要方向。在这样的服务过程中,读者的自主性得到张扬,个性得到满足。这种个性化的服务正逐渐成为图书馆界追求的服务新理念。

三、图书馆服务的内容

在图书馆的各项业务工作中,围绕图书馆服务形成了一个内容丰富的完整工作体系,主要包括研究读者、组织读者、组织服务、宣传辅导、服务管理五个方面。这五个方面的内容相互作用,相互制约,缺一不可。其中,组织与研究读者是开展一切读者服务工作的前提条件和基础;科学组织各项服务工作,构建层次分明、体系完整、灵活多样、富有生机的读者服务工作体系,是实现读者服务工作目标,体现图书馆社会价值的根本保障;组织各项宣传辅导活动,开展卓有成效的读者教育是提高读者素质、增强信息能力,从而提高读者服务工作成效,充分发挥图书馆效能的有效途径;加强图书馆服务管理,是顺利开展读者服务工作,有效实现上述任务的制度和组织保障。

(一)研究读者

研究读者是开展图书馆服务工作的重要内容和前提条件,它包括研究读者的文献需求和阅读规律两个主要方面。读者是图书馆这个社会组织的基本组成要素之一,是图书馆得以存在的根本。读者对图书馆的文献信息需求和利用规律,最直接、最具体地体现了社会的需要,它是图书馆赖以生存的土壤,也是图书馆一切工作的出发点和归宿。

开展读者研究有助于从总体上把握读者需求的特点和规律,提高图书馆服务的针对性,并对读者动机加以正确引导,不断改善和拓展读者服务的方式和服务领域,提高图书馆服务工作的质量与水平。

1. 读者的文献需求研究

研究读者的文献需求就是对不同层次的读者在阅读需要、阅读目的、阅读过程中的特点及其规律进行研究。一般来说，不同层次的读者对信息资源的需求不同，读者在不同时期所需要的信息资源不同，其阅读的目的也不完全相同。此外，现代图书馆还需要特别关注读者对不同类型文献的需求差异、不同渠道获取信息的差异，以及不同信息环境下的文献需求差异。

2. 读者的阅读规律研究

这方面的研究可以从两方面着手：一方面，对读者心理及行为规律进行研究，即对读者在鉴别、提取、利用信息过程中的行为习惯和阅读规律进行研究。它既包括对读者阅读动机、阅读兴趣、阅读能力、阅读习惯等心理活动的研究，也包括对读者文献选择行为和文献获取行为的分析、对读者使用各类型信息资源特点的研究、读者阅读效果的评估等。另一方面，要对读者信息素养及信息意识进行研究，包括社会的发展与变化对读者文献需求意识的影响、社会环境与读者需求结构的关系等。

（二）组织读者

组织读者是图书馆为实现服务和管理目标而围绕服务工作实施的管理措施。它的主要任务是读者队伍的组织与发展，包括确定读者服务范围与服务重点、制定读者发展规划与计划、定期发展与登记读者、划分读者类型、掌握读者动态、组织与调整读者队伍等。

组织读者应根据图书馆的任务变化和环境变化，不断研究和掌握读者变化而展开。只有把握住读者的阅读规律，掌握读者的阅读需求，才能使图书馆服务不断与读者的需求相适应，使图书馆服务管理方式的变革与读者需求的变化同步，才能找出提高图书馆服务工作和管理工作水平的方法和途径。

发展读者队伍是组织读者工作的一项重要内容。拥有规模化的读者群体是图书馆一切工作的前提，只有拥有了广泛而确定的大量读者，图书馆的资源建设、服务管理才有了明确的目标，才能通过大量的高水平服务实现图书馆的社会价值。

不同类型图书馆发展读者的重点和发展方式有很大差别。高校图书馆是为本校服务的信息机构，因此，高校图书馆的读者成分比较单一，主体是本校的师生员工，其读者的确定和发展通常可通过读者账户注册实现。学校的教职员工只要进行简单的读者登记，由图书馆发放标明其基本身份信息的借阅证就可以成为图书馆的正式读者。研究单位、机构等图书馆的读者发展方式大体与高校图书馆类似。而公共图书馆是面向某个行政区域内所有公众的，因此，公共图书馆的服务对象十分广泛，读者的构成也比较复杂，需要在有服务需求的个人或团体向图书馆提出注册请求的基础上，由图书馆根据办馆的方针、任务、规模和条件以及读者的阅读需求特点等确定是否授予申请者享受本图书馆的权限，只有符合本馆读者发展条件的申请者才能通过注册成为正式读者。

受读者文化层次、信息需求、年龄、职业、工作任务等各种因素的影响，不同类型的读者对图书馆服务的期望和要求存在很大差别。并且由于图书馆的主要任务不同，资源、人员、环境和经费也很有限，图书馆需要在研究读者的基础上，通过制定不同类别读者使用图书馆的权限规则，以及读者管理系统的身份认证与权限管理，将庞大的读者群划分为在某些方面具有需求共性、使用行为共性的读者群体，从而在普遍服务的基础上实现针对不同需求的差别化服务。

读者发展、细分、管理的成果一般都通过图书馆的读者注册与身份认证管理系统固化下来。这既是了解读者、研究读者的重要资料，也是图书馆开展一切工作的基础数据，更是评价图书馆绩效、制定发展规划、进行服务与管理改革的重要基础。

（三）组织服务

充分利用图书馆的各种资源，在深入研究和准确掌握读者需求的基础上，通过组织开展多层次、多角度的全方位服务，最大限度地满足读者的文献信息需求，是图书馆服务工作的中心环节，也是图书馆实现社会价值和最终服务目标的重要手段和方式。

图书馆服务是图书馆各项工作的外在表现形式，也是图书馆中最具活力、最富创造性的工作。组织服务工作的主要内容包括优化读者服务方式、扩大读者服务范围、增加读者服务内容和提高读者服务水平等几个方面。一个图书馆以何种方式服务于读者，主要取决于本馆的性质、规模和读者需求，而且还要随着图书馆的发展和读者需求的变化而不断变化。

图书馆的传统服务方式是根据读者的实际需求，利用馆藏资源、馆舍设备以及环境条件，有区分地开展各项服务活动，包括文献查询、外借服务、阅览服务、复制服务、咨询服务、检索服务、定题服务、编译服务、报道服务、展览服务、情报服务等。由于读者需求具有广泛性、多样性和复杂性，几乎所有图书馆都根据自身特点，以这些服务方式为基础，组织建立起多类型、多级别的综合服务体系，以有效地满足各类读者对文献的不同层次需求，帮助读者解决在学习、研究、工作中选择书刊、查询资料以及获取知识信息方面的各种具体问题。

随着网络的普及和计算机技术在图书馆中的广泛应用，现代图书馆的服务方式由传统的服务转向了现代化数字图书馆服务。因此，充分利用网络为读者提供服务已经成为现代图书馆的服务方向。这方面的服务包括资源检索、全文浏览、文献下载、自助借阅、虚拟参考咨询、网上读者调查、资源导航、特色数据库、移动阅读、用户文档上传与共享、个人学习空间、用户意见征集与实时交流等。

总之，图书馆服务的组织应根据本馆的具体情况和社会发展水平来决定，总的要求是用最少的投入，在最短的时间内，向最多的读者提供最好的信息资源。

（四）宣传辅导

读者宣传辅导工作是图书馆教育职能的体现。它包括读者宣传、读者辅导以及读者培训三个方面的内容。

1. 读者宣传

读者宣传是图书馆对读者进行科学管理的基本手段之一。宣传的目的是在了解和研究读者阅读需要的基础上，主动向读者揭示、推荐信息资源的形式与内容，宣传先进思想、科学知识、职业技术以及广泛的文化信息，通过多种形式，把读者最关切和最需要的信息及时展现在读者的面前，吸引读者利用图书馆的各种资源和服务，使图书馆的资源得到最大限度的利用。

2. 读者辅导

读者辅导是指针对不同读者的具体情况，有区别地为读者答疑解惑、排忧解难。读者辅导需要图书馆员充分掌握信息资源的特点，熟悉图书馆各项服务流程，了解读者行为习惯和信息需求心理，在读者利用图书馆各项服务的过程中，积极影响读者选择阅读范围，引导他们正确地选择信息资源内容，帮助他们学会利用信息资源和图书馆，有针对性地为每位读者提供帮助和信息技能指导，以促进读者更好地获得知识，提高阅读能力及阅读效果。

3. 读者培训

读者培训是指根据不同读者群体的共性需求，通过开展讲座、参观、课堂教学等多种方式，帮助某一读者群体提高使用图书馆及其资源的技能，提高图书馆资源的利用率。培训读者主要从两个方面入手：一是培养读者的情报意识，激发他们利用图书馆的欲望，使他们自觉地认识到图书馆是自己的良师益友，是终身学习的场所。二是提高读者利用图书馆和检索情报的技能，帮助他们学会利用图书馆及其资源，充分发挥图书馆的教育职能和情报职能，吸引更多的读者开发和利用图书馆资源。

(五)服务管理

服务管理是指对图书馆读者工作部门的业务活动进行科学的组织管理，包括读者服务对象管理、读者服务人员管理、读者服务设施管理三个方面。它具体包括制定读者发展的政策和计划、服务机构设置、岗位设置、人员配置、明确岗位责任、建立健全各种规章制度、人员分工与业务流程设计优化、合理组织藏书、改进服务手段、采用先进的设备与技术手段、完善服务体制等工作。服务管理为读者创造良好的环境和条件，方便读者有效利用图书馆资源，保证图书馆服务工作健康顺利地向前发展。

四、读者的阅读需求与管理服务

(一)图书馆的服务管理现状

1. 传统的借阅服务管理制度

图书馆服务管理工作的传统模式为购书→藏书→借书→还书。随着时代的进步、历史的发展，在服务管理观念、服务项目、服务管理手段等方面，必须要与时俱进，有一个跨越式的发展，才能适应高科技迅速发展的需要，适应知识迅速更新、知识爆炸时代的需要，为读者汲取科学文化知识提供尽可能多的优质服务。

长期的传统服务模式一直处于被动服务状态，即读者需要服务就得找上门才会提供，这种服务模式很浪费读者的时间和精力，这就直接影响到服务的质量和效率。众所周知，服务贵在主动，好的服务必须得先从主动服务意识开始，在满足了读者的需要的时候，还给读者提供其他方面的服务，以增加读者对图书馆服务的满意度。如何摆脱传统的服务模式，是对现代图书馆服务管理的严峻考验。

在当今信息时代，许多行业都运用了电脑管理，开展电脑数据查询业务，而在经济欠发达地区的县级图书馆几乎都还没有使用电脑，或者有几台电脑，但仅限于对图书的借还服务，仍采用原始的手工操作方式服务于读者。读者只能利用图书目录卡片查询书刊或进入书库查找所需书刊，由于目录不能反映出借阅情况，有的读者花了很长时间查找到某种馆藏信息，但是因该文献已借出或遗失等，而不能获得所需文献信息，浪费了时间，久而久之，读者对图书馆服务质量有了意见，甚至丧失信心。进入书库查找所需图书,可能想借的书刊难以找到,最后便随意借阅几本,没有目的性。

2. 陈旧的图书资源与快速更替的信息相矛盾

图书馆被认为是学校教学、科研等重要的服务部门,图书馆有非常好的信息资源,但信息资源结构不合理,信息服务也不适合产品的开发,特别是素质教育的实施,客观上要求读者不仅仅局限于课上的知识,还要多方面来进行学习,要求读者在德、智、体、美上全面发展。由于现在图书馆的发展跟不上社会形式的改变,有许多学生已经不相信图书馆,养成了有问题先上网找资料的习惯,互联网已经大大改变了学生传统的学习方式了,现在进入图书馆的学生已经越来越少,往日人山人海的借书队伍已经不复存在。

如何应对网上资源的强有力冲击,已经成为传统图书馆首待解决的问题,整合学校现有的优质资源,果断放弃一些陈旧的体制和系统,利用学校信息化进程中软硬件各方面的优势和资源,加大图书馆管理的费用投入,做好信息化高校图书馆服务,将传统纸质图书和电子化图书资料紧密、有机地结合,让读者在最短的时间内用最快捷的方式来获取自身需要的信息,这些是解决问题的有效方法。

3. 学科馆员制度及相关考核标准缺失

学科馆员制度具有保证图书馆核心价值的作用,正常、文明、有序的良性运转的控制手段,制约各个环节中人的行为,是图书馆重要的管理方法。图书馆与社会各方面所形成的关系,加上我们国内图书馆的发展较滞后,大多数图书馆均没有形成此良性制度。而制度的重要内容就是要化图书馆传统的被动服务为主动服务,这恰恰与传统相违背。

4. 缺乏对数字化服务管理的清晰认识及界定

随着计算机网络的快速发展,现代读者对知识的渴求不仅停留在书本上,而是广袤无垠的互联网。互联网能够在最短的时间内满足读者的任何一个方面的信息需求,使得读者越来越依赖发达的互联网技术而摒弃传统的图书馆服务。由此可知,图书馆数字化服务的提升与改革迫在眉睫,而如何处理这些海量的科学知识,往往就成了当今图书馆发展数字化的瓶颈。

①在传统馆藏与虚拟馆藏间未能形成一定的互补作用。

②虚拟馆藏一般需要购买使用权与所有权,而图书馆往往在更新后没有继续合法的权利。

③虚拟馆藏现在还处于发展阶段，尚未能满足读者的多样化需求。

5. 工作时间与行业要求不相匹配

图书馆作为一个传播知识、文化的重要部门，其服务对象的大部分是机关工作人员、在校学生、外来务工人员等。他们只能在下班、放学或双休日、节假日才能到图书馆来学习，而目前不少图书馆的服务时间与大多数行政、事业单位的上下班时间相同，晚上、双休日、节假日开门时间相对于其他服务行业较短，图书馆因此未能充分为这部分读者服务。

6. 资源设备不一

由于图书馆在联盟前资源设备都不太相同，整合以后虽然学校进行了统一的规划，局面有所改观，但馆藏资源建设需要长时间有计划、有步骤地去建设，这样，图书馆就存在一系列的问题：有的是馆藏资源建设不够合理；有的是自建数据库很少，并且数据库建设缓慢也不规范，缺乏高质量、数据完备的大型数据库；有的是没有特色馆藏；有的是图书馆网站比较空洞，信息更新不及时，馆藏信息资源和数据库建设都缺少优化整合，很难满足读者信息需求；有的是图书馆的阅览室空间太小，设备比较陈旧落后，现代化服务设施不配套，无法满足读者需求。

7. 服务形式、项目单一

目前大多数县级图书馆的服务工作局限于只为到馆读者服务，只提供图书借阅、报刊阅览，在读者心目中，图书馆只是“借书馆”。而可以开展的送书服务、资料复印、电子阅览室等，由于各方面的原因没有开展或虽然开展但进展缓慢，影响不大。

（二）现代图书馆的服务管理存在的相关问题

1. 图书馆员的专业素质普遍不高

我国图书馆传统的服务管理模式是等着读者来，其服务的方式也是围绕着图书馆，而不是围绕着读者，图书管理员所提供的服务也仅仅限于图书馆的范围内，这使得高校图书馆所提供的服务难以适应读者的需要。另外，我国的高校图书馆工作人员的服务和管理素质不高，其体现在以下几个方面：一是图书馆的工作人员缺乏责任心。高校图书馆馆员流动性较大，其根源在于高校图书馆工作人员地位不高，其收入和付出往往有一定的差距，很难平衡员工的心理，很多事情都是抱着得过且过的心理；二是图书馆工作人员整体素质较为低下。主要是因为高校图书馆的工作人员多数是教师的家属和子女,尚未经过专业化的培训,缺乏一定的专业化的工作能力,这样就大大降低了图书馆的服务质量与水平。

2. 落后的服务理念与读者的需求相矛盾

传统的图书馆服务理念仅限于借阅,读者需要书过来借,管理员负责登记并催促其还书,逾期办理罚款事项,这样的服务显得比较刻板,从而往往忽视了为读者提供优质服务。在当今社会服务业的飞速发展潮流中,图书馆本身作为服务业容易被人们所忽视。而相比于酒店一类的成熟的服务行业来说,图书馆显然还处于萌芽阶段。

读者是社会人,社会在进步,人们自然有更高的追求,“我付钱了,我理所应当享受好的服务”,这是消费者的普遍消费观念。而图书馆的服务却一直被传统所禁锢,一直没有质的提升。其原因在于,管理员没有与时俱进的服务意识。而图书馆要想谋求更高的发展,不致被先进的服务潮流所淹没,那就得打破传统,跟上时代潮流,才能顺应时代的发展。服务读者是图书馆的宗旨,是图书馆服务工作的出发点和归宿。图书馆的服务对象是读者,服务质量如何,读者最有发言权。“以人为本”,即以读者为本位,以读者为主体,意指以读者为中心组织和开展资源匹配、读者服务等一切活动。

“人文精神”体现在现代图书馆的管理中就是以人为本的思想。提倡“读者第一,服务至上”的服务理念。“读者第一”根本上是指图书馆的服务宗旨和服务理念,意在表明图书馆和图书馆管理员的社会职责就是满足读者对知识信息资源的需求,维护读者获取知识的自由权利和其他各种正当的权利。因此,“读者第一”不仅体现在各种完善的制度和完备的服务设施上,更体现在对读者的人文关怀上。图书馆的工作人员对读者要“热心、精心、细心、耐心、专心”,努力营造一个充满人文关怀、温馨和爱意的文化环境,为不同的读者带来帮助和关爱。这样,图书馆才能赢得读者好评,才能在读者心目中留下美好而深刻的印象。

在我国,除了国家图书馆以外,任何图书馆都存在着地域化、行业化、部门化的局限性,因而文献资源的封闭严重制约了图书馆事业的发展,甚至影响社会经济的腾飞。进入21世纪后,这种狭隘的服务思想必须根除,图书馆服务应面向大众、社会、世界。另外,服务观念的变化还应包括突破社会公益性服务的观念,增强市场观念、竞争观念、无偿服务与有偿服务并举的观念。图书馆馆员只有彻底转变观念,正确解读服务,用心体验服务,才能继续拥有更广泛的读者。

3. 需求和反馈信息的不对称

从现在图书馆的用户来看，读者没有主动地利用图书馆现有的资源；读者缺乏一定的信息利用的能力；读者对一些信息、环境等服务了解得比较少，也就是读者对图书馆还缺乏必要的了解，对图书馆现有的信息资源的建设知之甚少，因此不能做到及时地反馈信息到图书馆。从图书馆方面来看，图书馆内的一些馆员素质尚缺乏，服务用户的观念比较淡薄，对用户总的层次、信息的需求都不了解，图书馆信息反馈的机制不完善，不注重考虑读者的意见，双方产生了无法协调的矛盾。这导致读者的需求得不到满足的同时也没有收到真实的反馈信息，有的读者甚至拒绝为图书馆提出馆内的不足之处。

4. 知识结构的不合理

在图书馆馆员中，普遍存在知识结构单一的现象。图书馆馆员的结构存在着三种类型：第一类，受过图书馆专业知识教育，具有大专以上学历人员。这部分人对图书馆专业理论有较系统的了解，对图书馆各工作环节有较全面的掌握，但在紧密配合教学科研工作时，缺乏相关学科知识，从而影响服务质量；第二类，其他学科专业毕业的，具有大专以上学历人员，他们有某一学科的系统知识，但缺乏图书馆专业的知识和管理方法；第三类，文化层次偏低，包括中专以下学历的人员，这部分人一般未经过图书馆专业知识的学习，由于知识和能力的限制，他们只能从事简单的传统图书馆业务工作。

（三）提高图书馆服务管理的策略

1. 树立与时俱进的创新服务理念和服务意识

"以人为本"的服务意识才是与时俱进的创新服务。人是图书馆一切活动的主体，所以认真贯彻以人为本的理念在图书馆服务管理中显得尤为重要。

美国罗森帕斯旅行管理公司总裁罗森·帕斯创造了"顾客第二"新企业管理法。把"人本管理"理论应用到图书馆，提出图书馆要确立"职工第一，读者第二"的新观念。对于这一提法，是否要否定图书馆学的"读者第一"法则，可以讨论。从人性化角度看，我国大学图书馆的服务主动性较差；服务态度还有待进一步改善等方面，强调"读者第一"仍然有现实意义；从职工管理的角度，要提高服务质量和服务水平，强化职工的主观能动性和重视职工的意识，能够起到较好的效果，但要根本解决职工管理问题，要从人事分配制度改革入手。要树立投入产出效益观念、竞争观念、资源共享观念、开放服务观念等。通过更新观念，改革创新，树立图书馆的新形象。

“读者是我们的上帝。”我们经常说:“读者第一”“读者是我们的上帝”,可是在具体的实践中又是怎么做的呢?读者进出图书馆的大门,甚至“二门”“三门”,都必须无条件地接受防盗检测仪器的检测,有钱的图书馆还专门聘请了职业保安或公安干警来看守大门,或在馆内“游弋”。进了图书馆以后,有的图书馆还设有电视监控设备,24 小时不断地“监控”我们的读者。图书馆的规章制度,那么多的“不准”“严禁”之类的条条框框,那么多分等级的借阅限制和烦琐复杂的罚款条例。既然“读者第一”“读者是我们的上帝”,那么你为什么要如此这般地去防着“上帝”,还想方设法地去“修理上帝”呢?这不是自相矛盾吗?

现在的图书馆要从各个方面加强“人文关怀”的建设,例如:在环境设计中体现人文色彩。图书馆绝大部分经费都用到了改进技术、引进设备上来,而忽视了对图书馆人文环境的建设。实际上,图书馆美好的人文环境和极具亲和力的氛围不仅能吸引更多的读者,提高读者利用图书馆的兴趣和效率,还能对读者产生潜移默化的美育作用。在功能布局上表现人的主体性。在功能布局中充分运用人性化设计理念,充分为读者的需要考虑,注重多样化的服务,注重读者隐私的保护和个性空间,同时开辟休闲空间,增添柔性化情调等。在规章制度中注入人文关怀。改变传统图书馆的那种刚性管理手段,追求一种柔性化的管理风格。使我们的读者在我们的服务中感受到人格的尊重与人性的关怀。

营造人文气氛。图书馆馆员得从了解读者、尊重读者、爱护读者、以满足读者的需求为己任。对读者坦诚相助,如在图书馆网点布局、开放时间和开放程度上照顾广大读者的需求,为读者提供多样化的、更为人性化的服务等。读者固然最看重的还是图书馆的资源和先进的手段,但同样期望拥有一个浓郁人情的人文环境。图书馆发展的永恒主题都应围绕人文关怀。

最大限度地提供优质服务。图书馆馆员对读者的尊重不能仅限于微笑,这是最基础的服务。以提高工作的效率,全方位满足读者对图书馆信息资源的需求,这才是对读者的最大尊重。满足读者的每一个合理的需求,让读者在图书馆这里获得宾至如归的感觉。

2. 建立健全合理的管理机制

合理的管理机制是图书馆实现“以人为本”管理与服务的根本。长期以来,图书馆管理机制上存在着许多不良因素,如职工岗位长期固定不变;人员缺乏合理的流动和竞争;职称、职务晋升存在着人为因素或论资排辈等等。这些现象的存在,制约着馆员的积极性,同时造成人才资源的极大浪费。因此,建立健全合理的用人机制、育人机制、竞争机制、流动机制、决策机制,对图书馆馆员来说,是最好的以人为本管理的具体体现。具体来说,第一,管理者在管理中要注重馆员在图书馆中的重要作用,关心馆员的思想、学习、工作和生活,在各方面为他们创造可靠的保障;第二,要针对不同馆员的个体差异,调动每个馆员的积极性,充分发挥他们的潜能,并鼓励和帮助他们实现合理合法的工作目标和人生价值;第三,制定科学合理的考勤、考核制度,按馆员完成任务的情况、科研成果情况、思想道德情况,建立一套良性的竞争机制,避免在职务、职称晋升及岗位安排中少数领导说了算的不公正做法;第四,要保证竞争的公开透明、公开公正;. 第五,制定出本馆的奖惩措施,满足馆员一定的物质需要和精神需要;第六,实行民主管理,让馆员参与管理,在制定目标和计划时,应广泛征求馆员的意见,使决策取得广大馆员的认可;第七,要建立一定的监督机制,保证各项措施的实行;第八,管理者要改变工作作风,深入馆员当中和工作实际,一切为馆员着想,一切从馆员利益出发,做馆员利益的忠实代表。

3. 提供方便快捷的服务方式

在制定图书馆规章制度的时候,要考虑读者的需求和利益,立足于方便读者,减少一些烦琐且不必要的规定和限制,开放式的管理与自助式的服务往往令读者备受推崇。同时,图书馆的服务工作重点已由满足书刊借阅文献需求为主,转变成满足知识信息和知识开发为主。而图书馆需要做的是,通过局域网和地方网提供图书馆服务,不断丰富和更新本馆的网页内容,建立有特色的馆藏文献数据库和信息导航系统,完善网上咨询业务,对文献信息资料开展深层次信息加工和参考咨询服务。对不同年龄不同层次的读者设立专门的版块并加以引导,让读者能够快速熟悉整个图书馆的网络系统的功能。

4. 体现人性化的借阅环境

俗话说“环境能改变人的一生”,而图书馆的环境往往也决定了其人文意蕴和时代精神。恬静温馨的读书环境,体现了对到馆的每一位读者的尊重和爱护。创造一个舒适的读书环境容易获取读者对图书馆的好感。如何与“足不出户”的网络信息的竞争中处于有利地位,无论是美好的环境还是令人暖心窝的问候,都是重要的因素。对于工作繁忙而没有足够的时间在借阅期内将所借阅的书籍看完的,读者可登录图书馆网站进行自助完成续借手续,将网络与实际联系起来的借阅环境更能得到读者的追捧。

现代化图书馆一方面要有数字化的前瞻性，另一方面也要保留藏书的气息。现实的图书馆在相当长的时间里还会以馆藏的外在形式存在下去。从外部环境来说，图书馆应该建在交通便利、四通八达的枢纽位置。既要方便全地域居民直接来馆利用，又便于作为本地区的中心馆建立最佳的计算机网络中心。如上海图书馆坐落于上海市中心的淮海路上，这里公交车集中，交通极为便利。日本大阪府立中央图书馆建在即将成为大阪府三大都心之一的东大阪荒本地区，这里在不远的将来将成为铁路、公路的交汇点。图书馆的建筑风格应具有浓厚的文化意蕴和时代精神，以高雅、新颖、亲切的格调成为当地文化文明的标志性建筑。如目前见：可开展馆际互借、文献传递等业务，提供定题、定向、定人跟踪服务，尽量满足读者的个性化需求。

在发展变化的时代里，关心读者、尊重读者、研究读者、提高读者的信息意识，已成为图书馆事业发展的根本途径。因此，图书馆要改变等读者上门的思想，对读者热情周到、全心全意为读者服务、要主动与读者沟通和互动。一句亲切的话语，一个温馨的微笑，都能缩短图书馆馆员与读者的心理距离。熟悉读者、了解读者，广泛听取读者的建议，成立读者联谊会，设立意见箱和网上留言板，定期召开读者座谈会，提供高品质的咨询参考服务，做好导读工作，图书馆的导读工作主要有新生入馆教育、馆藏文献介绍、新书通报、推荐书目、文献评价等。还可以根据读者群体的阅览兴趣，有针对性地向读者推荐文献。开展丰富多彩的读书活动、征文活动。从而拓宽读者的视野，提高读者的信息素养；图书馆与读者之间还可以通过电子邮件服务来进行咨询，解答读者各种问题，也可以用电子邮件形式将最新的信息通知读者。

5. 改善图书馆馆员知识结构

图书馆馆员是图书馆信息资源与读者之间的桥梁与纽带，应充分认识读者服务工作不仅仅是一种图书的借还工作，还是社会文献信息交流的窗口和桥梁，是一种提供信息、知识和情报的高层次的智力和知识服务。馆员必须具有广博的知识、良好的专业知识、较强的现代信息意识、丰富的文化，同时还应掌握一定的外语水平，以及计算机、网络、多媒体等知识和相关设备的操作使用技能，这样才能把有用的文献信息快速准确地提供给读者，也能帮助读者多角度全方位地获取信息资源，为读者提供更加良好的服务。馆员适当地实行轮岗制，这样有利于馆员了解图书馆工作全貌，熟悉馆藏，了解网络资源。馆员还要积极参加学术交流活动，这是提高自我研究能力和业务水平的重要途径。图书馆领导层应给馆员提供和创造更多的学习培训机会，通过岗位培训、听讲座、脱产进修等方式，不断改善馆员的知识结构，挖掘馆员的知识潜力，从而提高馆员职业素养。因此，馆员必须一直投入到学习中，只有成为知识型馆员，才能更好地为读者服务，帮助读者解决各种实际问题。

加强相关性知识的教育，改变图书馆馆员的知识结构，也是非常必要的。它也是图书馆馆员接受继续教育的重要内容之一。目前，信息化技术对图书馆传统职能的拓展，图书馆从对文献资源管理到信息资源管理的转变，势必在信息活动中涉及人、经济、技术等诸多因素及其相关的问题，必然要求图书馆馆员对经济类、管理类、法律类、信息以及其他学科方面的有关知识有所了解，如通过学习"读者心理学""信息管理学""信息加工""信息资源建设""信息技术""信息检索和计算机应用技术"等多方面相关知识来加强与读者的沟通，加速信息传递，以便能使信息资源的开发与利用收到最好的效果，从而提高服务质量。

(四)读者服务工作的创新

1. 观念的改变创新

在图书馆服务工作中，服务理念决定图书馆的真正用途，是重馆藏还是重阅览。旧的服务理念导致图书馆的用途仅限于收集、储存书籍及文献，轻视了图书的使用率。随着网络时代的不断变革，在网络下的图书馆应更新服务理念，以用定藏，共建共享，呈现出开放性、主动性、针对性、多样性等服务特色。图书馆读者服务从过去的以满足书刊借阅为主，变成了现代的以知识开发服务和满足信息需求为主，从"以书籍为主体"的服务转变为"以读者为主体"的服务，这就要求图书馆服务理念和服务工作的发展与创新，既要树立网络化的服务观念，又要树立特色服务的观念，形成特色优势，开展特色服务，在竞争中求生存、图发展。

2. 服务内容的创新

随着网络信息的日趋普及，人们对文献信息的要求向多元化、多样化、综合化和纵深化方向发展。图书馆作为提供文献信息服务的社会组织，必须在服务内容和服务方式上进行以用户为目标的变革与创新。

在服务内容上将逐渐从提供传统印刷型馆藏向电子化、信息化以及广领域深层次的信息服务发展。可以开展网上信息服务，图书馆要充分发挥文献信息服务中心的作用，对网上的信息资源进行深度加工，将广泛、无序、分散的信息转变为有序的可以直接使用的资料，以方便用户查阅和利用。在不断拓展和深化图书馆信息服务的功能的同时，向开放式分工合作与资源共享的方向发展。要充分利用馆际互借、网上信息传递和信息获取来扩大馆藏信息。要在统一规范、统一标准的前提下,发挥各馆的优势。集中力量建立有本校特色数据库,为图书馆参与竞争、开展服务创新提供保障。

在服务方式上要创新,即服务方式由被动变为主动,由原来的以馆藏为中心变为以读者为中心。开展包括文献信息咨询服务、情报检索服务、情报调研服务、重点课题服务、网上信息服务等一系列活动,主动指导用户利用馆藏文献和网络资源,编制网上导读、索引,指导用户熟悉数据库的检索方法,增强图书馆的主动性。

首先要进行阅读辅导。为读者提供优质服务的最重要的方法就是进行阅读辅导,辅导读者如何利用图书馆中的检索工具、书刊目录以及各种各样的图书资料都是阅读辅导的内容。尤其是对儿童的导读,导读能够使他们具有浓厚健康的读书兴趣,让他们读很有价值的书;还能有利于吸收健康的知识信息以及登录健康的网站等等。在阅览过程中,图书馆要采取多种方式进行指导。此外,读者还可能由于缺乏文献检索方面的知识,往往不知道从何下手来查找借阅有用的图书资料,所以图书管理员对他们的需求要有所了解,让他们能够更好地运用各种检索工具及参考工具,能够更好地掌握和运用文献检索的技能和知识,以便能够充分地利用相关的文献资料。

其次是要将传统服务转为网络服务。开展网上服务能够为读者提供更好的服务,让图书馆能够更加贴近读者。其服务功能主要有:①联机目录查询的功能,能够更加方便地查询本馆书目记录;还有利于查询国内外别的图书馆的馆藏书目记录。这种制度同时还有利于实现馆际互借的服务;②建立布告栏的功能,可将最新的电子出版物、图书等的馆藏情况通过网络来发布,还能让读者最快知道自己所借图书的相关过期信息等;③网上咨询的功能。通过网络这个平台,读者能够提出各种咨询要求和问题,以便尽快知道自己关心的信息;④建立意见公告栏,对读者的建议和意见要实时了解并给出答复,从而让读者能够更好地与图书馆进行交流,促进图书馆工作的改善。

3. 服务模式的创新

服务模式的创新包括以下三个方面。

(1)流通模式

流通模式从实体阅读到信息传递,即流通方式不再局限于文献实体的借借还还,而是更多地通过网络来传输读者和用户所需的文献信息,这样文献信息流通就变得快捷。

(2)阅览模式

阅览模式从馆内阅览发展为图书馆、办公室、家庭等相结合,打破了服务对象范围的局限,突破了时空和地域的限制。读者可以通过网络在办公室和家里进行检索,使阅览不再受某个图书馆藏书的限制,广泛利用众多图书馆的收藏资源。

(3)计算机技术

计算机技术的进一步普及使越来越多的信息资源日益网络化、数字化,也使越来越多的读者依靠网络获取信息资源。由于网络信息资源种类繁多、庞杂无序,缺乏完整性和组织性,同时随时都有可能被更新取代,使读者难以对信息资源进行充分、准确、合理的利用。所以,将那些无序的网络信息整理成有序的、可利用的资源,并有效地提供给读者成为图书馆馆员面临的重要任务。比如,针对学校某些科研课题建立检索指南,介绍各研究课题的检索要点,对搜索到的信息进行分类、整理,再通过链接建立导航站,为读者提供有价值的网络信息资料等。

4. 管理创新

管理创新主要包括两个方面。

(1)要坚持以"读者为本"的原则

当前图书管理观念中,图书馆的管理制度和服务模式,主要侧重于对文献的管理、对馆员的管理、对读者的管理等"管理"的角度,馆员承担的是"图书管理者"的角色,体现的是"以书籍为本"的管理理念。在新的形势下,必须改变为"以读者为本"的管理方式,图书馆的一切工作都紧紧围绕读者进行,馆员要认真研究读者、了解读者,预测和识别读者的需求倾向,急读者之所急,想读者之所想,购读者之所需,解读者之所难,为读者提供多元化、多层次、多方位的服务,图书管理制度的制定坚持"尽可能有利于读者,最大限度地方便读者"的原则,图书馆馆员承担"读者服务者"的角色。

(2)管理制度化、规范化

图书馆管理的核心为读者服务,服务以人为本就是要以到馆的读者为根本,以优质的服务满足读者的需求。人性化管理给图书馆各项工作注入了更多的情感因素,拉近了文献与读者之间的距离,为读者获取文献信息创造了一个亲切、便利的空间,形成一种全新的服务方式。在图书馆管理中,只有充分重视图书馆活动的"人",用以人为本的理念创新图书馆的服务与管理,不断提高图书馆的人力资源管理水平,才能促使图书馆事业快速、持久地发展。图书馆管理创新不是全盘否定原有的图书馆管理基础和管理模式,而是在保留原有管理方式的精华部分的基础上进行创新。管理的改变和创新就是图书馆充分发挥其作用并不断持续发展的动力。

图书馆自身要建立健全长期有效的激励机制,有效促进读者创新服务工作的落实。建立严格公正的奖罚制度,积极引进自我约束机制和竞争机制,建立和推进聘用制,调动馆员积极性、主动性和创造性。定期对馆员的专业水平和技能进行量化指标考核。以广大读者的评议为标准,将考核结果作为评价馆员工作业绩的客观依据。建立定期培训交流制度,提供一定的渠道,让有需求的员工获得所需的知识和技能,改善馆员的知识结构和学历层次,提高馆员的专业能力和人文素养,增强其信息意识和创新能力,使馆员的专业水平和业务素质始终与现代社会的发展及需求保持同步,通过制度建设,真正达到"人尽其才、物尽其用"的目的,不断推进和强化图书馆的读者服务职能和质量。

五、现代图书馆服务新理念

图书馆作为社会的文献信息中心,是学校教学工作和科学研究工作的重要组成部分。要使图书馆的职能得到充分的发挥,必须坚持科学发展观,坚持以人为本的管理与服务。而以人为本在图书馆中的应用,包括了图书馆内部的两大重要资源,即图书馆馆员和读者。满足他们的要求,以他们的全面发展为准则,实施以人为中心的管理与服务,实现他们的价值,充分体现人文精神,最终获得人的全面发展,这是现代管理学中的重要理论,它应当包含如下新理念。

(一)牢固树立以人为本的管理理念

传统的图书馆管理与服务,更多的是考虑馆舍的面积、图书经费的投入、设备的配置,以及图书的外借量、接待读者人数的多少等,一味追求各项任务指标的完成,很少考虑馆员的需要和读者的需求,在重视"物的发展"的同时,往往忽视了"人的发展"这一重要因素。也就是说,在管理和服务中,缺乏以人为本的思想理念,没有充分考虑到"人性化管理"和"读者第一"这两个根本所在,在很大程度上限制了管理和服务水平的提高。在全国各行各业都在贯彻落实"以人为本"的科学发展观的今天,人性化管理和人性化服务的思想理念越来越深入人们的思想,对图书馆来说,这也是一个新的课题、新的挑战,如何在图书馆管理和服务中有效地应用"以人为本"的理念,是图书馆发展的新思路、新创新。

所谓"以人为本"的管理与服务,就是在管理与服务中充分体现尊重人、理解人、关心人,激发人的热忱,满足人的合理需求,完善人的个性,充分体现人的劳动价值,实现人的预定目标。在图书馆的管理与服务中,以人为本的思想理念主要表现在以下两个方面。

一是图书馆领导对馆员的人性化管理,即“馆员第一”的思想。馆领导要树立为馆员服务的思想,要为馆员创造和提供优良、和谐、富有人性化的工作环境和必要的后勤保障及服务,同时要了解馆员的合理需求,为他们排忧解难,解除他们的后顾之忧,让他们保持愉悦的心情、高昂的斗志开展工作,充分发挥他们的积极性,以实现工作目标的最大效益。图书馆领导应该是馆员利益的代表。

二是馆员对读者的人性化服务,即“读者第一”的思想。首先,馆员要树立“读者第一”的思想,要有热情的服务态度,要把图书馆办成读者之家,让读者到图书馆有宾至如归的感觉。其次,要为读者创造和提供良好的学习环境,让读者感受到图书馆是他们学习、求知的最好地方,是他们接受终身教育的场所。馆员要不断地提高自身的综合素质,为读者提供全方位、多渠道、快捷的文献信息服务;馆员应该是读者利益的体现,最大限度地满足读者的需求。

(二)对馆员实施人本化管理

馆员是图书馆工作的主体,是图书馆最重要的资源和财富,是联系图书馆与读者之间的桥梁和纽带,是图书馆人文精神和人文关怀的体现者与实践者。馆员的思想觉悟、业务水平、工作能力、文化素质、创新理念、敬业精神越高,图书馆的建设和服务就越好。因此,必须在图书馆管理中运用“以人为本”的管理体制,充分体现馆员的主体作用,更好地发挥他们的积极性和创造性,开创图书馆管理的新局面。

1. 了解馆员内心的需求

图书馆馆员所从事的是一种无私奉献、甘为人梯的工作,但过去却往往得不到别人的尊重和理解。对于馆员来说,对尊重的需求,往往多于对物质的需求;对自我价值的要求,往往高于对金钱的追求,因此,他们希望得到领导的尊重和肯定,得到读者的尊重和理解。作为图书馆领导,要经常深入馆员中间,了解馆员的能力、个性、气质、性格、态度、价值观、心理需求层次及需求的满足程度,从分析、研究他们的心理需求入手,针对个体差异,根据工作需要和个性心理特征,创造条件,开辟各种渠道,不断满足不同层次的需要。

2. 充分尊重馆员的人格

图书馆的人性化管理,就是要尊重人、关心人、培育人,激发人的激情,尊重人的个性,满足人的生存与发展的合理要求。在图书馆管理活动中,馆领导要充分信任馆员,相信他们的人格、人品,相信他们对工作的责任心和工作能力,激发他们的主人翁意识,引导他们更积极、更主动地工作。要公平、公正地对待每一位馆员,尊重馆员的劳动。要以人为本地制定合理的规章制度,合理规范工作计划,科学地配置设备等,最终激发馆员的自尊心、责任感、成就感,提供具有吸引力的、有利于个人成长的发展空间,增强图书馆的活力,形成良好的图书馆组织文化。

3. 重视馆员素质的提高

作为图书馆领导,应给每一位馆员平等的受教育的权利,为他们创造个性发展的空间。通过多种形式的培养教育,提高馆员素质。馆领导要树立人才是第一资源的理念,加强人才培养,制定培训计划,并形成长效机制。可以通过开展短期培训、学术交流、学术研讨、考察学习、岗位培训、脱产进修等措施,努力打造一支人才队伍,让馆员适应环境的变化,鼓励馆员创新,这样才能把图书馆的事业做大、做强。

(三)对读者实施人性化服务

1. 尊重和关心读者

图书馆对读者必须建立平等的服务理念,平等地对待每一位读者,不因身份、职业、地位、性别的不同而设置不同的等级、权限。同时,对读者要有同情心,要有接纳读者、关心读者的意识,以一种同情、关心、尊重、平等的心态去服务读者,倾听读者的意见。对读者如能做到多一分关心,少一分冷漠;多一分尊重,少一分歧视;多一分理解,少一分冲突,就可以提升人性化服务的整体水平。

要善于换位思考,做到事事处处关心体贴读者。在服务工作中,要谦虚和气、谈吐文雅、衣冠整洁、神态端庄、举止得当,把自己最亮丽阳光的一面和敬业精神呈现在读者面前。对身体残缺或年老体弱行动不便的读者,要给他们多一些同情、多一些理解、多一些关爱。只有这样,才能让读者到图书馆有宾至如归的感觉,工作才能得到读者的信任和配合。

2. 服务环境人性化

优雅的环境和浓厚的文化氛围能给读者的学习带来意想不到的效果。图书馆在建筑功能和内部环境建设中，都要体现“以人为本”的理念，把读者的需要放在首位。图书馆的建筑格局和家具的摆设要体现人性化，如图书馆的建筑应具有自己的文化内涵，其造型应与所处地域的自然环境和人文环境统一、融洽，使读者进到图书馆就有一种身心愉悦的感觉。在家具的摆设上，要体现方便读者使用的原则，如常用的书库设在较低楼层，开架书库架位走道要留宽一些，书库中也可摆设一些阅览桌，在桌上放一些铅笔、书签、便条等；在馆内空间环境方面，可在走廊和阅览室内，用一些盆景、花卉点缀其间，墙上装饰一些名人名言字画，营造一种和谐、优雅、整洁的环境。所有这些都能散发出文化的气息，激发读者的学习热情和求知的欲望。

3. 服务方式多样化

图书馆要将可用的信息转化为读者使用的资源，为读者开展多层次、多方位的服务。第一，有条件的图书馆，可设展览厅、演讲厅、学术厅、剧场等文化娱乐场所，以方便读者开展文化沙龙活动；第二，改变服务方式，把被动服务变为主动服务，如文献信息咨询服务、网上信息服务、课题跟踪服务等；第三，利用网络、宣传栏等形式介绍图书馆馆藏信息资源、图书馆的工作与布局等，为读者推荐优秀图书，帮助读者确立阅读目标和范围；第四，加强与读者的交流与沟通。设置读者意见箱，召开读者座谈会，在图书馆网页上设立读者回音栏，倾听读者的心声，接受读者的监督，帮助读者解决疑难问题等；第五，建立读者联系档案。要重视读者的个性差异，以便满足不同服务对象、甚至是特殊对象的要求；第六，实行藏、借、阅一体化，采用三合一管理方式，实行开架服务；第七，开通网上续借通道，方便读者办理续借，节约读者来馆时间；第八，让读者参与图书的选订和采购，提高文献人藏质量和图书的利用率；第九，延长开馆时间，满足读者的借阅需要。图书馆的开放时间要做到双休日、节假日不闭馆，网上信息全天 24 小时开放。总之，图书馆要把丰富的馆藏信息资源，以最便捷的服务方式、最优良的服务质量、最充足的服务时间，为读者提供最有用的信息，这样才能充分体现图书馆人性化服务的真谛。

六、图书馆服务的十个理念

不同的图书馆有不同的服务理念，不同时期的图书馆服务理念也各不相同，但是进入 21 世纪，现代图书馆的服务理念大致相同。当代图书馆服务面对新的环境和新的需求，必须树立新的理念。所谓理念，不仅仅是哲学所指理性领域的概念，而且代表着社会成熟的思想与观念。本文所说的服务理念，不完全是从未有过的新概念,而是当前应当特别重视和强调的概念,并作为新图书馆服务的基本观念。图书馆服务理念是不断发展的,在某一特定时期正确的并发挥巨大作用的新理念,到了新的时期,如不符合时代要求,也就会成为旧的过时的理念,只有不断替代和淘汰过时的服务理念,才能建立属于适应新环境的图书馆服务新理念。

(一)USE(一切利用理念)

现代图书馆早已突破了“重藏轻用”的旧理念,但是“藏用并重”还是“重用轻藏”以及如何“藏”“用”需要新理念。藏书建设的“存取”(Access)与“拥有”(Ownership)之争导致了虚拟馆藏的产生与“资源共享=存取+拥有”公式的定论。而在“用”的问题上,一切为了利用既是服务的根本,也是服务的新理念。与其说“书是为了用的”(阮冈纳赞),不如说“图书馆是为了用的”。图书馆的文献信息资源,必须发挥作用,图书馆建筑、图书馆的设备设施也不能闲置。

图书馆 USE 服务理念具有如下的特征。

1. 可检索性(Accessibility)

服务首先要让读者知道图书馆有什么、在哪里,让读者能否快捷地查到所需要的信息,即使一些书刊资料不在本馆,也要帮助读者找到这个资料。

一是注意本馆资料的可检索性,图书馆的 OPAC 是否能够检索到所有的馆藏信息,是否存在着有文献无 MARC 或有 MARC 无文献的现象(过去叫有书无卡或有卡无书现象,现在因为一些馆回溯编目未能完成以及编目系统与馆藏的不对应存在与过去类似的问题),图书馆是否实现了跨库检索、一站式检索,都会影响到检索效率。

二是注意他馆资料的可检索性,图书馆联合目录系统是重要的工具,必须引导读者充分利用这一工具,查询各图书馆的可用资料。

三是注意网上资料的可检索性,图书馆是否有好的网络导航系统,是否引导读者检索到网上好的资料,包括免费的网上资料。图书馆做了这个工作没有?任何一个图书馆的馆藏都是有限的,都无法做到也没有必要做到“大而全、小而全”,只能购买必要的最有价值的资料,这些资料要发挥作用,要靠可检索性;当一个图书馆的馆藏不能满足读者需要时,大量的满足不了的需求也要靠可检索性去解决。

2. 可获得性(Availability)

对图书馆的服务对象来说,不仅需要检索文献信息,更重要的是要获得文献与知识,这通常构成了一个文献获取过程的两个环节,为获得而检索,由检索而获得。

可获得性除了通过文献借阅的方式外，电子文献传递是一个新的有价值的重要方式，正在许多图书馆开展起来，既使读者受益，又节约了图书馆的采访经费，还减轻了图书馆的藏书压力。

3. 可用性(Usable)

可用性是指图书馆给读者提供的资料可以使用并具有使用价值，如一个图书馆的特藏对读者开放，读者可以借或阅，就有了可用性，不对读者开放，就没有可用性；图书馆的检索终端机设备完好，可以上机，就有了可用性，设备坏了不维护，就没有可用性；图书馆的阅览座位，每周开放时间长，可用性强，每周开放时间短，可用性差。图书馆给读者提供的所有资料都应该是可用的，对电子资源来说，可用性是图书馆服务的一个新的重要指标，能否有效地使用各种资料，既反映了图书馆的馆藏质量，也反映出图书馆的服务水平。例如，图书馆提供数据库打不开，信息导航的地址经常变化或错误没有及时更正，或点击图书馆网页出现空白或“正在建设中”字样，使读者无法使用，这就不具备可用性，也是图书馆的失职。一旦读者发现图书馆的书刊、数据库、网页、阅览设施不能用或利用价值低，就会对图书馆失去信心，读者就有可能不再来馆。

4. 可读性(Readable)

可读性是指图书馆的信息资源能够阅读并有阅读价值。图书馆要注意辨别的是：提供给读者的书刊是不是可读的，有没有价值。假如读者借到的书刊，破烂不堪，字迹模糊，无法阅读；图书馆向读者推荐的图书，因为文种或版本等原因，读者根本读不懂，或者说难读难懂，也不具备可读性。同样是一部世界名著，好的译本读起来非常流畅，对读者是美的享受，差的译本则读起来淡散拗口，可读的价值就差。特别要注意电子资源的可读性，图书馆的光盘能否阅读？各种版本的电子文件能否阅读？购买的电子书刊字迹是否清楚？馆员在服务的过程中检查文献的可读性，是一个必要环节，书刊借阅时要检查书刊有无破烂、缺页、开天窗、字迹脱落等现象，电子资源服务时要检查所有资源或文件是否有与阅读器不匹配、文件版本低、文件无法阅读的现象。

(二)USER(一切用户理念)

图书馆服务的本质就是为了利用，更确切地说，“SERVICE＝USE＋USER”，是为了一切用户的一切利用。图书馆服务以用户为中心这样的一个理念，是以社会的每一个人作为图书馆的服务对象或潜在的服务对象，为了所有使用图书馆的人。

1. 从读者服务到用户服务

图书馆长期以来一直讲读者服务,"凡利用图书馆所提供的条件进行阅读的人即为图书馆读者"。现在应当强调的是用户服务,这里的"用户"已经超越了"读者"的概念,不局限于"阅读"而突出对图书馆的"使用"。为什么？因为读者的内涵和外延正在或已经发生了变化。过去问图书馆有多少读者,看发了多少借书证就知道了,只要是到图书馆来借书的和来看书的人都是读者。

但是现在,用"阅读"限定的读者概念不能包括所有图书馆的服务对象。例如,有的人到图书馆来,不借书看书,只是寻求咨询,这一行为表现为"使用"图书馆的智力;有的人到图书馆,不为阅读或咨询,而是来参观图书馆,这一行为表现为"使用"图书馆的物理资源。

也有的人到图书馆来,既不阅读和咨询,也不参观,只是到图书馆来休息一下,如同到公园休闲,这是图书馆不能也不应当拒绝的。上海图书馆新馆开放不久,笔者去那里参观,看到有不少人在图书馆休息,感触很深。因为天热,人们到公园去要门票,到商场去座位少,售货员还老盯着期待你购物,只有图书馆是最好的去处,环境好、有座位还不交费。像国外的很多图书馆,到处都是沙发地毯,人们可以坐在地上,还允许坐在桌子上或躺在椅子上。人们到图书馆来休息,这个时候他不是读者,而是用户,他在使用图书馆的环境资源和家具设施。所以图书馆的环境好、条件好、对公民有很大的吸引力。这些都说明到图书馆的人不只是读者,还有很多"访问""光临"图书馆的用户。

而且,对读者概念最大的改变是网络的出现,网上图书馆的发展,使图书馆用户不再限于本地,而是遍布天涯海角。假若外地的一个人无论在美国的某一个角落,还是在非洲的某一个角落,只要他点击了本地图书馆的网站,他就是图书馆的用户。网络时代,图书馆的用户到底有多少,不再是用借书证来统计或用到馆人数作为依据,现实的用户除了利用物理图书馆的人数外,还包括访问网上图书馆的人数,人人都可能成为图书馆的用户(潜在用户),用户服务已经突破了传统"读者服务"的人数、时间与空间的限制。

2. 从读者第一到用户第一

关于"读者第一"与"图书馆馆员第一"的争论,应当可以了结了。这实际上是从服务和管理两个层面看并不矛盾的两个概念:对整个图书馆来说,对整个图书馆服务来说,读者至上是永远正确的,始终是最重要的,我们必须坚持,并要努力去做到;而在管理上,树立"图书馆馆员第一"的思想,对于图书馆的领导者、管理者尤其重要,管理者做到了职工第一,职工就有了主人翁的意识,职工就能更好地激发自己的热情,更好地为读者服务,从而更好地实现"读者第一"。

21 世纪的图书馆树立用户服务的概念后,图书馆不仅仅要考虑读者第一,更要考虑用户第一。不仅仅重视人们对图书馆的阅读需求(包括信息与知识需求),还要重视人们的图书馆的利用需求(利用图书馆的氛围、人力、设备与条件等);不只为本地区、本部门的用户服务,还要为本地区、本部门以外的所有人服务。

有了"用户第一"的概念,就可以反思现行图书馆服务的许多做法,如图书馆阅览室凭借书证发放座位牌、不准带书到图书馆自习、将不看书的读者赶走等,在考虑阅读保障的时候却忽视了用户利用图书馆的权利。图书馆要改善服务,既要改善阅读条件,吸引读者到图书馆来阅读;也要改善其他条件,吸引用户到图书馆来享有图书馆的所有资源。

(三)OPEN(开放服务理念)

当代图书馆的开放服务理念不再局限于图书馆从闭架借阅到半开架借阅再到全开架借阅,而是具有更多的含义:一是延长开放时间,这是图书馆改善服务的一个简单易行的措施。自从图书馆打出"365 天天天开放"的招牌后,确实赢得了社会和读者的好感。而比这更重要、更具体的是图书馆大门旁清晰标出的开放时间(Library Hours),读者手册详细列出的每个季度和每个阅览室的开放时间表,这在国内外图书馆极为常见。在美国大学,有 40%的图书馆开放时间达到了周 80 小时以上,25 个馆达到 168 小时。而我国广东高校图书馆 80%的馆都在 80 小时以下。二是拓宽开放空间,图书馆要把门打开,把每一扇门打开。除了藏书全部向读者开放外,各个部门、各个设施都应当向读者开放。三是扩大读者或用户范围,公共图书馆要将用户范围扩大到外地,大学图书馆和科学图书馆要努力向社会开放。新建的深圳大学城图书馆定位为大学图书馆和科技图书馆,不仅为北大、清华、哈工大、南开四个校区服务,而且为全市科技人员服务,既扩大了图书馆的功能,又扩大了服务范围。四是增强开放观念,树立国际化服务的意识,从国内资源共享到国际资源共享,从全国服务到全球服务。

(四)FREE(免费服务理念)

图书馆是一个社会公益服务机构,免费服务是根本。图书馆不应该收费,这在国际上已经是一个惯例,而且也应该是一个发展方向,正如国际图联和联合国教科文组织的《公共图书馆宣言》所指出的“公共图书馆原则上应该免费提供服务”。免费服务在国外发达国家和地区是一个普遍现象,代表着图书馆服务的基本要求。美国的许多图书馆,办证、借阅都是免费的,还提供免费打印。在我国发达地区也不成问题,香港一些大学图书馆每年给每个学生提供300页的免费打印,中山大学珠海校区的电子阅览室提供免费上国内网等。

1. 收费服务是暂时的

现在很多图书馆都在收费,虽有理并合法,但不是方向。在公共图书馆,因为政府投入不足,馆员的待遇没有保障,通过收费来弥补,一些特别项目需要读者共同负担,这种现象比较普遍。在高校图书馆,这种状况正在改变。2003年11月,我带领图书馆的一批部主任到南方考察,发现凡是经济发达地方,凡是条件比较好的学校,图书馆已经取消了收费项目,学校能够保证图书馆经费和图书馆馆员的福利,实现了本校读者的免费服务。而内地的很多高校图书馆,因为经费不足等原因暂时还做不到全免费,但这并不是图书馆应当收费的理由,图书馆迟早要走全免费的道路。

2. 有偿服务和增值服务不是服务的主流

如果将图书馆服务划分为基本服务和非基本服务,那么,是所有的服务都应当免费还是只有基本服务免费呢?笔者认为,早期讨论的有偿服务对于限制图书馆的收费确保基本服务免费,以及与“以文补文”和“创收”区分开来,是有意义的。后来提出的增值服务进一步强化了非基本服务的性质,有偿服务可以作为其中的一种形式。但是,有偿服务是有条件的,比如说,大学图书馆的主要目的是为本校的师生员工服务的,所以本校的任何服务都不应该收费,而为非本校的师生员工服务,属于非基本服务之列的可非营利地收取成本。

3. 补贴服务是免费服务的过渡

在有偿服务、增值服务之后,还出现了补贴服务,即图书馆在无法承担全部费用的情况下,采取给读者补贴的制度,这种情况在文献传递服务中比较普遍。如武汉大学、华中科技大学两校图书馆每年投入10多万元用于文献传递的补贴,这种服务使用户尝到了甜头,得到了实惠。

4. 免费服务需要提高用户素质

免费服务不仅要求图书馆提供好的条件,也要求用户有好的素质,包括:用户在使用免费资源时能否做到不超量下载,能否在合理使用范畴内尊重知识产权,能否爱护图书馆的珍贵设施，能否遵守图书馆伦理，能否在个人满足的同时兼顾到别的读者或用户，等等。上海图书馆刚刚开馆的时候，所有的卫生间都配有卫生纸、香水，但是很快发现，香水被拿走了，卫生纸也不见了，图书馆负担不起这样的消费。而国外图书馆里提供同样的服务，为什么香水、卫生纸没有人拿？这说明光有好的理念没有用户的素质与配合不行。用户的素质为什么跟不上？图书馆没有责任吗？图书馆培训了用户吗？说到底还是图书馆的服务没有做好。

（五）FACILITIES（便利服务理念）

图书馆服务的便利性（FACILITIES）越来越重要。读者或用户利用图书馆首先要求方便。方便是服务的一个起点，从细微处可见。

举例一，公民到图书馆是否方便？即将开放的深圳市图书馆新馆位于市民大厦和市音乐厅之间，将公益场所集中起来，就是为市民提供方便。但从与市民最接近的角度，仅有一个大的中心图书馆不够，还要靠社区图书馆网络来方便居民。

举例二，办证是否方便？有的图书馆把办证处放在一个不显眼的或难找的角落里就不方便，因而办证处应该设在离读者最近的地方。哪里最近？图书馆的门口、首层离读者近比较方便，如果办证处设立社区、设在读者工作和生活的地方，则更方便。办证时间是否方便？是否可以随时办？办证时间是否快？都体现出图书馆的便利性。

举例三，在图书馆内出入是否方便？一些图书馆借鉴超市的服务方式，设电子存包柜为了存包方便；允许读者带包进入阅览室也是为了方便；设立先进的导引系统是为了明确在馆内的位置，不至于像到了迷宫一样进得去出不来，许多图书馆的标识到处可见，就连电梯里都有每一层的指示。

举例四，借阅是否方便？过去图书馆借书，每层一个借书口，读者在馆内多处借阅、多处办借阅手续，极不方便。现在许多图书馆馆内设立一个总借还书口，以减少办手续的次数；设立自动借书机（如浙江大学新馆），以满足自助服务；馆外设立还书箱或还书车，在芝加哥市图书馆门前，马路边有两个大铁箱，那不是垃圾箱，而是还书箱，就是为了图书馆关门后读者还可以还书，今天这样的还书箱已经很普遍了，但如何更方便，还是图书馆人应该考虑的问题。

（六）HUMANISTIC（人性化服务理念）

图书馆的服务要以人为本，处处把人放在最重要的地位。长期以来，图书馆服务存在的非人性化表现很多。

一是不相信读者或用户，我在一些图书馆讲课时，经常以“图书馆设监视器”作例子，认为这种做法不是人性化的。推而广之，几乎每个图书馆都有防盗仪，有磁针的，也有称重的，每个阅览室有防盗装置、每本书有防盗磁条，这被认为是图书馆的科学管理，但从人性化的角度是值得质疑的。阅览室的工作人员座位很高，可以“监控”每个读者。可见，图书馆是时时处处防着读者或用户。

二是对读者缺少尊重，从一些图书馆馆员的语言、图书馆的制度、图书馆的警示（如“严禁读者进入”“不准喧哗”）可见。

三是重物轻人，如某些图书馆装空调首先保证计算机房以保护机器而不是保证阅览室为了人；图书馆藏书空间不足时首先想到的是加高书架、增大书架的密度，甚至撤掉一些阅览桌椅，损害的是读者的空间和方便。

四是对读者不平等，体现在读者的区分、借阅制度、服务质量等问题上。

五是对保护读者的隐私考虑不够，笔者参加深圳大学城图书馆的布局和家具论证会，就图书馆阅览桌是否要有挡板进行了讨论，有馆长从管理的角度坚持不能设挡板，也有馆长主张应当有挡板，我提出阅览桌是否有挡板不能一概而论，既要提供一部分有挡板的阅览桌，以满足读者保护隐私和不受干扰的要求，也可提供一些没有挡板的阅览桌，以满足部分读者的开放阅读的个性。只有充分考虑到读者的多种需要和多种情况，才真正符合人性化。

人性化服务是以尊重人、理解人为前提的，充分考虑人的需求，最大限度地给予人自由空间的服务。过去强调制度，现在强调人性化。制度是基础，人性化是方向，两者必须结合起来。

举例一，中山大学珠海校区图书馆给我印象最深的就是“人性化服务”，馆内外处处充满了人性化的设计。进入大厅有醒目的指示牌、消防通道示意图、馆藏布局图和温馨告示，设有触摸屏；每层阅览室格局一律大开间，读者不仅感受不到压抑，反而觉得豁然开朗，一整面的玻璃墙开阔而通透，一眼看到海景，真是美的享受；读者可带书包进入阅览室，阅览后的书刊不必放回书架，还备有自助式复印机，可谓方便；阅览室里书架都不高，桌椅也极为考究，书架与阅览桌错落有致，如同人在书海，书为人伴；阅览室还布置了很多鲜花，有长沙发，也有围绕柱子的沙发可供读者休息；图书馆中间的楼梯直通向后山的教学楼，犹如知识的通道和风景线；图书馆还对珠海市民开放，每位市民可持有效证件入馆阅览，入馆的读者感受到图书馆的周到服务。

举例二，香港城市大学图书馆，粗看不像图书馆，倒像一个家。图书馆门口一侧是镶嵌在墙里的还书箱,进入图书馆,借书、咨询和阅览如同超市应有尽有,阅览室里有各式各样的阅览桌椅,阅览桌旁边有沙发,还有小的圆桌,看报纸也行,看书也行,用电脑也行,都离得不远,每个阅览桌旁边都配有废纸篓;旁边的墙上还有很多挂衣服的地方,使读者感觉温馨。

从这两例看,人性化服务不是口号,而且具体的行动,是处处为用户着想,于细微处见真情的环境和方式。

(七)INDIVIDUALIZED(个性化服务理念)

个性化服务是有创意的新颖的服务。2000 年 12 月,上海图书馆提出“把我的图书馆送入千家万户”的个性化服务的创新理念,引起了全国图书馆界的共鸣。每个图书馆都可以推出特别的创意和特别的服务。

个性化服务是针对特定读者或用户需求的专门服务。如图书馆提供的推送服务、“My Library”“送书服务”“专家室”“小组讨论室”等多种服务方式。针对特定读者群开展的服务具有个性化,如针对少年儿童的“放学到图书馆做作业”的服务、针对视障读者开展的专门服务、针对下岗职工开展的专门服务、针对城市农民工开展的专门服务,等等。以幼儿服务为例,香港中央图书馆的“玩具图书馆”专为 0—8 岁儿童而设,提供启发智能的玩具和教育材料供家长与子女在馆内使用,馆内设四个主题角:婴孩游戏区、模仿及想象游戏区、创意游戏区、智慧游戏区。深圳市盐田区图书馆亦有类似的“玩具图书馆”,特别受幼儿及家长的欢迎。

个性化服务也是特色服务,与图书馆的特色馆藏相关。例如,温州市图书馆 1999 年创办鞋都图书馆,2004 年又创办服装图书馆暨温州服装信息中心,设有会员服务区、图书阅览区和休闲区,还设有布料展示区,有来自韩国、日本、意大利的数千种服装布料展示。这样的个性化服务体现了特色,也体现了服务的深度。

个性化服务也是紧密联系本地本馆实际的服务。以爱心伞服务为例,澳门大学的图书馆的门口摆了雨伞供雨天读者借用,读者自觉地在两周或者更长的时间还回来。中山大学备有 600 把标有图书馆字样的雨伞,称为“爱心伞”,放在各馆供读者借用。如今这样的举措在许多馆得到了推广,南开大学图书馆于 2005 年也推出了“爱心伞”服务。考虑到南北方的差别,雨伞的利用率会有不同,如果每个馆服务都一样,就算不上个性化了。当然好的服务经验是值得推广的,在模仿或借鉴的过程中注入新的形式和内容,就体现了个性化。

(八)MARKETING(营销服务理念)

将服务与营销(MARKETING)联系起来,很容易产生将图书馆服务商业化的误解。实际上,是将服务营销的新理念运用到图书馆服务中来,借鉴营销的方法,扩大图书馆的服务,提高图书馆的服务质量和服务水平。引进营销的理念,不是销售书刊,而是做服务的策划,做服务的宣传,推广图书馆的服务,让服务深入人心。

在企业的服务营销理论中有一个“企业、员工和客户”的三角模型,引入图书馆可形成“图书馆、馆员、用户”的三角模型,两者在服务上有很大的相似之处。按照服务营销三角的三个承诺:内部的、外部的、交互式的,图书馆也可以做这三个承诺。无锡市图书馆就做了这样的服务承诺:“读者第一,服务为本;操作规范,礼貌待人;及时整架,有条不紊;代为查找,为人找书;全年开放,天天办证;解答咨询,主动热情;保持安静,讲究卫生;简捷高效,方便读者。”当然图书馆服务营销不是简单地复制企业服务营销,而是与图书馆结合的服务升华。

图书馆营销服务观要落实到以下几个方面:一是突出用户和需求,确立服务的用户导向,以用户需求作为图书馆服务活动的起点,根据用户需求组织图书馆服务;以满足用户需求作为图书馆服务活动的终点,实现用户真正满意。二是确定图书馆服务市场和目标用户,构建理想的服务环境,提供优质服务,唤起潜在用户的需求。三是制定营销策略,可分为消除用户不满意的服务和增加用户满意度的服务两部分,在通常的营销服务中,增加用户满意度的工作要占大多数,如增加开放时间和阅览座位,增加服务网点等。但消除用户不满意的服务也很重要,如取消用户意见大的收费项目,解决到图书馆排长队的问题。四是以整体营销为手段,改变过去图书馆将内部加工二线与服务一线分离的格局,将图书馆的各个部门形成一个以服务为中心的整体,突出强调营销因素的合理组合,包括服务时间、地点、手段、人员等因素,实现最优组合。

(九)COMPETITION AND COOPERATION(竞合服务理念)

长期以来,图书馆服务虽从被动走向了主动,但由于缺乏竞争理念,服务没有活力。然而,竞争的环境使图书馆服务受到了挑战,继科技情报服务之后,网络信息服务又一次挑战图书馆服务。又由于图书馆服务已经超越了时空的限制,如果没有竞争意识,一些图书馆将在服务中失去市场和用户,并逐渐退出服务。

图书馆服务的竞争理念要求每个图书馆、每个图书馆馆员树立公平竞争的意识,通过竞争促进服务。目前图书馆的挂牌服务、馆员竞争上岗、服务比赛,在一定程度上体现了服务的竞争。而真正的竞争是争取读者和用户,例如,天津开发区泰达图书馆具有为企业、大学和社区服务的多种功能,离它不过10米处就是南开大学泰达学院图书馆，如果没有服务特色和服务质量的竞争，将直接影响着图书馆的生存与发展。

市场竞争的“白热化”导致了竞合时代的到来，并推演到各行各业。在通信业，有中国移动与中国联通、中国电信和中国网通的密切合作；在家电业，有冤家路窄的万和与万家乐的“两万”公开的“亲密接触”；在软件业，有微软和 SUN 这对老冤家的和解、浪潮集团与 ORACLE 的“平台+解决方案”捆绑营销；在传媒业，有香港海润传媒集团与“美国在线——时代华纳集团”结成战略合作伙伴关系。2002 年 1 月，海尔集团与日本三洋公司签订了合作协议。2004 年 5 月，西门子与波导在“黄金周”期间签署了建立长期战略合作伙伴关系的谅解备忘录。在今天竞争仍然存在以及合作竞争形式越来越受欢迎的形势下，图书馆服务更适宜接受竞合的理念，因为图书馆服务有着较好的合作基础，如资源共享、馆际互借、信息服务网络化等。然而，单纯强调合作共享，最终不能突破重复建设（如数字图书馆的大同小异）、服务的本位主义和“大而全、小而全”。只有树立竞合理念，图书馆就会一方面努力提高核心竞争力，另一方面选择竞合合作伙伴，增强合作共享的动力机制；只有在图书馆之间形成竞合关系，双方就能互惠互利，实现共赢。在馆内树立竞合理念，馆员们能够通过团队竞争、团队合作、优势互补，争创图书馆的服务品牌。

（十）INNOVATION（创新服务理念）

创新是当代社会的一个主题，创新是一个组织保持可持续发展能力的关键，创新是一个国家的灵魂。党中央和国务院做出了建设创新型国家的战略决策，胡锦涛在 2006 年 1 月 9 日全国科学技术大会上提出“发展创新文化，努力培育全社会的创新精神”“要在全社会培育创新意识，倡导创新精神，完善创新机制，大力提倡敢为人先、敢冒风险的精神，大力倡导敢于创新、勇于竞争和宽容失败的精神，努力营造鼓励科技人员创新、支持科技人员实现创新的有利条件”。在全社会创新的环境下，图书馆服务也要创新，这关系到图书馆服务适应社会需要与时俱进，关系到服务质量和水平的提升，甚至关系到图书馆的长久发展。

图书馆服务树立创新理念，要求每一个图书馆人具有创新意识和创新思维，大胆提出与实施图书馆服务的新思路和新方法；要求每一个图书馆都有创新服务战略与对策，及时增添新的服务，在服务过程中快速应变；图书馆要努力营造创新的氛围，培育图书馆人的创新精神，实现服务制度、服务手段、服务方法、服务过程、服务网络等诸方面的创新。

以上图书馆服务的十个基本理念,集中突出一个“人”字、一个“用”字,表达的是社会的一种知识环境。特别重要的是,当代图书馆的服务不仅要改变图书馆和图书馆馆员的理念,还要改变读者或用户的理念。改变全社会的图书馆理念是图书馆服务的更高境界。

图书馆的十个服务理念,归根结底,还是坚持以人为本的现代化服务理念。以人为本是要以到馆的所有读者(包括网络读者)作为图书馆的服务对象,尊重读者的地位,维护读者的权益,以优质的服务满足读者的需求,让图书信息资源能通过读者为社会做贡献。以人为本服务方式坚持得如何,最能衡量图书馆的工作质量,是图书馆作用在和谐社会建设中充分发挥的体现。构建社会主义和谐社会,就是要营造和谐的人际关系,人与人之间关系和谐,社会才能和谐。所以,图书馆在和谐社会中的作用就是要不断坚持以人为本的服务理念,为读者提供人性化的服务,从而为和谐社会建设添砖加瓦。

第二节　我国现代图书馆服务的原则

根据赫斯凯特(J. Heskett)的观点,任何服务理念都必须能够回答出以下问题:服务企业所提供的服务的重要组成要素是什么;目标分割市场、总体市场、雇员和其他人员如何认知这些要素;服务理念对服务设计、服务递送和服务营销的作用。根据这一观点,图书馆的服务理念要对图书馆的服务原则、服务态度、服务方式做出集中体现,反映图书馆服务发展的客观规律。从而图书馆理念成为图书馆前进方向、奋斗目标的理论依据和行为准则。而在这其中图书馆的服务原则是图书馆服务理念最重要的内容。

一、开放性服务原则

开放性服务原则对于当前的图书馆来讲似乎已经没有必要,因为从 19 世纪公共图书馆开始普遍发展开始,图书馆对公众就实现了开放式服务。不过,早期的图书馆开放式服务与当前的开放性服务还有一些区别,那就是开放的内容和方式还有较多限制。现代意义上的开放性服务在早期开放式服务的基础上有所扩大。

首先,资源开放的全面性。所谓资源开放的全面性,就是指开放图书馆所有的馆藏文献资源储备以及馆内的所有能为读者服务的设备,使全馆工作人员都直接或间接为读者服务。

其次,时间上的全天候开放。最大限度为读者提供使用图书馆的便利条件,是图书馆服务的宗旨之一。一些发达国家公共图书馆不仅保证天天开馆,而且开馆时间也比较长,很多延至午夜。虽然目前国内图书馆很多做不到这么长的时间,但通过互联网的服务,也实现了24小时的文献检索和查询服务。这也在一定程度上延长了图书馆服务的时间。

再次,馆务信息公开。馆务信息公开指的就是图书馆要公开与读者服务相关信息。信息内容包括:图书馆工作的内容、职能、机构设置;图书馆业务范围内的工作流程、具体的职责范围;建立公众参与图书馆管理制度;涉及读者或用户的管理规定;受理投诉的部门和举报电话;对外服务的电话、电子邮箱等联系方式;图书馆工作的评价标准等一系列内容。

二、全面性服务原则

全面性服务原则在图书馆服务中的运用可以包括两个方面:一方面,根据读者需求得到的服务。当读者开始使用图书馆时,会得到全方位的服务。如,读者走进图书馆就会看到的各种指示标牌,图书馆工作人员的热心解答、根据读者需求得到的各种服务、获得的各种培训等。另一方面,对于潜在的读者需求,图书馆要在充分调研和分析的基础上,有针对性地引导读者和用户的需求,还可以通过宣传帮助读者或用户了解图书馆开展的新业务,从而开发他们的需求。

三、方便原则

方便原则也可称“便利原则”。主要指图书馆开展服务时要以为读者或用户提供方便为目标,节省他们的时间和精力,但不能影响他们接受服务的质量和效果。主要包括以下几点。

(一)图书馆选址要尽量选在交通便利的地方

美国学者 M. E. 索普进行的一项调查研究得出结论说,一个信息源在物理距离上越易接近,被利用的可能性就越大。按照这一成果,图书馆选址要在交通上方便读者或用户。目前,城市化改造在我国正大范围进行,在图书馆改造过程中,政府要充分予以关注,尽量给予政策倾斜,保证图书馆在空间位置上的便利。

(二)馆藏资源要方便读者使用

这也涵盖两方面的内容:一方面,图书馆要提供方便、快捷的检索方式,使读者能顺利地检索到自己需要的文献信息资源。另一方面，馆藏资源的摆放要方便读者使用。尽量减少读者获得所需文献的时间和精力。此外，图书馆要为读者尽量提供使用简便、操作容易的设备，使读者不需要过多的学习和实践就能掌握其使用方法。

（三）简便读者获得服务的手续

图书馆是公益性的服务性机构，应尽量为广大民众提供信息服务。所以图书馆要以欢迎的态度来迎接读者和用户，而不应该对读者设置各种障碍。一些有固定群体的图书馆，如高校图书馆在可能范围内也应为社会提供更多的服务，这样才能充分发挥图书馆的功能，也把国家为图书馆投入的大量资金发挥到最大限度。

四、满意原则

读者对图书馆的满意是现代图书馆追求的最高目标。而读者对图书馆服务的满意评价是基于图书馆的服务质量。具体包括：文献信息资源的储备在数量和内容上是否符合读者的需求；图书馆工作人员对读者或用户的态度；图书馆工作人员拥有的解决读者问题的能力；图书馆为读者提供的必备设施和便利设施的完备程度以及图书馆对读者需求的反应速度、满足程度等都影响读者对图书馆服务的满意程度。针对这些内容，图书馆必须加强图书馆的各项工作，真正切实地将各项内容落到实处。如对文献资源储备的采购要通过多种手段征求读者的意见；对工作人员的服务态度要进行专业的培训；为了提高工作人员的专业服务能力要不断对馆员进行再教育；要对馆内设备进行维护，了解新增设备的功能，及时向读者讲授设备的使用方法等。

总之，除以上这些原则，还有些服务原则可以运用到图书馆服务中，如主动原则、省力原则、创新原则、科学原则、发展原则等。但这些原则，不过是对上述原则的扩充和细化。图书馆的服务还是应以上述原则作为图书馆服务的基本原则，做好读者的服务工作。

五、科学服务的原则

科学服务的原则就是指充分尊重读者的意愿，遵循图书馆工作自身的规律，以科学的思想理念、科学的服务态度、科学的方法和管理措施，组织管理一切读者服务活动。它主要包括以下几个方面的内容。

（一）科学的思想理念

科学的思想理念，就是指在图书馆服务工作中，始终坚持以开放服务的思想和以人为本的信念为指导，以方便读者、服务读者为宗旨，以开放的用户观、时空观、功能观为指南，以更加人性化、个性化、专业化、多层化、智能化和虚拟化的服务来满足读者多样化的信息需求，构建现代图书馆知识化、开放化服务的思想体系。

科学服务还要有整体的、全局的观念。图书馆的读者服务工作与其他工作之间既紧密联系又存在各自的领域分工。图书馆与读者之间，图书馆与图书馆之间，图书馆内各部门之间，以及读者与读者之间，始终存在着纵横交错的联系，可能发生着种种矛盾，如供与求的矛盾、借与还的矛盾、借与阅的矛盾、管与用的矛盾以及分工与协作的矛盾等。在服务工作中处理这些矛盾时必须站在全局的高度，以开发利用图书馆资源从而充分有效满足读者需求为依据，运用科学的思想理念来认识矛盾并不断解决矛盾。

（二）科学的服务态度

科学的服务态度就是实事求是，一切从实际出发，讲究实效而不拘一格的态度。无论是资源布局、机构设置、制度设计，还是工作流程、服务项目增减，都真正体现一切为了读者，一切方便读者，一切为了利用的服务精神。

科学的服务态度还要求在服务工作中要将需要与可能统一起来，将重点需求与一般需求、当前需求与长远需求结合起来，将数量要求与质量要求、考核指标与实际效果统一起来。既不单凭热情、主观愿望以及个人兴趣工作，也不片面追求数量、指标与形式，实事求是地进行科学服务。

（三）科学的方法

科学的方法是指在图书馆服务中形成的一整套先进、实用、有效的理论与方法，并在工作中不断改进和升华。图书馆要不断采用科学先进的方法来提高工作效率和服务质量。比如，通过改变以往单一的馆藏文献的外借与内阅服务模式，利用现代网络平台，提供各种数据库服务、知识库服务以及多种在线或离线信息服务，如信息推送、知识发现、网络呼叫、智能代理等服务。采用这些科学先进的服务方法能够同时提供实体馆藏服务与虚拟馆藏服务，极大地丰富了图书馆服务的内容，强化了图书馆服务的能力。

（四）科学的管理措施

科学的管理措施就是指在先进理论的指导下，采用科学合理的管理制度、先进的技术设备和服务手段为读者服务。

科学合理的规章制度代表着读者和图书馆的根本利益,是顺利开展图书馆服务工作的基础。科学的制度总是根据服务工作的需要,在不断地调整、修正和创立中发展的。比如,现代图书馆的主要特征是先进技术设备的大量应用,使得以往形成的工作流程、业务分工与规范和规章制度难以适应这种变化的要求,因此,科学的管理就要求现代图书馆全面审视过去的理论和方法,通过流程再造和制度创新,真正提高服务工作效率和服务效果。

第三节　我国现代图书馆服务管理体系与实践研究

一、现代图书馆外借和阅览管理

(一)图书馆外借服务管理

1. 图书馆外借服务的概念

图书外借服务是图书馆服务中最传统和最基础的业务活动。这是图书馆针对自己的服务对象提供的一种,允许读者将馆内藏书和其他类型的文献带出馆外使用的服务。为了能享受到这种服务,读者一般要符合一定的条件。第一,必须在该图书馆注册,成为该馆的正式的享有外借服务的读者。第二,读者必须向图书馆提供一定的担保,这种担保有时是一定数量的金钱,有时是具有某种特定的身份。第三,必须履行一定的借阅手续,遵守一定的外借规定才能获得图书馆的允许将图书或其他类型文献带出馆外。第四,读者享受的借阅时间是有限的。

2. 图书馆外借文献的管理方式和服务类型

目前,图书馆对自己拥有的馆藏图书或其他类型文献资源的管理方式一般有三种模式。

第一种是开架式管理方式。这种方式是现在最流行的一种管理方式,读者可以与文献近距离接触,仔细挑选自己所需的文献内容;

第二种是半开架管理方式,读者可以看到这些文献,但不能直接接触到这些文献,必须办理一定的手续才能使用这些文献;

第三种是闭架式管理,读者只能通过检索的方式得到文献的相关信息内容,然后办理手续后,才能接触到这些文献。

这种几种外借文献的管理方式目前在图书馆都有采用。根据文献的内容、形式、年代等因素由图书馆灵活掌握，在保证读者正常使用的情况下，年代较新、复本较大的图书一般采用开架和半开架管理，而对一些特种图书可以通过闭架管理进行保护。

对于允许外借的文献，图书馆的外借服务类型比较丰富，其中最主要的类型有以下几种。

个人外借。个人外借是指读者以个人的身份独立进行的，读者可以凭借本人的图书馆借阅证到图书馆服务台办理相关借阅手续。

集体或单位组织外借。是专为相关企业、行政单位或具有团体性质的服务对象设立的一种文献外借服务方式。一般对这种服务对象的外借要求图书馆可以给予一定的优惠政策，如数量、时间等给予适当增加或延长。

馆际互借。是根据图书馆之间签订的某种合作协议，给予对方服务对象与自己服务对象相同的外借服务，以满足更多读者或用户的文献信息需求。

图书预借。对已经外借的文献，读者可以通过预约，保证自己能及时获得该文献的使用权的一种外借服务类型。

流动外借。是一种通过流通站、流动车、送书上门等形式实现读者外借文献的需求，目前这已经是公共图书馆系统中一种常用的服务方式。

（二）图书馆阅览服务管理

图书馆阅览服务，又称为内阅服务。是指图书馆利用自身的文献资源和空间设施提供给读者在馆内阅读的服务活动。阅览服务也是图书馆基本服务工作的重要组成部分，在当今社会的图书馆中，阅览服务与外借服务基本已经融合为一体，外借很多时候是在阅览的基础上进行的，很多图书馆的外借室又是阅览室，目前最流行的图书馆文献管理方式就是藏、借、阅一体化的服务模式，我们也可以称这种服务模式为一站式服务。在这种服务模式中，图书馆彻底采用了“以人为本”的服务理念，读者在阅览过程中不需要通过任何手续就可以自主实现文献的选择、充分享受了自由阅读方式带来的便利。为了能给读者提供更优质的阅览服务，图书馆应在阅览服务中做好以下工作。

1. 提供舒适的阅览环境

阅览室是读者最常使用的地方，所以多数图书馆的阅览室人群密度都比较大，环境也显得拥挤。在这种情况下，图书馆更应该改善阅览室的环境。

第一,对阅览室的桌椅要精心挑选,尽量选择那些符合人体曲线的设计。

第二,保证阅览环境的光线,配备充足的照明设施。

第三,加强阅览环境的室内绿化,使读者在疲倦之余,能放松息。

第四,保证空气清新、环境整洁。阅览室过多的人会导致空气污浊,因此,在保证阅览环境整的基础上,加强空气流通。

2. 保证阅览时间

阅览服务是图书馆的基础服务,其开放时间的长短是衡量图书馆服务品质的一项重要指标。我们知道,除非工作需要,很多时候读者只有在其空余时间才能够走进图书馆。如果图书馆也同其他社会组织一样实行正常上下班和公休制度,那么有些人可能很难享受到图书馆提供的服务。因此,目前很多图书馆都在节假日开放,个别公共图书馆还实行 24 小时开馆,全年无公休日的服务时间。所以,如果能在阅览时间上给读者以保证,将是图书馆服务工作中一件实在的惠民举措。

3. 保证提供文献资源的数量和质量

鉴于阅览室是广大读者最常使用的地方,图书馆对阅览室的文献资源安排应从数量和质量上予以保证。所谓数量是指文献资源的种类要齐全,要有一定的复本量,以保证读者的使用。所谓质量,是指文献资源要丰富,文献的时效性要强,此外由于阅览室的文献利用率高,破损也严重,所以要随时注意修补,并及时淘汰那些无法修补的文献。

4. 平等阅读服务的方式

在传统图书馆阅览服务中,图书馆经常为一些特殊人群开设专门的阅览区,致使图书馆阅览室一边是人满为患,另一边是座位空置。这就造成了图书馆阅览服务的不平等性,既然图书馆是一个公益性服务机构,那么每个走进图书馆的读者都应享受到平等的服务。除非是涉及残障人士,对于普通人来讲,每个人都拥有平等阅读的权利。

二、现代图书馆参考咨询服务管理

参考咨询服务是图书馆工作人员对读者在利用文献和寻求知识、情报方面提供帮助的活动。它以协助检索、解答咨询和专题文献报道等方式向读者提供事实、数据和文献线索。对于图书馆来讲,参考咨询服务是 19 世纪下半叶就兴起的一项服务内容,其实质是以文献为根据,通过个别解答的方式,有针对性地向读者提供具体的文献、文献知识和文献途径的一项服务工作。在一百多年的时间里，参考咨询服务得到了很好的传承，目前，许多图书馆设有专门的参考咨询部门，集中参考工具书和检索工具书等建立参考馆藏，配备具有一定专业知识和熟悉检索工具的专职参考馆员开展此项工作。

（一）参考咨询的特点和作用

1. 参考咨询的特点

参考咨询工作在图书馆服务中是一种深层次的服务，首先，参考咨询的内容具有专业性，它是以图书、情报、信息为基础的具有专业性的服务。其次，参考咨询涉及的内容多样性。读者可能向从事参考咨询的工作人员提出各种各样的问题，这些问题涉及范围多样、种类多样、层次多样。再次，参考咨询工作是一件实用性工作，用以解决读者在文献获取时遇到的实际困难。最后，参考咨询是一项智力性工作，它和外借、阅览服务不同，在参考咨询工作过程中，需要工作人员以自己的个人能力和专业能力来保证服务的进行。

2. 参考咨询的作用

图书馆参考咨询工作在图书馆服务工作中起到了积极的作用，首先，参考咨询具有发挥图书馆情报职能的作用。图书馆情报职能指的就是将无序的文献信息资源整理成有序的、有价值的、有针对性的文献信息，然后将其提供给有需求的读者。参考咨询是一项能很好发挥这项职能的工作。其次，参考咨询工作能开发馆内的文献信息资源。工作人员在开展参考咨询工作的同时，能将馆内现有的信息资源进行开发，使之成为更加有用的或更方便使用的文献形式。再次，可以提高文献的利用率。读者或用户通过参考咨询可以更好地了解图书馆的文献信息资源，从而更频繁、更高效地利用这些资源，从而提高了它们的使用效率。

（二）参考咨询的服务内容

参考咨询服务所包括的内容可大可小，涉及的内容方方面面，是一项既简单又复杂的工作，其主要工作内容包括以下几项。

1. 图书馆的服务指南工作

参考咨询工作的最基本工作就是回答读者和用户的提问。这些问题中很多是关于图书馆基本情况的问题。如图书馆的位置、一些部门的联系方式、某些业务的部门归属、图书馆的整体布局等信息。所以参考咨询工作承担着图书馆的服务指引工作，其工作内容琐碎。

2. 图书、期刊等馆藏文献的定位和咨询

在读者利用图书馆的过程中，经常会发生找不到图书、期刊这些馆藏资源的情况。有些是读者对于图书馆不熟悉造成的，有些则是其他原因造成的。咨询人员应根据具体情况给予帮助和解答。

3. 向读者做简单的检索方法介绍和检索工具的使用

对于不了解厩书馆文献信息资源分类情况的读者，咨询人员在做咨询解答时要对读者进行必要的图书分类介绍。对操作容易的检索工作，也应向其演示使用方法，以培养读者自我服务的能力。

4. 专题性参考咨询工作

对于较专业化的课题或研究项目需要图书馆提供专题服务的，图书馆应根据实际情况，组织相应的人员来完成。

5. 读者咨询工作的反馈总结

对于咨询工作中经常遇到或常见性问题，咨询人员应有计划、有目的地进行总结，建立起反馈信息表，为以后的咨询工作奠定基础。

（三）参考咨询的服务方式

1. 设立咨询服务台

在图书馆显著位置设立咨询服务台，由专人进行负责。

2. 建立 FAQ 标识版

在馆内相应位置，设立常见问题回答版，根据反馈信息及时公布回答结果。

3. 电话咨询

向社会公布图书馆参考咨询服务电话，在图书馆开馆时间内保证畅通。

4. 网络咨询

利用互联网、QQ、MSN 等方式建立相应的网络咨询体系。

三、图书馆文献检索服务管理

文献检索（Information Retrieval）有广义和狭义之分，广义的文献检索是指将信息按一定的方式组织和存储起来，并根据用户的需要找出有关信息的过程。狭义的文献检索则仅指该过程的后半部分,即从信息集合中找出所需要信息的过程,相当于人们通常所说的信息查寻(Information Search)。图书馆基础服务中的文献检索服务指的就是狭义的文献检索。图书馆开设这种服务的目的是帮助读者节约时间和精力、使他们能方便快捷的获得所要查找的相关文献信息。同时,还可以为读者或用户提供最新的知识背景,使读者和用户花费最少的时间了解最多的信息资讯,并可以跨越语言和专业的限制,对其他国家和领域的文献深入了解。

(一)文献检索需要运用的语言

文献检索语言是为加工、存储、检索文献信息而编制的一种具有统一标准,用于信息交流的人工语言,也就是用来描述信息源特征和进行检索的人工语言。检索语言在信息检索中起着极其重要的作用,它是沟通信息存储与信息检索两个过程的桥梁。在信息存储过程中,用它来描述信息的内容和外部特征,从而形成检索标识;在检索过程中,用它来描述检索提问,从而形成提问标识;当提问标识与检索标识完全匹配或部分匹配时,结果即为命中文献。检索语言按原理可分为以下四大类。

1. 分类语言

分类语言是指以数字、字母或字母与数字结合作为基本字符,采用字符直接连接并以圆点(或其他符号)作为分隔符的书写法,以基本类目作为基本词汇,以类目的从属关系来表达复杂概念的一类检索语言。著名的分类法有《国际十进分类法》《美国国会图书馆图书分类法》《国际专利分类表》《中国图书馆图书分类法》等。

2. 主题语言

主题语言是指以自然语言的字符为字符,以名词术语为基本词汇,用一组名词术语作为检索标识的一类检索语言。以主题语言来描述和表达信息内容的信息处理方法称为主题法。主题语言又可分为标题词、元词、叙词、关键词。

3. 代码语言

代码语言是指对事物的某方面特征,用某种代码系统来表示和排列事物概念,从而提供检索的检索语言。

4. 自然语言

自然语言是指在文献中出现的任意词。

（二）文献检索服务工作的步骤

文献检索是一项实践性活动，它要求图书馆工作人员在掌握文献检索的规律情况下，利用文献检索语言在可获得的馆藏文献和非馆藏文献中迅速、准确地查找读者或用户所需要的文献。一般来说，文献检索可分为以下步骤。①明确读者或用户查找文献的目的与要求。②选择适当的检索工具。③确定检索途径和方法。④根据文献线索，查阅原始文献，然后根据要求提供文献检索结果。

（三）文献检索的途径

文献检索途径就是通过什么角度开始检索过程，目前采用的方式有：著者途径，即通过著者、编者、译者、专利权人的姓名或机关团体名称字序进行检索的途径统称为著者途径；题名包括书名刊名等途径；分类途径，以学科分类为基础，从学科所属范围来查找文献资料，主要是利用分类目录和分类索引；主题途径，通过主题目录或索引，对反映一个主题方面的文献进行检索；引文途径，利用文献所附参考文献或引用文献，而编制的索引系统进行检索；序号途径，通过文献有特定的序号，如专利号、报告号、合同号、标准号、国际标准书号和刊号等进行检索；代码途径，利用事物的某种代码编成的索引，如分子式索引，可以从特定代码顺序进行检索；专门项目途径，从文献信息所包含的名词术语、地名、人名、机构名、商品名、生物属名、年代等的特定顺序进行检索，可以解决某些特别的问题。

（四）文献检索服务中常用的方法

直接法，又称常用法，是指直接利用检索系统（工具）检索文献信息的方法。它又分为顺查法、倒查法和抽查法。

追溯法，是指不利用一般的检索系统，而是利用文献后面所列的参考文献，逐一追查原文（被引用文献），然后再从这些原文后所列的参考文献目录逐一扩大文献信息范围，一环扣一环地追查下去的方法。它可以像滚雪球一样，依据文献间的引用关系，获得更好的检索结果。

循环法，又称分段法或综合法。它是分期交替使用直接法和追溯法，以期取长补短，相互配合。

在检索过程中各种检索方法要结合使用，以取得更好的检索效果。

四、图书馆文献传递服务管理

（一）文献传递服务的含义和作用

文献传递服务是早期图书情报机构作为馆际互借的一种手段出现在图书馆服务中的，是一种重要的资源共享方式。简单地讲，文献传递就是把特定文献从文献源传递给特定用户的一种服务。现代意义的文献传递是以信息技术的发展为基础发展起来的，具有简便、快速、高效的特点。这种服务方式对图书馆服务具有十分重要的积极作用。

首先，弥补了图书馆的馆藏，解决了馆藏资源不足的问题。由于各种客观条件的限制，图书馆不可能拥有读者或用户需求的所有文献信息。而图书馆服务的最终目的却是满足读者或用户的文献需求，文献传递服务就是解决这二者之间矛盾的最好方法。通过这种简便、易行的服务方式，读者或用户很快就能得到自己所需文献信息资源，保证了文献资源的提供能力。

其次，增加了图书馆的收入，缓解了图书馆经费的不足。资金不足一直是图书馆发展的瓶颈，虽然国家对图书馆事业投入了极大的金钱，但分解到每个图书馆的资金却是有限的，所以图书馆如何从服务中获得经济利益也是图书馆发展中注意的问题。而文献传递在图书馆服务中一般都是收费服务的项目，因此，利用好文献传递服务的经济性就极为重要。

（二）图书馆文献信息传递服务管理中的存在问题

1. 来自图书馆传统管理方式的影响

图书馆文献传递服务虽然在图书馆服务中存在时间较长，但其实质作用却一直未获得改变，这方面主要来自图书馆管理的传统观念影响。目前，许多图书馆的经费主要还是用于购买纸版书刊，用于文献传递中的费用投入较少。即使在一些图书馆评估的标准中，也把馆藏实物书刊量作为主要统计指标。这种观念的影响下必然要影响文献传递服务的建设发展。

2. 读者或用户的态度对文献信息资源的影响

近些年，在我国图书馆信息传递服务中出现了用户需求下降的趋势。文献传递数量逐年降低，这使得本来发展前景就艰难的文献信息传递服务工作，面临来自服务对象的压力。

3. 来自网络信息服务的影响

进入新世纪,电脑网络的迅速发展和普及,使图书馆文献传递服务面临有史以来最大的挑战。随着各种情报机构和文献信息服务机构服务的网络化,人们获得文献信息的渠道大幅度拓宽了。诸如,期刊网这种学术数据库的开通,更加大了文献信息服务的难度。

4. 来自知识产权保护的影响

知识产权是作者一项重要的法律权利,在西方早已获得图书馆界的普遍保护。我国在法律实践中却不太关注,不过随着人们法律意识的增强,越来越多的人开始注重自己的知识产权保护。而这又为文献信息传递提出了新的挑战。如何既能满足读者的信息需求,却又不损及权利人的法律权益,已经成为图书馆界研究的一项重要课题。

(三)文献信息传递服务中的问题的解决方法

1. 转变传统观念,建立新文献信息传递服务思想

国外文献传递服务对我国图书馆的启示就是要冲破观念上的束缚,提高对文献传递重要性和必要性的认识。图书馆在进行文献信息资源的采集时,在合理利用现有经费扩充馆藏资源的同时,应重新设计其馆藏资源形式,利用文献传递来弥补资源的不足。因为,文献传递是以最少的投入获得最大的收益,其提供文献范围广、品种齐全是任何馆藏都无法与之抗衡的。目前发达国家基本上都存在地区性和全国性的馆际互借与文献传递系统。而图书馆评价体系,也应根据文献传递服务的全面铺开,改变以往的评价标准。将可能使对图书馆的评价由“你拥有多少藏书”向“你提供多少服务”转移,以便更好促进文献信息传递服务的发展。

2. 加强文献信息传递服务的宣传工作

发展我国图书馆文献传递的服务,要向文献信息传递服务的需求者进行全面系统的宣传,使读者或用户将未能获得满足的信息需求交给文献信息传递服务工作。而从事信息传递服务工作的图书馆工作人员要及时按用户提供的要求进行检索、传递,力图在最短时间内满足读者的需求。

3. 加强与文献出版者的联系,切实执行国家知识产权法律、法规,保证文献信息资源创造者的利益

图书馆要逐步与文献出版者保持利益的均衡。在适当的条件下,以各种方法

充实馆藏来满足出版者的利益，把知识产权保护渗透到文献信息传递服务中，使知识产权保护与文献信息的正常使用有机地结合起来。

4. 充分利用网络信息快速发展的机遇，将信息传递服务工作推向一个新的高峰

面对电子期刊对文献传递的挑战，不应该回避它带给文献信息传递工作的压力，而是要抓住这样的新技术为文献传递服务，以便为文献信息传递工作提供更方便、更快捷的操作平台，促进图书馆和个别读者间的联系，更促进图书馆与图书馆间的联系，达到文献资源共享的目的。

五、图书馆个性化信息服务管理

（一）个性化信息服务内涵与特征

个性化信息服务是指图书馆根据用户对信息需求的特点，在现代化信息技术和数字化信息资源基础上，为用户提供的定向化的信息服务。这种服务的实现有两种方式：一是用户根据自身的兴趣、爱好和需求定制自己所需要的文献信息资源和信息服务；二是图书馆作为提供者通过对用户个性化信息查询行为和个性化特征进行全面分析，对信息资源进行收集、整理和分类，主动向用户提供和推荐相关信息。

个性化信息服务是把"以人为本、读者至上"的信息服务理念上升为实践的服务活动，通过利用现代化的信息服务手段以快速、便捷、主动、高效的信息服务模式出现在图书馆读者和用户面前的。个性化信息服务针对每个用户采用的服务方式不同，提供文献信息资源的内容也不同。这种服务与图书馆的其他服务形式相比，具有其自己的特征。

1. 服务对象个性化

个性化信息服务是以用户为中心的主动服务，它同以往被动式的服务形式有极大区别。它是根据每个用户的独特信息需求提供有针对性的服务内容，对不同的用户采取不同服务策略，提供不同的服务内容的服务行为，其目的是满足用户的个性化需求服务的。

2. 服务内容的个性化

传统图书馆提供的服务是一种"图书馆提供什么，读者或用户就接受什么"的模式，这种模式中图书馆所提供的服务是千篇一律的形式。个性化信息服务提供

是有特色多种多样的服务。这种服务具有针对性，是一种“读者或用户需要什么，图书馆就提供什么”的新的服务方式，用户可以根据自己的需求选择自己需要的信息服务，从而各取所需、各得其所。

3. 服务方式的个性化

个性化信息服务是一种智能化的服务。在整个图书馆个性化服务的过程中，从信息过滤、数据挖掘、知识推送到界面定制等服务的开展均是以各种信息技术为支撑的。如 Web 数据库技术，Interface 用户界面，Wet Casting 网播、Agent 智能推送等，用户可以根据个人爱好、习惯和特点来选择自己喜欢的服务方式。

4. 服务时间、空间个性化

在互联网快速发展的情形下，图书馆的信息服务在空间上已经延伸到馆外，突破了时空的限制，使用户能在其希望的时间和地点得到自己选择的服务。

5. 服务方式的互动化

个性化信息服务的发展方向是不断增强系统与用户的互动性，使其既能提供足够的弹性空间，实现用户自己创建自己的信息集合功能；还能通过图书馆与用户之间相互交流模式，使用户可以将更多的时间用在评价数据、信息或知识的价值上。

（二）图书馆个性化服务发展的必要性

1. 图书馆个性化服务是迎合读者或用户需要的一种服务

随着网络技术的发展，用户获得信息的主要障碍已从距离上的障碍转变为选择上的障碍。而对这种转变，图书馆必须将信息服务工作重心进行转移，即从以我为中心的被动服务向以用户为中心的主动服务转变，这样才能跟上信息时代的发展，为自身的发展创造条件。

2. 图书馆服务水平和服务质量的提高需要向人性化的方向转变

信息时代的到来和信息革命对人类社会的冲击，是展现个性、倡导创造力的一个崭新契机。使人们有可能在高水平的生产力的基础上重新恢复符合个性、为个性发展提供广阔发展空间的个性化服务。只有这样的服务，才能真正满足用户的需要，尤其是信息时代人的全面发展的需要。因此，只有个性化的信息服务才有可能使信息服务业得到迅速有效的发展，从根本上改变图书馆信息服务的被动局面。

3. 个性化信息服务是转型时期图书馆自身发展的需要

网络环境下，一方面，图书馆同行之间竞争日趋激烈；另一方面，图书馆不再是提供文献信息服务的唯一机构，一些联机检索机构、出版社等合作组织都向网上用户提供电子信息服务，这也对转型时期图书馆的信息服务发起了严峻挑战。面对挑战，转型时期的图书馆必须开拓服务领域，开创独具本馆特色的服务项目，创立属于本馆特色的服务品牌，以吸引读者的注意力。

4. 读者信息需求的复杂性和差异性增加

由于读者的年龄、性别、知识结构、文化背景、爱好、兴趣差异，决定了读者信息需求的个性化。在研究领域，研究人员面对的是全新的学术范畴，在研究之前，必须进行文献资源调查，以了解该课题在专业领域的发展状况，并搜集相关的研究内容。在研究过程中，也要随时查询与课题相关的学术动态，这种求异性也决定了读者对信息的个性化需求。在当今的信息环境中，信息处理的模式难以适应这种要求，而个性化信息服务的开展，不仅弥补了这种缺憾，而且极大提高了读者服务质量。

(三) 个性化信息服务的服务形式

1. “My Library”个人图书馆服务模式

My Library 是一个以用户为中心、用户可操作的、个性化地收集组织数字资源的一个门户，是用户从图书馆网站所提供的全部数字资源里，选择自己需要的文献信息资源然后存在 My Library 中，之后再次访问 My Library 时，读者将获取与此相关的具体内容。此系统的目的是通过允许用户选择定制自己所需的文献信息资源，并自己进行资源组织以减少信息的重复查阅和筛选。

My Library 是一个图书馆提供的由用户需求驱动的、可对特定图书馆的信息资源进行个性化定制的个性化服务系统，也是图书馆提供给用户的本馆信息资源的一个门户。应用此系统的目的是为用户创建基于特定馆藏资源的个性化的资源与服务的集合，减少信息过载。My Library 系统主要有如下功能。

(1) 门户功能

主要负责用户身份的认证、个人定制信息的收集、用户行为的记录和分析、用户喜好的页面样式风格设定等。

(2) 链接功能

包含用户收录和选取的各种本馆数字资源和服务链接、互联网资源及其访问入口等。

(3)更新功能

系统定期对用户自行设定的某些关键词或链接进行检测,一旦检测到新的内容,就会向用户发出最新信息提示,帮助用户及时掌握相关领域或学科的最新动态。

(4)存储功能

系统分配给每个注册用户一定的网络物理存储空间,供用户保存和管理个人数据或在信息查找过程中搜集到的互联网资源。

(5)信使功能

向用户发送信息,方便用户和馆员之间书信往来。

2. 信息推送服务——基于RSS功能的新信息传播媒体的服务模式

该模式在实现个性化主动式信息服务的过程中,运用Internet推送技术,充分体现了“信息找人”的主动性信息服务理念。由系统软件或人工根据用户的预留信息,定期对资源进行有目的的搜索,并对结果进行组织、加工和分类,结果经由E-mail、预留页面通告、频道热点推送等途径传递至用户。其中功能性比较好的是基于RSS功能的服务。RSS是“真正简单的网站联合(Really Simple Syndication)和丰富站点摘要(Rich Site Summary)”的缩写,是一种基于XML的网站内容交换和聚合标准。它具有强大的信息发布、推送和聚合功能,以及更好的时效性、可操作性、互动性和个性化等特点,成为新一代互联网的必然发展趋势。图书馆基于RSS技术提供的个性化信息服务主要有。

(1)最新信息发布

主要包括图书馆新闻动态、新书信息、数据库信息、讲座、培训通知等。

(2)网络资源推荐

主要是对学术网站、学术研究型博客、学术性网摘、学科最新发展动态等资源的整合和推送。

(3)图书馆数据库订阅服务

方便用户浏览、查阅RSS期刊目次。

(4)参考咨询服务

为用户提供一个与图书馆交流的平台,及时解决每位用户遇到的问题。

(5)个性化RSS服务项目

包括书目预约、书目借还提醒等。

3. 呼叫中心服务模式——手机图书馆

主要针对用户的参考咨询等需求，以计算机、传真、电话等为设备基础，CIT（计算机电话集成）为技术基础，构建能提供一对一的融合通信网络和计算机网络功能的交互式增值服务的多媒体平台。

这其中以手机图书馆为代表，手机图书馆是一种新兴的集阅读、娱乐、互动为一体的多媒体信息传播方式，具有手机增值服务和图书馆服务的双重属性。它的最大优点是实时交互性及文化传播功能，改变了信息需求与推送间的滞后现象，使用户更加简洁顺畅地定制、访问图书馆的资源和服务。当前手机图书馆的主要功能有：读者账户维护功能；文献查询、续借、预约、推荐功能；馆藏电子资源实时阅读功能；图书馆消息告知功能；参考咨询互动功能。

4. 信息垂直门户服务模式

这是一种充分体现了图书馆个性化信息服务专业化特点的服务模式。面对特定专业群体的专业化信息需求，在某一领域相关资源的纵深面进行了深入挖掘，构建一个立体、高效、有序的信息环境，并结合专业化搜索引擎，设计有学科特点的课题化垂直门户。

5. 信息代理服务模式

这一模式同样体现了个性化信息服务的主动性，不同的是它具备了自动化、智能化的特点。其核心内容是利用智能软件，对用户的行为和需求进行跟踪分析，以此为依据自动完成搜索行为，辅助指引用户浏览信息资源。信息代理服务整合各种服务模式，为形成个性化信息服务的有机体提供可能，进一步提升了服务品质，减少用户操作时间。

6. 网络智能服务模式

这是处于网络环境下个性化信息服务的高级阶段，特征是以人工智能信息处理技术为主导进行一系列侧重于知识特性的资源组织、处理等相关活动。主要内容为特色专题知识仓库，即一个经过有目的的知识创新后，附加存储了数据和知识的使用情况及传承线索的特殊的信息库。其在为人们的信息搜索行为中提供辅助、指引的功效优于一般的数据库。

（四）图书馆个性化信息服务中应注意的问题

1. 服务的可执行性

图书馆个性化信息服务是一项图书馆领域新兴的服务，这种服务对图书馆的人员和技术的要求都很高,图书馆应该根据本馆的实际情况,有计划地开展。在开展的初期注意项目的推广,同时要把具体的服务做细,使读者乐于参与其中。

2. 服务的易操作性

图书馆个性化信息服务要采用简便易行的操作方法,避免过于复杂的操作,这样才能让用户花较少的时间掌握个性化信息服务的内容。

3. 服务过程中注意用户的隐私权保护

对图书馆个性化信息服务中用户进行操作的内容,图书馆要做好保密工作,因为,查阅和订阅内容涉及用户的个人喜好、性格取向以及业务领域的内容,所以要予以保护。

第六章　我国现代图书馆危机管理

第一节　危机管理理论

一、危机的定义和特点

（一）危机的定义

1. 工具书下的定义

《辞源》对“危机”给出的解释是：潜伏的祸端。如《文选》中晋陆机《豪士赋·序》：“众心日侈，危机将发。”唐刘禹锡《刘梦得文集》中《题欹器图》诗：“秦国功成思税驾，晋臣名遂叹危机。”《汉语大词典》对危机的解释则有三种。第一是“潜伏的祸害或危险”。三国魏吕安《与嵇茂齐书》：“常恐风波潜骇，危机密发。”《宋书·范泰传》：“如此，则苞桑可系，危机无兆。”唐刘言史《观绳伎》：“危机险势无不有，倒挂纤腰学垂柳。”第二是“严重困难的关头。亦特指经济危机”。第三是指“危险的机关。用于杀敌、猎兽、捕鱼等的器具”。由是可知，中文工具书对危机的解释强调“危”，如祸端、祸害、危险、严重困难的关头等。

从词源上讲，“危机本源于英文 Crisis，而 Crisis 又源于希腊语 krinin，原始含义是游离于生死之间的状态”。《牛津高阶英汉双解词典》对危机（crisis）的解释有两个：“危险或非常困难的时期”“疾病、生命、历史等的决定性时刻”。显然，外文工具书的解释除强调危险、困难等不妙情况外，还强调决定性时刻、关键性转折点、由一个阶段走向另一介阶段的临界点等。

2. 国内外学者下的定义

下面参考国内外研究危机的部分著作，择要举出有代表性的危机定义。

朱德武在《危机管理：面对突发事件的抉择》中认为：“危机是事物由于量变的积累，导致事物内在矛盾的激化，事物即将发生质变和质变已经发生但未稳定的状态，这种质变给组织或个人带来了严重的损害。”刘刚在《危机管理》一书中所下定义为:“危机是一种对组织基本目标的实现构成威胁、要求组织必须在极短的时间内做出关键性决策和进行紧急回应的突发事件。”

清华大学公共管理学院薛澜教授等所下定义为:“危机通常是在决策者的核心价值观念受到严重威胁或挑战、有关信息很不充分,事态发展具有高度不确定性和需要迅捷决策等不利情境的汇聚。”

阎梁和翟昆的《社会危机事件处理的理论与实践》一书从决策和冲突两个角度对“危机”定义进行了梳理:①在决策方面举出的典型定义有:“对一个社会系统的基本价值和行为准则架构产生严重威胁,并且在时间压力和不确定性极高的情况下必须对其做出关键决策的事件”(罗森塔尔);“危机是威胁决策集团优先目标的一种形势,在这种形势中,决策集团做出反应的时间非常有限,且形势常常向令决策集团惊奇的方向发展”(C. F. 赫尔曼);“危机是一种严重威胁社会系统的基本结构或者基本价值规范的形势,在这种形势中,决策集团必须在很短的时间内、在极不确定的情况下做出关键性决策”。②在冲突方面,作者认为“危机的本质就是不一致、矛盾、冲突而导致的一种紧张状态”,从广义上危机可界定为“由明显抵触的社会力量之间的冲突而导致的紧张状态”。

秦启文等在《突发事件的管理与应对》一书中,对危机定义进行了更为详尽的梳理,他们将国外学者对危机的定义分为三类:①从英文中“crisis”这个词的本义出发把它界定为转折点、危急关头或关键时刻;②从静态的角度出发把危机界定为不稳定的时间或状态;③从动态的角度出发,把危机界定为事故、事件或活动。此外,他还列举了国内学者的四种观点。

赵士林在《突发事件与媒体报道》一书中,将危机的定义归纳为“四说”:“灾难说”认为危机就是灾难性事件;“关口说”强调危机是指事件处于一个转变的关键时期;“状态说”强调危机是由于各种压力和不确定因素所导致的危难或迷失状态;“挑战说”强调危机是危机事件对个人、组织和社会所形成的挑战,这种挑战无法按照常规在传统的框架里得到解决。他认为,这“四说”很典型,展示了危机的不同侧面。

国外也有一些专家对危机概念做出了自己的理解,如罗森塔尔(Rosenthal)等人认为:危机是对社会系统的基本价值及行为准则产生威胁,并在极短的时间和极不确定的环境下,急需做出关键决策的事件。

而赫尔曼(Hermann)认为:危机是一种特定状态的表达,决策主体在其发展的根本目标受到威胁、在其间周旋的时间极其有限以及态势的发展高度不确定的情况下必须做出及时的应对决策的情形。

诺曼.R.奥古斯丁等人则站在工商管理的角度对危机进行了定义,他们认为科技的进步等增加了产品和服务的不可测性,使得商家对自身产品的测评难度加大,而舆论则会使得商家的一点点失误掀起大风波,从而造成危机的外扩发展。同时他们也认为,虽然危机的发生是难以避免的,但危机中也酝酿着机遇。

就上述国外的三种定义的认可程度而言,罗森塔尔等人所提出的定义得到了国内外更多学者的认可,因此,罗森塔尔本人也成为对“危机”研究影响最大,并且也被最多的一位学者。

此外,以保罗·艾登(Paul Eden)和格拉汉·马修(Graham Matthew)等为代表的图书馆危机管理研究专家也根据他们在1996年所进行的一项对英国图书馆危机管理情况的调查项目,在其所撰写的论文《图书馆灾害管理》一文中指出:灾害(Disaster)是指可能威胁到人们的安全,或者可能将损害或威胁到图书馆的建筑、馆藏、设备或系统等的事故。在这篇论文中,他们所给出的危机(Crisis)定义包含的范围比较广泛,涉及危机管理的具体保护对象等。这两位学者对危机的界定在国内外图书馆危机管理研究领域也具有比较大的影响力。

3.关于危机概念的应有之义

从上面的叙述我们可以发现,学者们仁者见仁,其分析框架基本遵循“危机动力、危机影响、危机特点、危机定性”这种采摘组合模式。他们的分析都有其合理性,但同时又无法避免其局限性。它充分说明了人们认识危机的角度不同,所处的环境不同,秉持的价值观不同,以及应对危机能力的不同。所以我们认为,对危机不可能下一个让众方信服的定义。但“危机”作为危机管理的逻辑起点,又必须做出界定。

为此我们提出:危机是指对个人、组织、系统造成严重威胁或破坏,需要危机主体立即反应的高度震荡状态。

这个定义强调了以下几方面内容:①危机的影响范围包括“个人、组织、系统”。它不仅表明危机无处不在,同时又能体现该定义的涵容性。②危机带来的后果是“造成严重威胁或破坏”,表明危机造成的情势要么是威胁,要么是破坏,要么是威胁和破坏兼具,不独破坏一种,并且这种威胁和破坏必须达到相当严重程度。这样的定义可以使“危机”与普通的“问题”相区分。③“危机主体”是指承受危机但又能对危机做出能动反应的个人、组织和系统。④“需要危机主体立即反应”,表明危机的紧迫性。⑤“高度震荡状态”,是我们对危机的定性。危机虽然可以在危机事件中为人们所感知,但危机绝不等同于危机事件。危机体现的是一种综合复杂状态,它包括危机事件、人们的心理反应、媒体的推波助澜、局势的分合变化等,而危机事件只是这种状态的脉络、骨骼。所以用“状态”比用“事件”更贴切、更准确。由于考虑到危机具有流变性、过程性、动荡性和极不确定性,所以我们还在“状态”前加了限定词“高度震荡”,以使这个定义富有弹性。

当然,受认识局限性和知识制约性的影响,我们给出的这个定义只具有相对意义,它仍需要接受实践的检验,并随着实践的发展而完善。

(二)危机的特点

对于危机的特点,学者们已做了充分探讨,认同度较高的有突发性(意外性)、紧迫性(紧急性)、危害性(威胁性、破坏性、不利性、负面影响)、二重性(双重性)、不确定性(未知性、不可预见性)、关注性(公众性、公开性)、隐蔽性、牵连性(连带性)、普遍性、复杂性等。综合众说,我们认为危机的特点可归纳为六个方面。

1. 高度威胁性或严重破坏性

危机会对个人、组织、系统的生存发展、声誉形象构成高度威胁或造成严重破坏,这是危机与一般性问题的重要区别。

2. 突发性和紧迫性

危机一般具有突发性特征,要求决策者立即反应;又由于危机具有高度威胁性,所以会对危机主体的心理造成紧迫感,对其决策和行动构成紧迫性。

3. 不确定性

危机的潜伏形态,危机发生的时间、地点、爆发方式、发展态势、破坏程度,危机主体的反应方式及反应能力,危机的结束方式等往往具有不确定性。以往学者所说的“危险”+“机遇”二重性,其实就是危机不确定性某一侧面的延伸,考虑到这种包含关系,所以我们未将二重性单列作特点。

4. 牵连性

危机由爆发的初始领域波及相近或相关领域,导致本领域其他危机或其他领域相关危机的发生。危机的牵连性表现出危机的扩散、蔓延和连带特质,具体表现在三个方面:一是同质牵连,是指与危机具有相同和类似品质的人、事或者产品受到牵连;二是因果牵连,是指某一种危机导致相关危机的爆发;三是扩散牵连,是指由于危机造成的心理恐慌使得人们把危机人为扩大到那些根本不存在危机的领域。在全球化背景下,现代危机越来越体现出“蝴蝶效应”和“多米诺骨牌效应”的牵连性特征。

5. 阶段性

危机有其生命周期,表现为危机的萌芽、发展、爆发、高潮、衰退和结束。根据这一特性,人们一般将危机分为危机前、危机中、危机后三个阶段。危机的阶段性是认识危机、解决危机的基本着眼点。

6. 聚焦性

受人的好奇心、媒介特质、危机敏感性、个体和群体利益冲突等因素影响,危机往往会成为个人、媒体、政府、社会关注的焦点,具有聚焦性特征,这正是处理危机时必须注重公共关系的重要原因。

除了以上特点以外,危机还蕴含着建设性因素,这就需要人们通过对危机进行系统而有效管理,从而扭转危机带来的不利局面,使得危机成为组织发展的新的机会。

二、危机管理的定义

危机是一种客观存在的社会现象,随时有可能在一定的社会区域或社会组织中爆发,并造成严重的损失或不利的影响。为了避免或减少危机给组织带来的损失或影响,人们开始探索用科学的方法和策略对危机进行控制,由此,危机管理作为管理学中的一个重要方面就应运而生了。

1915 年,莱特纳在《企业危机论》中正式提出了“危机管理”这一概念。之后,马歇尔的《企业管理》(1921 年)、卡特利普和森特的《有效公共关系》(1952 年)、史泰芬. J. 安德尔的《企业危机管理》(1985 年)、史蒂文 · 芬克的《危机管理:对付突发事件的计划》(1986 年)和罗伯特 · 希斯的《危机管理》等著作,均对危机管理的含义有所阐释。

根据刘燕华等的研究,传统的危机管理是把重点放在危机后的救济,包括危机减轻、恢复等;第二次世界大战以后,危机管理把重点放在了危机准备;20 世纪 80 年代后,人们认识到危机的生命周期,于是又开始从生命周期的角度进行危机管理研究;到 20 世纪末以后,风险管理在危机管理中的重要性则日益突出。

国内学者薛澜等在《危机管理——转型期中国面临的挑战》一书中认为,“从最广泛的意义上说,危机管理包含对危机事前、事中、事后所有方面的管理”。朱德武在《危机管理:面对突发事件的抉择》一书中认为,“危机管理是指个人或组织为了预防危机的发生,减轻危机发生所造成的损害,尽早从危机中恢复过来,或者为了某种目的以在有控制的情况下让危机发生,针对可能发生的危机和危机采取的管理行为”。台湾学者廖又生认为,东方的观点即:“‘危机管理’系指危险之际,掌握机会,并以据一止乱(管)之手段,期求达成理出头绪(理)的目的。”刘凤琴和王荣认为“危机管理,通俗地讲也就是管理危机。危机管理就是为恰当处理危机提供指导原则以便避开或减少损失。从广泛的意义上说,危机管理包含对危机事前、事中、事后所有方面的管理”。吴建中认为危机管理是指“针对可能发生的危机和正在发生的危机进行事先预测预防、事后妥善解决的一种战略管理方式”。周德明认为危机管理是“发现危机、回避危机从而解决危机的一个控制过程”。刘刚总结了国内外典型的危机管理概念后指出,这些定义共同强调了两点:“第一,危机管理是一个时间序列,既包括危机爆发前的管理,也包括危机爆发后的管理;第二,危机管理的目的在于减少乃至消除危机可能带来的危害。”

综合各家观点,可以看到人们对危机管理已经达成如下共识:①危机管理是一条对危机事前、事中、事后进行管理的连续链条。它不只是对已发生危机的处理,还包括对可能发生而未发生的危机的侦测,即检查危机因子,实现危机预警,客观上达到“自诊自疗”效果;此外还包括危机事后的评估、学习、改进。②危机管理的目的是及早发现危机隐患并进行处理,积极、及时地应对已发生的危机以减少损害,以及事后总结经验教训以完善现有的危机管理制度等。

除了以上共识以外,我们认为,危机管理作为一项内涵十分丰富的管理活动,它既是一种资源管理,又是一种沟通管理;既是一种行为管理,又是一种情境管理,但是最重要的,它首先应该是一种战略管理。也就是说,危机管理首先应该是一种战略意识,然后才能够作为具体手段落实到管理活动的各个环节。因此,危机管理还有一个重要目的,即培养组织和个人的危机意识和危机管理意识。危机管理不仅需要显在经验的外化,也需要隐性意识的内化。只有危机意识在人们头脑中扎根,危机管理才能达到“无为而治”之境。基于此,我们提出的观点是:危机管理是一种对危机因子和危机事件从生到死全程全面监控处理的管理理论与管理实践。它包括提升思维能力、进行理论研究、提炼危机管理方法、开展危机管理实践,以及在此基础上实现理论与实践的互动共进。

这里有必要对“危机因子”进行说明。首先,问题因子不一定是危机因子,但它有可能演化为危机因子;危机因子一定是问题因子,它常常是问题因子的恶化升级。其次,危机因子会经历诞生、生长、毁灭、遗传、变异等生命历程,它常在其他因素刺激下,呈现为危机隐患、危机征兆、危机苗头。如果人们对危机因子的演化不敏感,不采取应对措施,那么在一定条件下,危机因子就会转化为危机事件。再次,人们对危机事件进行处理后,危机因子不一定完全消失,它要么毁灭、要么遗传、要么变异,这正昭示了危机管理对危机因子从生到死全程全面监控处理的意义。

三、危机管理体制和机制建设

2003年春季,突如其来的"非典"疫情暴露了我国危机管理体系中存在的一些问题,因此,从2003年下半年开始,国务院有关部门动用了大量人力物力,通过深入的调查和研究,对我国的应急管理体系做了进一步的完善。政府的危机管理理念有了重大转变,逐步从危机处理转变为危机管理,从政府独揽转变为政府与社会共治,从动员行政转变为法治行政,从分散管理转变为综合管理。

常态下的管理、预防和非常态下的应急处置,是政府履行危机管理职能的两个重要方面,建立健全有效的危机预防和应急准备制度是做好突发事件应急处置工作的基础。我国政府将"居安思危,预防为主"作为一条重要工作原则,强化了危机预防管理职能,其中最重要的内容是建立应急预案体系。我国政府还积极组织开展了针对各种灾难和事故的应急演练,通过媒体加强应急救灾知识宣传,在学校开展危机教育,提高民众的危机意识和应对危机的能力。

除了危机预防和应急准备工作,我国政府还从以下几个方面加强了危机应急体制和机制的建设:

(一)建立和完善危机预警机制

2005年7月,国务院召开全国应急管理工作会议,提出要进一步建立健全社会预警体系和应急机制,提高政府应对突发公共事件的能力。如我国突发公共卫生事件预警机制的建设已经取得了较大的进展,提高了疫情报告的及时性,建立了信息相互通报的机制,增加了疫情信息的透明度,初步探讨了传染病的预警界值,尝试遥感监测和地理信息系统的应用等。

(二)设立常设性危机管理决策和执行机构,承担日常危机预防和突发性危机应对责任

《国家突发公共事件总体应急预案》规定,国务院是突发公共事件应急管理工作的最高行政领导机构,国务院办公厅设国务院应急管理办公室作为具体办事机

构,履行值守应急、信息汇总和综合协调职责,发挥运转枢纽作用;2006 年 2 月,国家安全生产应急救援指挥中心成立;许多城市也成立了突发公共事件应急委员会、应急管理办公室、专项应急指挥部和应急保障组。这些常设性危机管理机构的成立,标志着我国的危机管理从被动应付向主动管理转变,综合协调的危机管理机制正在形成。

(三)建立应急信息系统,为危机管理提供有效的决策支持和信息沟通机制

在《国家中长期科学和技术发展规划纲要(2006—2020 年)》中,国家公共安全应急信息平台被列为公共安全领域内"任务明确、有可能在近期获得技术突破"的优先主题之一。部分领域(如地质、电力等)的应急信息平台正在加大建设力度,一些城市已经完成了城市应急信息平台的建设。

第二节　我国现代图书馆危机的特征

一、图书馆危机的界定

由于国内外文献对图书馆危机直接下定义者不多,即使有也多是将一般的危机定义移植到图书馆危机定义。所以,根据前面我们对危机所下的定义,在这里也可以先给图书馆危机下一个移花接木式的定义:"图书馆危机是对图书馆系统造成严重威胁或破坏、需要图书馆人立即反应的高度震荡状态。"对这个定义特别需要说明的一点是,我们在这里将图书馆危机反应主体确定为图书馆人,而不单纯是图书馆决策者,是出于两方面的考虑:第一,图书馆危机需要决策者和执行者,即所有图书馆人共同应对;第二,在形势十分危急,图书馆危机的决策者不在场或不能立即出场时,图书馆普通员工必须立即承担部分决策和执行的任务。这两方面的考虑也正好反映了图书馆危机管理组织化、制度化、变通化的基本要求。

又因为我国图书馆界已经约定俗成地将图书馆的一些常态性问题也看成是"危机",如人才危机、经费危机、资源危机、技术危机、服务危机等,考虑到这些常态性问题如果长期积累,确实也会变成真正的危机,所以我们也认可将"对图书馆各项服务活动及其支持性业务和技术工作产生干扰和威胁,进而影响到图书馆持续健康发展的非正常状态"作为图书馆危机定义的一部分。

这样综合起来,我们就可以对图书馆危机给出一个比较全面的定义:图书馆危

机是对图书馆系统造成严重威胁或破坏、需要图书馆人立即反应的高度震荡状态以及对图书馆工作产生干扰或破坏，进而影响到图书馆发展、需要图书馆人持续关注的高度不确定性状态。

从这个定义中可以看出，图书馆危机包含了突发性危机和常态性危机两大类。突发性危机是指那种不可预测的、破坏和影响较大的、发生概率较低的、由人为或自然因素引发的灾难或灾害。由于这类危机的形态是显性的，故被认为是图书馆浅表层危机；而常态性危机则是指图书馆系统自身发展过程中因各种矛盾交织积累，产生与社会系统不相适应、并对图书馆有严重影响的情形。由于这类危机是由各种因素交互作用、逐渐积累而成的，其形态往往是隐性的，所以被认为是图书馆深层次危机。

二、图书馆危机的本质特征

图书馆危机具有危机的一般特征，即高度威胁性或严重破坏性、突发性和紧迫性、不确定性、牵连性、聚焦性等。除此以外，图书馆危机的特征和一般危机的特征相比还有一些特殊性，即还有一些深层特点。

（一）隐蔽性

相对于其他信息服务机构，图书馆有着更为悠久的历史，在当前网络信息资源极其丰富、搜索引擎检索信息非常方便、越来越多的人将网络作为信息获取第一来源的情况下，图书馆依靠长期积累起来的文献资源，仍然留住了数量不少且相对稳定的读者群体，这使得许多图书馆不知道自己正面临着生存危机。而图书馆相对薄弱的竞争环境，受制度保障的生存方式，历史积累的社会体制弊病的渗透，坐等读者上门的服务模式，更是使图书馆对危机的爆发和威胁缺乏敏感，对危机的反应迟钝；有的图书馆即便是在应对或处理危机，往往也缺乏相应的紧迫感。这就可能使图书馆危机受到非危机化处理，导致图书馆危机在人为的“削弱”中被“隐蔽”。另外，图书馆作为社会公益性机构，它所面临的生死存亡危机并不像企业那样频繁、明显，特别是分散在各部门、各系统的图书馆，大多还受到相应母机构的庇护，危机表现经常不是那么直接。这几方面的原因使得图书馆危机呈现出隐蔽性的特征。

（二）长期性

图书馆危机的长期性，其内涵主要包括：图书馆的许多危机是历史长期积累的结果，如人才危机、形象危机等，这些危机都不是一天两天就产生的，而是经过较长时间积累才逐渐显现的；部分危机在危机结束之后所需恢复时间较长，如火灾、水灾、地震造成的危机；部分危机要得到根本解决需要很长时间，如经费危机，它需要靠国家的经济发展、图书馆法规政策保障、民众的需求拉动等来给予解决；还有一些危机影响时间较长，比如资源危机，某些珍贵文献资料一旦损毁将永不存世，某些图书馆建筑具有历史遗产价值，如果损毁，将是人类文明永久的损失，其产生的影响远不是几个月、几年就可以消除的。

（三）复合性

随着图书馆系统复杂性增加，利益相关性增强，危机波及半径扩大，图书馆危机越来越呈现出多种危机复合的特点，常常表现为一个事件引发多重危机等情形。

（四）难恢复性

文献信息资源是图书馆区别于其他信息服务机构的特色资源，也是图书馆核心竞争力的基础之一。一般来讲，文献信息资源包括纸质文献、缩微文献、电子文献、网络文献等，面对战争、地震、洪水、火灾、计算机病毒、黑客攻击等，它们都具有脆弱性，如果在危机中损毁，将难以恢复。这种难恢复性主要表现为：第一，手稿、孤本、珍善本等具有文物价值、资料价值、艺术价值的文献一旦损毁，将无法恢复；图书馆信息资源数据一旦消失，如果没有本地或异地备份，将无法恢复。第二，对于损毁严重的文献难以恢复原状。第三，馆藏资源损毁后，如果重新购买，可能无法买到几年或几十年前出版的文献。第四，图书馆不可能得到足够经费购买数量庞大的文献，以使馆藏恢复至危机前的状态。

三、图书馆危机的类型

图书馆危机的分类可以借鉴一般的危机分类，我国图书馆学研究者也探讨了图书馆危机的分类。例如刘凤琴和王荣将图书馆危机分为四类，即人才危机、服务危机、经费危机、管理危机；朱华琴将图书馆危机分为六类，即人才危机、资源危机、经费危机、心理危机、安全危机、服务危机；庞恩旭将我国的图书馆危机分为十类，即财政危机、人才危机、资源危机、社会危机、心理危机、管理危机、服务危机、形象危机、安全危机、突发事件危机；唐伟则将高校图书馆危机事件的类别分为资源型危机和事务型危机。由此可见，国内基本上都是按危机在图书馆内的发生领域来进行图书馆危机分类的。

第三节　我国现代图书馆危机管理的实施

一、图书馆危机管理的界定

根据我们对危机管理概念的理解，如果将其应用到图书馆，就很容易得出图书馆危机管理的定义：图书馆危机管理就是对图书馆运转中出现的危机因子和危机事件从生到死全程全面监控处理的管理理论与管理实践。

从这个定义可以看出，图书馆危机管理是对图书馆危机事前、事中、事后进行全面全程监控处理的连续过程，它是一个系统工程，不等同于单一的危机处理，也不等同于危机公关。真正的图书馆危机管理不仅在危机事件出现时在场，更在未有危机爆发时在场。它包括危机管理的组织、制度、流程、策略、计划、决策等，涉及培养危机意识、组建职能部门、侦测并处理危机因子、建立危机预案和预警系统、处理危机事件、危机恢复、事后总结及学习改进等诸多方面。

目前，国内图书馆危机管理主要停留在理论探索层面，实践还相对薄弱。显然，没有实践的图书馆危机管理研究是不完整的，也是无法持续的。若要改变这种现状，当务之急是传播图书馆危机管理理念。只有这样，在图书馆危机管理的两个维度中，实践维度才能生长，理论维度才有必要存在。当然，图书馆危机管理的理论维度和实践维度这两个维度并不是孤立绝缘的，而是相辅相成的，图书馆危机管理实践是图书馆危机管理理论的基础，图书馆危机管理理论则是图书馆危机管理实践的提炼升华，只有二者实现互动，图书馆危机管理的价值才能真正体现。

二、开展图书馆危机管理的必要性

图书馆作为社会信息服务机构，与社会发展的大环境密不可分，因此在其自身的发展过程中也必然会遇到各种各样的危机事件。将图书馆危机管理置于现代社会背景体系下进行分析，能够凸显图书馆危机管理在社会发展体系中的重要作用。

图书馆作为一个开放的有机体，总是与周围的环境产生着物质、能量、信息的交流与联系，社会大环境的变化必然会对图书馆的发展产生重要影响，这是毫无疑问的。比如社会政治大环境、社会经济大环境、社会信息大环境等，无疑都将对图书馆的发展产生影响。反过来，图书馆作为社会大系统中的重要组成部分，虽然并不能直接对社会政治的变革和国民经济的增长产生贡献，但因为它具有向社会提供信息保障的功能,其生存和发展的状态也会对社会大系统产生影响。而存在于社会大环境中的图书馆,面对社会环境的变化所不断出现的不相适应性,以及图书馆自身矛盾运动所不断引发的各种问题,都有可能演变为各种危机事件,而且危机事件的出现频率在当下和未来还会越来越高。这样,图书馆能否对自身所面对的危机进行管理,以及图书馆危机管理的有效程度如何,都将直接或间接影响到整个社会大系统的协调发展。

产生这种状况的原因在于,随着社会的发展,图书馆面临的矛盾在不断增多。第一,供给与需求的矛盾,"供不应求"与"供而不求"并存。"供不应求"的矛盾表现为:①国家对图书馆事业的经费投入不能满足正常的资源购买需求;②图书馆提供的文献信息资源和馆舍空间资源不能满足用户的需求;③图书馆设置的数量不能满足社会的需求。而"供而不求"的矛盾则表现为:①部分图书馆鲜有人问津,"门庭冷落车马稀";②越来越多的用户转向网络获取信息资源,对图书馆的依赖度降低;③国民文字阅读率持续下降,网络阅读逐渐兴起。第二,滞后的管理理念、淡薄的服务意识与公民纳税人意识觉醒的矛盾。在这些复杂的矛盾中,中国的图书馆开始逐渐走到了风口浪尖。具体来讲,造成这种状况的原因主要有以下几点。

(1)中国公共图书馆事业整体落后

总体来看,中国公共图书馆资金匮乏,数量偏少,资源不足,建置僵化,与国际水平差距较大,已经远不能满足日益增长的社会需求。虽然我国公共图书馆事业整体落后与国家的经济发展水平、政府的文化发展意识等有关,但在人们并不都明白这种宏观的结构性制约时,很容易将不满直接指向各级公共图书馆,甚至将不满进一步转向高校图书馆。

(2)图书馆长期积累的诸多弊病

由于历史原因,图书馆积累了许多问题,如体制问题,经费问题、人才问题、管理问题、技术问题、服务问题、安全问题等。这些问题在高速运转的社会中存在,使得图书馆与公众的矛盾加剧、冲突凸显,加之社会透明度的增加,这些问题就由后台走到了前台,图书馆服务逐渐成为人们关注、指责的话题。

(3)图书馆功能性缺失

信息时代,不仅信息的时效性增强,信息的数量也呈几何级数增长,相应地,公众对信息需求的速度、广度、深度也有了更高要求。这对于图书馆本是一种机遇,但强烈的需求与落后的基础设施、不满意的服务现状之间却形成了强烈反差。公众在对图书馆服务失望后,必然对其提出质疑,由质疑图书馆的高进入门槛、不合理收费、不友好服务、稀少的建置到质疑图书馆职业存在的合法性和国家的文化政策，其范围之广可谓空前。这本来是图书馆没有充分实现自身价值而带来的功能性缺失问题，但它却可能动摇图书馆存在之根本，威胁图书馆的可持续发展。

(4)公民的纳税人意识和权利意识觉醒

越来越多的人意识到享受公益性服务是公民的权利，因为我们纳税了。公民权利意识觉醒后，就会对本来风平浪静的图书馆收费制度进行质疑，对高校图书馆是否应该对公众开放等问题展开讨论。在这个过程中，图书馆的诸多行为将由“合情合理”走到“非法非理”。

(5)媒体的聚焦作用

在网络时代，媒体有将“好事传千里，坏事传万人”的功能。各大媒体不断转载报道同一事件，那么，这一事件就容易成为人们关注的焦点，并进而演化为一个公共话题。此外，网络为人们谏言议事提供了公共平台，它已成为人们畅谈媒体聚焦事件的最便捷渠道，起到了延伸争论、扩展争论、升级争论的作用。作为公共信息服务机构的图书馆也就不免成为媒体聚光灯下的一员。

此外，各种自然灾害和水火电气等引起的灾难事故、网络与计算机系统的故障等也对图书馆的安全形成了极大的威胁。一旦遇到这些方面的突发事件，如果没有采取妥善的应对措施，就会使图书馆陷于混乱，轻则不能维持正常工作，严重者则会影响到整个图书馆行业的形象和声誉。

总之，图书馆在其发展过程中，必然面临诸多可预见和不可预见，或来势迅猛或长期潜伏的危机，危机无处不在，只不过因危机性质及发展周期等的不同，其出现的频率或破坏程度有所区别。也就是说，图书馆现在所面临的已经不是有无危机，醌应该如何应对危机的问题了，过去那种“兵来将挡，水来土掩”“头痛医头，脚痛医脚”应对图书馆危机的方式，在今天复杂的社会环境下也早已经落伍了。只有采用科学的危机管理方法，才是预防和应对图书馆危机的最佳选择。

图书馆危机管理一方面要求图书馆作为一个社会组织，面对各种灾害危机或突发公共危机，有责任依据相关的法律文件，特别是文化部根据国家突发事件总体应急预案、专项应急预案和部门职责制定的《公共文化场所和文化活动突发事件应急预案》，采取科学的决策和行动，配合有关部门积极、稳妥地加以应对；另一方面，图书馆对自身原因可能引起的各种危机事件也要有预防和应对能力。《国家突发公共事件总体应急预案》中规定，企事业单位根据有关法律法规制定的应急预案是全国突发公共事件应急预案体系的组成部分之一，作为一个为公众提供文献信息服务的公共服务部门，图书馆也有义务加强安全管理工作，建立危机管理的有关制度，制定相应的应急预案，以有效地预防和应对各种危机，保护国家财产安全和读者生命安全。在国家应急预案体系的六个层次中，"企事业单位应急预案"确立了企事业单位是其内部发生的突发事件的责任主体，显然作为事业单位的图书馆，也必须建立危机应急预案，这是国家应急管理体系中的一环，也是图书馆危机管理的题中之意。

随着世界的复杂化、网络化、信息化、媒介化以及人们实践的广域化，出错的概率变得越来越大，影响变得越来越广，连锁反应变得越来越多，使得危机越来越不可避免。正如有学者所言："如果世界的高复杂性增加了危机发生的概率，世界的高连接性导致了危机发生的广度和深度的话，世界的高曝光性则使得原来可以悄悄处理掉而不成为危机的事件最后变成了一场万人瞩目的高危机事件。"那么，在"高风险社会"中，危机管理就成为人们应对危机不可或缺的利刃。

由此我们可以得出结论：危机频发的社会环境和图书馆自身存在的现实困境，要求我们必须强化图书馆危机意识，重视图书馆的危机管理。

三、图书馆危机管理的原则

图书馆危机的出现难以完全避免，只有对各种危机进行积极有效的管理，才能尽量减少危机对图书馆各方面所产生的负面影响。同时，图书馆危机又是多种多样、各具特点的，每种自然灾害事故和人为事故往往是由一系列不同的阶段组成的，每个阶段又都有自己不同的特点。因此，图书馆的危机管理要因事、因时、因势而异，千万不可千篇一律、墨守成规。然而，从总体上审视这些基本特点，图书馆应对危机仍然有一些普遍性、规律性的原则可以遵循。这些原则实际上就是图书馆危机管理的总体策略。正如前面所述，图书馆危机管理与企业、政府危机管理存在共通之处，在建立危机管理机制的时候，可以对其他机构的危机管理经验进行适当借鉴；同时，图书馆危机又有自身特殊的属性，与企业或政府的危机管理存在着不同的特质。因此，在制定图书馆危机管理原则时，除了要考虑图书馆与其他组织机构带有共性的方面，更要考虑符合图书馆实际情况的个性方面。以这一思路为出发点，我们将图书馆危机管理的原则归纳为以下八个方面。

（一）预防第一，意识为要原则

图书馆作为一种社会文化建制存在，其生存往往由社会制度所维持，体制的相对稳定性使图书馆各种潜伏的问题容易被忽视，日积月累形成危机隐患。图书馆应该重视在危机发生前从机制上做好防范工作，在危机的诱因还没有演变成危机之前将其平息，而不是等到危机对图书馆组织形象、公共关系造成损害的时候再采取行动，这时图书馆所要付出的成本与代价已经不是预防危机所可以比拟的了。

要做到对危机有效的预防，就需要有“防患于未然”的危机意识，凡事预则立、不预则废。

（二）正视问题，积极主动原则

图书馆危机发生之前，我们要防微杜渐，做好危机的防控工作，将有可能引发的危机消灭在萌芽状态；而当图书馆危机隐患穿越“封锁线”爆发为真正的危机的时候，图书馆首先要做的事情就是必须意识到危机已经发生了，要采取积极的态度正视问题，这是图书馆危机管理的基本起点。巴顿在其著作《组织危机管理》中指出，除去重大的自然灾害外，很多组织并不会在危机发生的头几天对危机事件予公布、报道，由于不作为或作为不积极，而使得危机形势恶化，对组织造成巨大影响。由于危机意识的缺失，有些图书馆即使危机临头，仍然试图在心理上和行动上拒绝面对现实。

因此当危机发生时，无论面对的是何种性质、何种类型、何种起因的危机事件，图书馆都应该正视问题，积极主动地予以处理，即使起因不在己方，也应该首先消除危机事件所造成的直接危害，从舆论上、心理上赢得社会公众的认同，为危机的妥善处理营造良好的氛围。那种一开始就采取消极被动的姿态，推卸责任、避而不答、指责对方的态度，不仅会延误处理危机的时机，使图书馆各方面的运作陷于被动局面，而且有可能引发更大的危机，给图书馆带来难以预料的损失。

（三）及时果断，快速反应原则

当危机爆发时，除了在态度上积极主动、正视问题外，在行动上，图书馆必须做到迅速有效，在短时间内对危机事件采取有力措施予以处理，任何延迟都有可能给图书馆带来更大的损失。这是由危机的突发性、紧迫性的特点所决定的。危机一旦爆发，危机潜伏期所积蓄的危害性能量就会在很短的时间内被迅速地释放出来，图书馆一方面要面对强大的舆论压力——这包括媒体对危机事件的扩散效应、公众对危机信息了解的迫切愿望等；另一方面，图书馆又必须对危机事件间的传导效应进行及时的遏制，否则危机就会像投入湖水引起阵阵涟漪的石子一样，激发一系列的伴生事件，导致更大危机的产生。

因此在危机发生的第一时间里，图书馆必须以最快的速度成立危机处理机构，调集接受过危机培训的专业人员，配备必要的危机处理设备或工具，以便迅速调查、分析危机产生的原因及其影响程度，了解危机事态的进展情况，进而全面实施危机处理计划。如在广东省立中山图书馆北斋拆迁事件中，该馆的管理层正是遵循了快速反应的原则，果断决策，与相关媒体、公众以及各级政府部门及时取得联系，迅速部署各方面工作，才为事态的顺利平息打下了基础。

（四）真诚沟通，信息一致原则

当图书馆危机发生之后，大众媒体和社会公众最不能容忍的事情并非危机本身，而是图书馆千方百计隐瞒事实真相或故意说谎的不诚恳态度。因此，图书馆在遭遇危机的时候，应该尽快与媒体取得联系，及时回应媒体的报道，不能利用媒体不熟悉本专业具体业务这一弱点故意弄虚作假，遮遮掩掩，否则会欲盖弥彰，不利于危机局面的控制。同时，图书馆面对危机所做的任何反应，必须保证前后所提供的信息是一致的，如果前后矛盾，媒体和公众对图书馆发布的信息就会产生疑虑，甚至是不信任，最终导致社会对图书馆处理危机的诚意产生怀疑。

（五）承担责任，公众至上原则

在危机处理过程中，图书馆应该将公众利益置于首位，更多地关注图书馆用户的处境，而不是考虑如何摆脱危机给图书馆带来的责任。

这首先是由图书馆的公共服务性质决定的。图书馆是社会公益性组织，作为人们寻求知识的渠道，为个人和社会群体的终身教育、信息自由和文化进步提供保障。图书馆所承担的继承文化、传递信息、公民教育的社会使命，使它所有行为的出发点都必须建立在保护图书馆用户以及大多数社会成员利益的基础上。

其次，这也是图书馆重塑组织形象、及早从危机中恢复过来的有效对策。维尔可克斯（Wilcox）等人在《公共关系——战略与战术》一书中提出的“以大众为先”原则表明，如果是因为组织犯错而导致其他人受到波及，组织应该勇敢地为这个错误致歉，并承担起应负的责任。公开道歉不见得是件坏事，反而更容易博得媒体和公众的谅解和欣赏。即使责任不在自己，组织也应该展现其善尽社会责任的良好形象，因为事实上，人们感兴趣的往往是组织对事情的态度，而非事情本身。因此，在危机处理的过程中，图书馆应该站在公众的立场上，设身处地地为公众考虑，勇于承担责任，树立诚信负责的社会形象。

（六）注重后效，后续发展原则

图书馆在处理危机的时候要注重危机管理的后效。这包括两个方面的内容：一方面，是指图书馆既要着眼于当前危机事件本身的处理，又要考虑到图书馆良好形象的树立和未来的长远发展，不能只关注眼前利益的维护，采取头痛医头、脚痛医脚的权宜之计，而应从全面的、整体的、未来的高度进行处理。另一方面，在危机过后，图书馆又要对危机的影响进行评估，总结危机处理的经验教训，从危机中认识图书馆自身管理系统的弊端和局限性，从而提升管理的科学性和规范性，努力从危机管理中取得多重效果和长期效益。

这是因为，危机往往是和机遇并存的，虽然危机对图书馆具有强烈的破坏性，但又为图书馆的未来发展提供了导向。诺曼. R. 奥古斯丁有一句经典的论断："每一次危机本身既包含导致失败的根源，又孕育着成功的种子。发现、培育，以便收获这个潜在的成功机会，就是危机管理的精髓；而习惯于错误地估计形势，并令事态进一步恶化，则是不良危机管理的典型特征。"英国伦敦地区 M25 学术图书馆联盟组建的灾害控制小组在他们的灾害控制计划中也指出：有时图书馆能够将一场灾害转化为自身的优势。低质量的设施引发的火灾或水灾可以使图书馆获得建设新的更高级建筑的资金；公众的同情心以及图书馆与所属机构的通力合作有可能带来对图书馆有利的舆论报道和成功的资金募集活动的开展；而对图书馆现有支持者的培养则可以带来长期的效益。每一场灾害都应该引发对图书馆现有政策和程序的重新审视，以便从中吸取教训，使类似灾害发生的可能性降至最小。

（七）标本兼治，系统管理原则

上述危机管理原则较多地侧重于对图书馆危机事件的应对和解决。实际上，危机管理不应仅仅包括对危机突发事件的处理，而是针对危机的潜伏状况及突发情形所开展的一系列活动，应该对危机形成、发展及消除过程中所涉及的一切因素进行管控。危机管理是一种系统的管理，不能将其单独提出来，与组织中其他重要的项目分开来处理。危机管理必须与组织的形态、战略的规划、质量的保证、品牌的树立等一系列重要事情紧密联系，否则，危机管理是无法成功的。真正战胜危机的组织是因为在日常管理过程中奠定了危机管理的基础，即注重提高管理素质，增强了危机防控能力，而且管理素质越高的组织对危机的防范和处理能力就越强。因此，图书馆危机管理工作的开展，需要从源头上抓起，以尊重科学管理为前提，通过建立专业化、系统化的管理平台，依靠提高图书馆的管理水平为切入点，通过增强图书馆的核心竞争力,从根本上达到预防和应对图书馆危机的真正目的。这需要建立一个集战略管理、人力资源管理、公共关系管理、品牌管理、图书馆组织文化管理等为一体的危机管理体系,将图书馆的危机管理作为一项系统工程来加以对待。

(八)协作互助,共赢共荣原则

图书馆界有必要加强图书馆系统内部危机管理协作网络的建设,成立区域性甚至全国性的图书馆危机管理协作互助组织,整合行业的力量来共同防御、应对危机,减轻危机对图书馆人员、馆藏等造成的损害。同时,要对遭遇危机的图书馆施以援助,帮助其迅速从危机中恢复过来。危机过后,要对危机管理的经验教训进行总结与分享,这对其他图书馆防控类似危机的发生,检查内部管理缺陷也具有十分重要的意义。在这一过程中,图书馆学会、学术团体、联盟机构等应该发挥自身的领导组织和协调作用,积极组织并参与互助活动,为图书馆危机管理合作的开展提供组织上的保障。

在图书馆外部,也应建立起图书馆与多元主体共同参与的危机管理协作网络。无论是发生在某个具体图书馆的危机事件,还是大规模的波及整个社会的恐怖袭击、疾病、自然灾害等威胁,除了作为主体的图书馆要积极投入危机应对工作外,还需要来自图书馆外部其他组织机构的帮助,例如交通运输部门、物资供应部门、电信管理部门、灾害处理专家等。要通过和这些机构与个人的密切协作,来共同有效地应对图书馆危机。

四、图书馆日常危机管理策略

(一)图书馆给你风险的识别与防控

图书馆日常危机管理主要是在日常工作中对图书馆的潜在危机进行管理,目的是预防危机的发生,并预先采取措施以减少危机发生时给图书馆带来的损失和提高图书馆的危机恢复能力。因此对危机风险的识别和防控是图书馆日常危机管理工作最重要的内容。

任何组织都面临着危机,但是由于组织性质和所处环境的不同,组织面临的危机又是各不相同的,组织进行危机管理时首先要识别自身面临的危机风险有哪些,并确认这些风险的性质。如果不能准确地辨识组织可能面临的危机,组织就无法对可能发生的危机采取预防和控制措施,组织的日常危机管理就无从谈起,而且当危机真正发生时，组织的危机事件管理会十分被动。

对图书馆的危机风险进行识别是图书馆日常危机管理工作的起点。前面我们已经对图书馆内外部危机因素进行过一些探讨，将其归纳为自然、社会系统的复杂性，图书馆组织行为的局限性，图书馆用户及潜在用户的需求和图书馆对竞争缺乏敏感性四个方面，这四方面因素相互作用又会产生四种冲突状态，构成图书馆危机类型不同的表现形式。这是从图书馆行业角度出发、从总体上对图书馆的危机风险进行识别。对于不同类型、不同规模、不同地区的图书馆来说，有必要根据本馆的实际情况对本馆可能发生的危机进行更加深入而具体的确认。这方面内容可以纳入图书馆危机管理的战略规划中实施，由图书馆专门的危机管理部门或由各部门人员组成的危机管理团队负责，通过对图书馆内外环境的分析、对过去馆内遭受的危机事件的评估、对业内专家进行咨询等途径予以完成。同时，图书馆对危机风险的识别还应坚持动态性的原则，不能在一次识别之后就保持长时间一成不变，因为随着图书馆内外环境的变化，危机风险也在不断发生变化，不但图书馆中各种危机发生的可能性和危机可能造成的影响会发生改变，而且危机的种类也可能会发生改变。例如，在《信息网络传播权保护规定》颁布之前，图书馆可以不为某些依托网络进行的数字化信息传输负侵权责任，而当该规定生效实施之后，图书馆从事同样的活动就有可能受到侵权行为的指控。

在对危机风险进行识别之后，图书馆的下一步工作就是要决定采取什么样的措施进行危机风险的预防和控制。危机风险的预防和控制有两个目的，一是从源头上避免危机的发生或减少危机发生的可能性，二是采取预先的措施降低危机发生时可能造成的损失。图书馆面临的危机各种各样，无法用统一的方法去预防和控制所有的危机风险，只能根据各种危机的不同情况采取相应的预防和拉制措施。同时危机的预防和控制措施还要有成本与效益的分析，要采用成本效益分析结果中对图书馆最为有力的措施。当危机发生概率较大、危机可能造成的损失非常严重或对危机风险进行控制的成本超过其产生的收益时，图书馆最好采用回避危机风险的策略，即避免该种危机的发生，使危机发生的概率变为零。例如，为了避免火灾对图书馆馆藏和人员造成的威胁，图书馆制定严格的规章制度和工作程序，使图书馆远离容易引发起火事件的风险源和不利环境；而当危机风险无法回避，或者危机风险回避具有不经济性时，图书馆就要考虑采用微机风险转移的策略，将图书馆危机风险可能造成的损失由其他组织承担。例如，通过购买商业保险将图书馆自然灾害或人为事件中产生的损失由保险公司进行偿付；最后，当危机风险无法回避、无法转移或者回避和转移都不经济的时候,将危机风险接受下来则是较为明智的选择。这并不是一种被动的管理行为,通过改善风险的特征,图书馆可以使接受风险成为一种有利的行为。例如,为了减少火灾造成的损失,图书馆事先与所在地的消防单位和医疗卫生机构达成协议,要求这些机构在火灾发生时能够快速有效地组织力量救援,就在一定程度上保证了将火灾风险对图书馆造成的损失控制在最小的范围之内。

(二)图书馆危机管理计划的拟定

图书馆在对本馆面临的危机风险进行识别之后,如果仅仅是就危机风险采取预防和控制措施,那还是远远不够的,还需要对危机发生时图书馆如何有效地应对危机做出设想和安排,即事先制定一个图书馆危机管理计划。有人曾经测算过,如果危机在一个组织中爆发,则危机对该组织的困扰时间平均为8.5周,此后,危机留下的后遗症对该组织还会持续大约8周的影响。那么,如果要缩短危机对组织的影响时间,就需要对危机管理有一个计划。如果没有危机管理计划,那么这个组织受到危机困扰和波及的时间,将会比有危机管理计划的组织长2~5倍,这足以说明危机管理计划的重要性。

图书馆危机管理计划是描述图书馆危机阻止和准备过程,以及图书馆危机发生后危机应对和恢复措施的成文化文件。有效的图书馆危机管理计划能够在很大程度上确保降低危机发生的概率以及危机发生后各方面及时采取有效的行动。格拉汉·马修(Graham Matthews)和约翰·费泽尔(John Feather)在其编写的《图书馆、档案馆灾害管理》一书中指出,图书馆危机管理计划能够在整个危机管理过程中起到以下几方面的作用:①为人们提供一个工作框架,以便在其范围内进行危机管理的相关活动;②要求人们集中关注焦点并提前监测、预知所存在的潜在危机,从而在危机爆发前采取相关措施进行危机规避;③能提供整个危机管理的清晰程序,并能帮助人们明确其在危机管理中的角色和责任;④计划的制定是图书馆关注目标、馆藏及员工等方面职责的一个积极的证明,它展示了风险管理的灾害控制计划部分以及整体上的操作流程等。图书馆制定危机管理计划的作用就是为了给图书馆工作人员提供一个从事危机管理相关活动的可以遵循的指南,在日常工作中尽可能规避危机的发生,并在危机发生后迅速而有序地组织危机的应对和恢复工作。

从内容上看,完善的危机管理计划一般由一些独立而相互关联的子计划组成。

按照危机生命周期理论中事前、事中和事后三个阶段的划分，相应的危机管理子计划可以分为：危机阻止和准备计划、危机应对计划以及危机恢复计划，这些子计划要分别对危机防范、危机反应和危机恢复等工作的内容、方法、工作团队建设等给出具体的实施指导。同时，图书馆可以利用的危机处理设备、危机管理小组的组成、馆内负责人的联系方法、馆外危机应对机构的通信方式等也是危机管理计划的重要组成部分。另外，危机管理计划还必须对有可能受到危机影响的所有方面予以考虑，这些方面包括图书馆员工和读者在内的全体人员、各类型的馆藏文献和记录、图书馆建筑设施和设备等。因此，一个周密的图书馆危机管理计划需要具备以下要素：对图书馆危机管理和危机管理计划重要性的表述；对图书馆的危机风险进行分析；对图书馆认为是危机并可能引起危机计划实施的事件或情境进行清晰而明确的定义；明确图书馆的危机管理目标；确认危机处理过程中各环节的具体人选，明确人选的分工与各自职责，包括人员的电话、传真和手机号；危机事件中的应对程序，包括同消防、医疗、公安、运输等救援部门的联络方式；在危机中需要立即采取的步骤，如需要联系的人员和危机管理团队的集合地点；危机事件中需要接触的新闻媒体，包括平常建立了良好关系的媒体负责人的电话、传真等，以及图书馆新闻发言人名单等。

（三）图书馆危机培训与演习

为了加强图书馆的日常管理，提高图书馆工作人员的危机意识，图书馆有必要对员工进行危机培训。危机培训的意义在于让图书馆员工了解导致危机发生的因素以及这些因素是如何导致危机发生的，从而提高图书馆员工对危机风险源的警惕性，并减少危机发生的可能性。同时，通过针对危机处理技能、程序和方法等的学习，有利于增强图书馆员工在危机中的反应能力，以减少危机对图书馆各方面造成的不利影响。

危机培训要针对图书馆全体工作人员展开，而不仅仅是危机管理团队的成员。在培训的内容上，首先要让全体员工了解危机管理的目的并学习危机管理的基本理论，树立危机管理的观念和意识，为危机管理实践工作打下基础。在具体操作层面则要明确每个工作人员在紧急情况下的职责和行动步骤。可以让各职能部门的人员在危机中承担与日常本职工作内容相近的职责，这样在危机处理中因为有丰富的工作经验而有利于提高反应能力。各个危机职责岗位应当配备一个以上的工作人员接受培训。其次，要训练员工如何消除沟通障碍以及如何在危机的压力下进行有效的沟通,使员工掌握沟通技巧,从而保证危机过程中信息快速而准确地传递。再次,还要通过培训让员工了解危机处理设备的操作方法和紧急情况下阻止危机影响进一步扩大的方法,例如使用消防工具扑灭火灾、打包水湿文献进行冷冻升华等。最后,还要让员工清楚地知道危机发生后首先需要与哪些人员取得联系以及危机救援机构的联络方式等,这也应该是危机培训的重要内容。在培训方式上,图书馆可以选择专家授课、小组学习、案例分析、动手操作等形式。通过多种培训形式的综合运用,务求使图书馆全体员工在生动的学习过程中加深对危机风险源以及危机管理的认识,掌握必要的危机处理方法和应对技能。

但是,仅仅在图书馆正常状态下组织员工进行危机管理知识和技巧的学习又是远远不够的。因为危机中的状态毕竟与图书馆的正常状态有很大的差别,图书馆员工如果没有接触过危机情景,对危机就缺乏感性认识,难以深刻理解危机中出现的各种情况;而处理危机所特有的技能、知识和心理在图书馆正常状态下又是难以进行培训的。因此,图书馆还需要模拟危机情境组织员工进行危机演习。

危机演习也是培训方式的一种,这种方式往往通过对危机情景的真实模拟来使被培训者获得身临其境的心理状态和对危机的直观感受,可以让被培训者较好地理解危机发生和发展的全过程,减少对危机的恐惧感,熟练地掌握危机处理的基本技能和危机处理的有关知识。这样,当危机真正发生时,图书馆工作人员就可以对熟悉的情境快速采取相应的处理措施,节约危机反应的时间。演习过程也是培养图书馆员工合作精神与合作能力的过程,通过在演习中共同应对紧急状况,可以了解其他人员在危机管理中承担的不同职责与使命,熟悉各自的工作风格和方法,有利于危机管理中开展有效的合作。另外,演习的另一个重要目的是检验危机管理计划是否有效。通过将危机管理计划付诸实施来检查计划的可行性和计划中可能存在的不合理之处,从而对计划进行调整与改进,使其更符合实际。

演习应该是针对危机发生发展整个情景的演习,包括某一类型的危机事件中有可能涉及的所有因素,例如水灾事件中的安全、现场清理、对受灾资料打包、干燥处理、资料移动情况的记录等,这些都是演习中需要进行模拟练习的工作环节和程序。考虑到进行整体性演习时间、费用与精力的耗费较大,不可能经常进行,图书馆可以以责任区为单位进行小组演练,如开架阅览室、电子阅览室、书库、保安、对外宣传部门等,在各自的职责范围内开展局部的演练,待各部门对相应的危机处理有较好的掌握之后,再集中起来进行全馆的整体性演练,同样能够达到很好的效果。同时,演习过后的评估和经验分享也是十分重要的环节,在这一环节中,图书馆工作人员可以对自己在演习过程中所学到的新技能和新知识进行总结，并通过与其他工作人员的交流，获得对图书馆危机管理更加深入的理解和对自身需要进一步改进之处的认识。

（四）图书馆危机预警系统的建立

提前发现危机可能发生的征兆可以有效对危机进行预防。图书馆危机预警系统的建立有助于图书馆危机管理职能部门及时地收集与评判有关图书馆危机的各种信息，提前发出危机警报。所谓危机预警，就是图书馆采用定量与定性相结合的方法，对危机的诱因及危机的征兆进行事先的监测与评判，并由此发出危机警示的管理活动。危机预警系统一般由信息收集子系统、信息加工子系统、决策子系统和警报子系统构成。其工作原理是：通过对有关危机风险源和危机征兆等信息进行收集，对这些信息进行整理及识别，剔除那些干扰信息和虚假信息，把各种不容易直接判断是否引发危机的信息转化成一些简单、直观、可以测量的信号或指标，同时确定危机预警标准，以便随时根据信号或指标的变动情况，向图书馆发出危机警报。

要在图书馆内部建立起危机预警系统，有一系列的工作要做。首先需要分析危机环境，即通过汇集图书馆过去曾经经历过的危机和国内外同行或类似信息服务机构已经发生过的危机的资料，分析这些危机发生时的条件、成因及背景，并结合对近期社会环境因素变化所做的相关分析，从中判断是否有危机风险源和危机发生前的征兆。然后是邀请危机管理专家和图书馆工作人员一起参与评估，以确定危机征兆与危机发生的关联程度。然后还要根据评估结果确定危机监测的内容和指标，并确定危机预警的标准和临界点。在这些工作中，最关键的工作是建立危机预警的指标体系。

危机预警指标体系的建立要坚持连续性和稳定性的原则，即建立指标所需要的信息是可以持续得到的，并且各种指标应当保持相对的稳定性，不能因为环境的不同而出现明显不同的解释；同时指标又要具有直观性和可测量性，即危机预警系统中的每一个指标的评测结果可以促使图书馆按照指标的内容和自身情况向避免危机的方向改进，而且通过指标的计量可以将危机信息转化为能够量化的结果，例如将图书馆读者的问卷调查数据转化为读者对图书馆服务评价的满意度等。

在危机预警系统的搭建方面，需要组织有关专家来确定应该选择什么样的系统，采取哪些技术、设备、程序等，并对危机预警系统的性能做出评估，以便采取措施进行维护改进。

当系统投入使用后,还要为系统的操作和维护配备专门的人员,制定相应的规章制度,将信息收集、加工等作为程式化的工作内容固定下来,这是图书馆日常工作中对危机风险因素进行不间断监测的基本要求。图书馆可以指定专门的人员来负责收集与本馆相关的信息。信息收集的途径既要着眼于以报纸、电视、广播等为代表的大众媒体、互联网、读者意见反馈等外部渠道,又要重视图书馆自身的工作报告、统计数据等内部渠道。

最后还要将危机预警系统的原理和使用方法传授给接受危机警报的图书馆工作人员,使他们能够理解危机警报,并在收到危机警报时选择正确的反应措施,以便为图书馆危机事件的处理打下基础。

第七章　数字图书馆管理研究

第一节　传统图书馆与数字图书馆

一、传统图书馆

传统图书馆在我们的过去甚至是现在,都发挥了相当大的作用,但是,随着社会的不断发展,传统图书馆的局限性越来越明显,在现代社会中,已经不能满足人们的正常需要,更可预见,在未来的发展中,传统图书馆的建设之路将越走越窄,但是,同时我们也应该看见,传统图书馆的文化价值是任何形式的图书馆都取代不了的。

(一)传统图书馆的局限性

我们已经进入一个以计算机技术、数字技术、网络通信技术为代表的信息化时代,信息化将对既有的社会生活、社会管理体制和管理方式产生巨大而深远的影响,由于图书馆处于社会知识信息搜集、储存、传播的中心地位,既能最快感受到时代进步的步伐,又直接面临信息化带来的巨大压力和挑战。这种挑战主要来自以下三个方面。

1. 信息贮量的局限

现在的图书馆基本上是以纸质知识信息载体为收藏对象的,主要包括图书、报刊、手稿、档案等。这些文献载体与数字化的信息载体(如 CD 光盘等)相比,表现出信息贮量小、体积大、占用空间多的缺憾。如以每本书 50 万字计,每张 CD 可存贮 1 000 本书的信息,按目前技术水准,500 万册藏书量的大型图书馆藏书,只需 5 000 张左右 CD 即可贮存,而 5 000 张 CD 只需几个文件柜即可收藏。

2. 阅读方式的局限

现在的图书馆对读者的服务基本上采取办证借阅和开架阅览的方式,这种服务方式无疑受时间、区域、借阅数量等诸多限制,难以适应信息化时代读者对知识信息大量、及时、便捷的要求，当然也难以为远离图书馆的广大城乡读者提供远程阅读服务。

3. 资源利用的局限

现在的图书馆由于创办的主体和投资方式的不同，分属于各级政府文化管理部门和大中专学校以及一些科研单位，各图书馆之间缺乏直接的联系和网络沟通，难以实现信息资源的共享，一些读者为查找某些急需资料，有时不得不在不同图书馆（甚至不同地区图书馆）之间来回奔波，既浪费时间，又耗费精力，与互联网上信息资源的共享性相比，其局限性显而易见。

（二）传统图书馆的发展空间

由于时下图书馆的上述局限性，一方面信息化时代人们的知识信息需求在剧增，另一方面图书馆却日渐萧条和冷落，越来越多的读者尤其年轻读者为互联网所吸引。面对当今图书馆出现的尴尬局面，图书馆业内人士在忧虑和思考，社会有关部门和人士也在关注和思考。图书馆出路在哪里？它们今后将走向何方？颇具代表性的是两种相互对立的观点，即“必然衰落论”和“存在合理论”。

“必然衰落论”认为：随着电子信息资源的日益重要和纸质信息资源的日益减少，随着电脑在办公室和家庭的日益普及，互联网将成为人们获取信息的主要渠道，图书馆不可避免地要走向衰落。美国《图书馆杂志》1992 年发表的《图书馆未来》一文认为：“一旦计算机显示器显示质量在稳定性、对比度、分辨率及色彩等方面超越纸张，而且必要的通信能满足要求，图书馆及纸张文稿将迅速消失。”

“存在合理论”认为：以纸质信息载体为收藏对象的传统图书馆与人类文明共进退，随着人类文明的发展而发展，也必将随着未来人类文明的进步而进步，只要人类文明不消失，作为其重要载体的图书馆也必将存在下去。如美国《图书馆杂志》1992 年在发表《图书馆未来》一文的同时发表的另一篇文章就认为：“一种理想的信息存贮和检索设备应该具有以下特征：可以移动并且能在任何环境下运行，不需要能源供应，不需要预热便能够立即使用，它应该具有高度的信息存贮能力，无限制地保留信息而不会损伤、退化；也不会意外消除。没有任何电子设备适合上述说明，即使可预见的将来也不会出现；但是有一种非电子设备完全符合以上特征，甚至具备更多优点，它已经存在了 500 多年，这就是图书。”

上述两种对立的观点忽略了这样一个事实：在人类创造的文明中不存在尽善尽美的东西，人类所有的创造有其长也必有其短。实际上，数字化的信息载体（互联网和光盘等）与纸质载体（图书和报刊等）都是各有所长也各有所短，它们只有相互融合、相互补充、相互促进，才能在推动人类文明进步中发挥更大的作用。

图书馆作为信息资源基地，其价值是通过各种服务模式来体现的。服务模式则是随着社会的变革，图书、信息资源的融合，以及读者、用户的需求而改变和不断完善的。21世纪初是知识经济和信息经济的爆发期，传统图书馆如何面对并适应新经济带来的挑战和前所未有的机遇，是传统图书馆亟待解决的问题。

1. 实现服务模式的根本改变

在信息时代，传统图书馆要成为现实中的现代图书馆，就必须适应时代的需要，抓住机遇进行变革，实现服务模式的根本性转变。即由“封闭型”向“开放型”转变；由“内向型”向“辐射型”转变；由被动服务向主动服务转变；由参考咨询向信息服务转变；由各自为政向“集中型、联合型”转变；由“公益型”向“产业型”转变。具体点说，要从以下几个方面进行努力：①发展图书馆的网络服务功能，利用图书馆的整体化优势进行图书馆网络的优化组织与协调，促使网络的信息服务功能在图书馆的服务中充分实现。在网络环境下，高新技术渗透到图书馆的各个环节、各项工作，从图书预定、采购、分类、编目到典藏、加工，从新书上架、借阅到电子书刊等信息的发布，以及图书馆网页的制作与读者见面，乃至图书馆的管理等工作环节都纳入统一的网络化管理的范畴之中，图书文献信息与读者见面的时间缩短了，服务质量提高了，服务的内容丰富了，服务的形式多样了，传统图书馆的办馆思想、工作程序也随之转变了。②开发特色数据库，发展数字图书馆特色数据库指的是图书馆在网上提供的特殊馆藏，一般包括馆藏书目数据库、专业特色数据库、教学和科研成果数据库及地方资源数据库等。数字图书馆是21世纪图书馆发展的必然趋势，它集信息储藏、加工、交互与传播于一体，将图书、期刊、声像资源和数据库等各类信息在知识单元上有机地链接起来。③发展个性化的信息服务。个性化信息服务就是针对不同用户的需求提供各种专门的定题跟踪检索服务。这是一种关注用户个性需求的服务模式。个性化服务提倡平等地对待读者，不分厚薄、不论亲疏，让所有用户都能充分享有利用图书馆的权利，真正做到“以人为本”。个性化服务将对图书馆教育职能和信息服务职能向更高层次发展起到促进作用。④培养新型的图书馆服务人才。信息社会对图书馆的服务提出高水平、高质量的要求，也对图书馆馆员的知识结构提出新的更高的要求：在信息服务的工作过程中知识和技术含量加大，向智能化发展，图书馆人员在工作方式、工作价值、工作效率和工作成果诸方面将发生质的变化。因此，加强专业人才的培养，提高人员队伍的综合素质就显得特别重要。要通过各种方式和途径对工作人员开展在职培训和继续教育,鼓励他们参加学术交流和学术研讨活动?要用战略的眼光从战略的高度看待图书馆人才队伍建设问题,努力培养一大批综合素质较高的复合型专门人才。

2. 进行全面改造

第一,工作重点正在转变,传统图书馆以采购、编目、典藏、流通、阅览为主要组织结构,为读者提供文献或文献线索,以文献为中心展开图书馆业务及服务工作。目前人们已经认识到,在信息社会,网络技术的发展与普及使传统图书馆的工作方式及读者使用图书馆的方式、要求都发生了巨大的变化。不仅图书馆业务工作实现了高科技手段的应用,而且服务工作也不再局限于为读者提供文献,而是要根据读者需求,提供大量的、各种载体的、经过筛选与整合的信息资源。

第二,现代信息技术的应用,使图书馆服务手段发生了巨大变化。图书馆的服务方式由单一转向多元,由被动转为主动;检索查询由静态转为动态,由部分转向整体;服务内容由一般的传播知识转向获取与开发信息资源,为读者提供快速高质服务,成为图书馆工作的主要目标之一,通过现代化技术,不受时间地点的限制,运用网络舆情的数字化信息资源,图书馆不仅可以成为一个庞大的信息资源库,而且可以成为一个良好的信息资源的集散地、中转站。

第三,现代技术在传统图书馆业务工作中的应用,不仅导致了工作人员的重组,而且对工作人员的素质要求更高、更严格。要适应图书馆事业发展的要求,成为一个合格的工作人员,必须具备外语应用能力、文字表达能力、新技术的应用能力、专业知识能力等综合素质。另外,在现阶段,传统图书馆利用已有的文献资源和人力资源为数字图书馆提供的信息环境,又完全改变了传统图书馆有限的馆藏和单一的服务方式,更好地满足了读者对文献信息高质快速的需求。

目前世界上大多数图书馆处在纸质文献与数字文献共存的混合状态,文献信息收集与处理、服务方式与对象都处在转轨的探索之中,复合图书馆的理念在国外图书馆界传播甚广。伯明翰大学的史蒂夫教授指出,复合图书馆既不是仅包含纸质资源的传统图书馆,也不是仅包含电子资源的虚拟图书馆,而是介于两者之间,是一个将印刷与电子、本地与远程等各种信息资源集于一体的图书馆。

复合图书馆不仅重视纸质文献的采集与整理,而且将文献资源数字化列为主要工作任务之一。在这样的工作环境中,图书馆工作人员必须为读者提供各种指导与帮助,包括数据库使用方法、联机目录的查询方法、主题指南、网络资源查询方法等,使读者能够快速而有效地找到所需文献,而不受文献收藏地点、查找文献时间、文献载体使用范围的限制,充分提高文献的利用率。

综上所述,本书认为复合图书馆的建设模式是传统图书馆的未来发展趋势。数字图书馆是传统图书馆从古代、近代发展到现代图书馆的历程中,处于现阶段的一种建设形态,它与传统图书馆之间不是取代与被取代的关系,而是共存互补、相互兼容。并且在现阶段轰轰烈烈的数字图书馆的建设热潮中,传统图书馆必须紧跟时代车轮,加快改革步伐,利用数字图书馆的长处,来进化、演绎、拓展传统图书馆的功能。只有在二者的基础上相互融合与升华而形成的复合图书馆的建设模式,才是传统图书馆的努力方向和发展趋势。

通过传统图书馆和数字图书馆的比较,我们可以发现,两者是一种相辅相成的关系,两者本质相同,只不过是技术手段不同,导致表现形式也就不同。不可否认,数字图书馆在未来的发展将有更加长足的进步,而传统图书馆的发展因其自身的时代属性,将会受到极大的制约。但是,这两种类型的图书馆在未来仍将同步存在,一起发挥着更大的作用。

二、数字图书馆

(一)数字图书馆的含义

以互联网为代表的信息技术革命已经造成图书馆面貌的改变,传统图书馆在21世纪的命运成为图书馆学界关注的重要课题之一。人们现在达成了共识:传统形态的图书馆将在一定时期内与现代形态的图书馆并存,共同承担传递文献信息的职能。但不能回避的是:传统图书馆在信息交流中的地位将进一步被削弱,某种新形态的图书馆将取代传统图书馆成为21世纪图书馆的主体形态。学者们设想的新型图书馆就是现代的数字图书馆。

数字图书馆是由英文Digital Library翻译而来的词汇,其中Digital是数字式或数字化的,是用计算机可识别的代码记录信息的方式。关于数字图书馆的定义,目前尚无统一的定论,众多学者从不同角度对其进行了描述。

数字图书馆可以定义为电子图书馆,它使人数众多而又处在不同地理位置的用户能够方便地利用大量的、分散在不同贮存处的电子物品(objects)的全部内容。这些电子物品包括网络化的文本、图形、地图、声频、视频、商品目录以及科学、企业和政府的数据集;此外还包括超文本(hypertext)、超媒体(hypermedia)和多媒体等组成部分。

数字图书馆是一种有纸基(paper-based)图书馆外观和感觉的图书馆,但在这里图书馆资料已经被数字化并存储起来,而且能够在网络化的环境中被本地和远程用户存取,还能通过复杂和一体化的自动控制系统为用户提供先进的、自动化的电子服务。

电子(或数字)图书馆是建立在图书馆内部业务高度自动化的基础之上,不仅能使本地和远程的用户利用OPAC以查询传统图书馆馆藏(包括非数字化和数字化),而且也能使用户通过网络联机存取图书馆内外的其他信息资源的现代化图书馆。

数字图书馆就是运用信息技术使传统的图书馆资源和服务手段数字化,使读者能够以更为方便快捷的方式在更广阔的领域获取文献信息资源。几乎图书馆的所有载体信息均能以数字化的形式获取。

数字图书馆是一种多媒体制作的分布式信息系统。它把各种不同载体、不同地理位置的信息资源用数字技术存储,以网络查询传播的一个大型信息系统。

可以看出,这些定义虽然提出的角度各不相同,但它们之间也存在着相同之处。如均认为数字图书馆是存储和提供数字信息的系统或信息空间,并认为这些系统是网络化或开放性的。不同之处主要是提出的角度不同,如有从个体的、相对独立的图书馆实体的角度出发提出数字图书馆的定义,有从广义角度出发提出定义的。

我们认为,数字图书馆必须具备的三个条件,现在已经得到了大家的认同。第一,网络化存取。数字图书馆依赖于网络而存在,其对内的业务组织和对外的服务都是以网络为工具和载体的。第二,数字化资源。数字图书馆可以说是海量数据的存储管理区,大量的数字化资源是数字图书馆的物质基础。第三,分布式管理。数字图书馆通过宽带互联的计算机网络,把分布在不同国家、不同区域的孤立的信息资源单位变成联合体。全球数字图书馆如果能遵循统一的访问协议,就可以实现真正意义的资源共享。根据以上几点总结,我们认为,数字图书馆就是运用现代信息技术(主要是计算机网络技术),对数字信息资源进行采集、加工、整理和贮存,采用分布式的管理模式,向所有接入区域网络的用户提供信息服务的社会文化机构。

在这个定义中,我们明确了与传统图书馆的区别——运用现代信息技术;明确了数字图书馆的社会性质——是社会文化机构;明确了数字图书馆的功能——为用户提供信息服务;明确了数字图书馆的工作对象——数字信息资源;明确了数字图书馆的工作内容——采集、加工、整理、贮存和提供信息资源;管理的方式——分布式管理,明确了服务对象——接入区域网络的用户。

从技术角度上讲,数字图书馆是一个支持普遍存取、分布式管理,提供集成服务的图书馆。到目前,数字图书馆核心技术经历三次大的进步,第一次是计算机文字处理和桌面排版软件的出现,使小批量的信息数字化成为现实;第二次是扫描技术和光存储介质的出现,使大批量印刷文献被计算机处理;第三次是信息数字化技术的出现和应用。从应用角度讲,数字图书馆是一个基于数据库的应用平台、信息资源电子商务交易平台和数字化加工平台的综合性图书馆。从资源角度讲,其包括的内容就更广泛了。因此,数字图书馆的发展可笼统划分为三个阶段:第一代以资源数字化为特征,主要支持用户通过网络远程存取数字化信息;第二代以分布式信息管理与集成信息检索为特征,强调开放式的信息描述与组织,主要支持用户跨类型、跨载体、跨时空地发现和获取信息,可称为"基于资源的数字图书馆";第三代以知识管理为特征,主要支持用户的数据挖掘与知识发现,强调基于数字知识网络的学习与交流,可称为"基于知识网络的数字图书馆"。

从广义的角度来说,数字图书馆与传统图书馆一样,都是为社会政治、经济、文化服务的机构,不同的主要是信息的存储方式和提供服务的方式由于现代信息技术的发展而发生了改变。其实,数字图书馆与传统图书馆之间的关系,不是替代的关系,而是互相依赖、互相促进的关系:数字图书馆是建立在传统图书馆基础之上的;同时,网络化的数字图书馆也为传统图书馆提供了进一步发展的机遇。近期,图书馆的形态是建立在数字图书馆基础上的复合图书馆(Hybrid Library)。复合图书馆是数字图书馆和传统图书馆有机结合的统一体,它不是简单地把传统文献数字化,也不仅仅是将网上资源提供给用户使用,而是需要对电子的或纸质的信息资源进行高度的整合。

(二)数字图书馆发展现状

1. 图书馆借阅流通管理基本实现了计算机化

传统图书馆一般使用卡片等方式来对图书进行管理,对图书的总体情况不能及时了解,查询时也在翻阅大量的记录。目前图书馆引入了计算机,基本上实现了管理的计算机化。在流通部,通过条码识别书目信息,通够快速地将借还情况输入到电脑,大大节省了图书馆工作人员的工作量,也方便了读者对图书的借阅。

2. 网络检索在图书馆中的应用

随着计算机检索的发展，读者可以从多个方面对文献信息进行检索，了解借还情况，还可以有针对性地找到想要的文献，也增进了读者对图书馆资源的了解。

3. 图书馆电子资源的发展

图书馆的电子资源也是图书馆文献信息的重要组成部分。目前图书馆正在逐渐增加电子资源，但是电子资源的利用还不够广泛，没有引起读者的重视。

4. 图书馆的数字化建设还在初步阶段

图书馆属于非营利性机构，数字化图书馆的建设需要大量的资金投入。在经济发达的地区，比较重视图书馆的现代化，数字图书馆的发展较快，但是在大部分地区，图书馆只是初步实现了管理的计算机化，并未在各个方面实现数字化。数字图书馆还需要更多的技术和资金支持。

(三)数字图书馆存在的主要问题

1. 资源浪费问题

从数字图书馆概念的提出到现在许多高校图书馆纷纷投身于数字图书馆的建设行列，只有短短几年时间，由于缺乏统一的规划与协调，数字图书馆标准不一，相关立法尚未制定和执行，各单位之间的利益又难以找到彼此都认同的平衡点，同时，有的单位抱着“急功近利”的思想而片面地追求数字化资源的量，有的单位则是忽视自身馆藏的特点和学校教学的实际情况，这就造成中国不少高校在盲目地建设数字图书馆，合作建设少、各自为政多的现象屡见不鲜，各数字图书馆的用户检索界面、检索语言和管理系统等存在较大差异，不同馆的数据库各不兼容，各系统之间难以相互联通、应用，大量的财力、人力、物力资源浪费在低水平的重复建设上。

2. 信息版权问题

计算机技术、自动化技术和网络技术的高速发展，使文献资源的格式转换、数字化作品复制、下载、盗版等变得更加容易，数字化作品的知识产权保护问题比传统纸质文献也更为复杂和突出。根据著作权法，下载作品必须取得作品权利人同意，但是资源库容量庞大的数字图书馆要取得每一位作品权利人的授权在现实中非常困难，在数字图书馆的有关立法中再不能套用那些陈旧的、与自身建设和发展特点不符的法规。

3. 建设资金问题

数字图书馆建设是一个庞大、系统、长期的工程，硬件设备和软件资源的购置、网络布线工程、人员培训、数字化资源的更新、馆藏文献的数字化转换等，都需要充足的经费作后盾，但经费不足偏偏又是困扰高校图书馆发展的老大难问题。重点大学及进入“211 工程”的大学数字图书馆建设与开发有专项拨款，而普通高校图书馆经费来源单一，主要依靠学校拨款，近年来图书、刊物价格大幅度暴涨，以致许多馆连每年的纸质文献购置、业务培训、科研、奖励等各项基本经费都难以维持，开展数字图书馆建设更是举步维艰。

（四）数字图书馆信息资源

信息资源是可供人们直接间接开发和利用的各种信息集合的总称，其基本组成部分为信息中的载体信息和主体信息。在数字化、网络化的信息环境的冲击下，图书馆信息资源已突破了传统的资源范畴，扩展、延伸为一个内容、形式更为多样的新型图书馆信息资源体系。图书馆中的数字资源，即电子资源，是指流的，能被人们直接或间接开发和利用的各种信息的集合。

1. 数字图书馆信息资源的类型

网络环境下，数字图书馆的信息资源，不仅包括历史资料在内的所有资料数字化形成的资源；还有整理的其他资料，包括在线网上资料、广播及媒体资料、数字资源等。数字图书馆信息资源分为数字化的文献资源和网络信息资源两大类。

（1）数字化的文献资源

采用数字化技术将图文献资源包括以文字、图形、符号、音频、视频等方式记录的信息资源。根据其性质，可分为一次文献、二次文献、三次文献等。根据信息资源的属性又可分为图书、连续出版物、特种文献以及其他文献四大类。

（2）网络信息资源

网络信息资源是数字化时代的新特征，是数字图书馆信息资源中不可或缺的重要组成部分。网络信息资源形式多样，常用的有网络数据库、ONC、网络出版物、动态信息等。根据网络信息资源的发布时间和效用，可分为网上出版物、动态信息、联机数据库等。

2. 数字图书馆信息资源的特征

（1）信息资源虚拟化

在网络环境下，传统的以实物为载体的信息传播方式发生变化，转化为数字形式，通过网络在全球范围内传播。

(2)信息资源多样化

数字图书馆采用数字化和网络技术，能够获取馆外乃至国外因书馆等信息资源，信息资源得到极大地丰富，形式也多样化发展。

(3)信息资源存储专业化

采用数字化技术处理信息资源，建立统一的信息存储格式，统一的元数据格式，统一的标准，使存储专业化。

(4)信息资源管理分布化

传统图书馆信息资源仅分布在实体馆内，而数字图书馆信息资源呈分布式存储。

(5)信息资源网络化

信息资源以数字化的形式存储在计算机中，用户查找不受时间、地域限制，能实现这个目标的只有网络。

(6)信息资源服务知识化

数字图书馆不仅能提供用户所需的文献资源，更能从深层次对信息进行挖掘，发现信息的潜藏价值，从而提高信息的使用价值。

3. 数字图书馆信息检索

(1)教字图书馆信息检索分析

信息检索的出现，源于莫尔斯在 1950 年发表的《把信息检索看作是时间性的通讯》一文，文中首次提出了信息检索这个概念，认为“信息检索是一种时间性的通讯形式”旧。而 1954 年美国海军兵器中心图书馆利用圆 M70E 机开发计算机信息检索系统，标志着信息检索阶段的开始。信息检索，广义上是指将信息按一定的方式组织和存储起来，并根据用户的特定需要找出所需信息的过程，即“信息存储与检索”。狭义上，仅指信息检索本身，即信息的查找过程。

图书馆作为最早采用检索系统的公共机构之一，最初采用的系统是由学术机构创建，后来由软件开发商创建。第一代产品中，系统基本上是实现老式技术的自动化，支持基于作者名和题名的检索；第二代产品中，增加的检索功能主要表现在支持主题检索、关键词检索和一些更为复杂的查询机制；第三代产品，目前正在开发过程中，重点是改进图形界面、电子表格、超文本届性和开放系统构建。数字图书馆信息资源检索在传统图书馆基础上发展，又有所不同。

(2)数字图书馆信息检索相关技术与标准

信息检索是指信息的存储与检索,需要相关的技术来实现,相关的标准来规范。对信息资源进行规范的组织,运用技术对检索需求进行分析处理,都能够有效地提高信息检索的效率。

①元数据是关于数据的数据,即关于数据的结构化的数据相关服务。一个元数据构成一个信息资源的基本数据,成为检索系统的基本构成单元。传统的书目数据与数字资源的描述数据本质上没有不同,因此,元数据适用于各种类型的信息资源的描述数据。数字图书馆的元数据主要有以详细记录为目的的元数据——MARC(机读目录)和以发现为目的的元数据——DC(都柏林核心元数据集)。

MARC 是指以代码形式和特定结构记录在计算机存储载体上,能够被计算机识别并编辑输出书目信息的目录形式,MARC 等编目体系是一些元数据描述的起点 M。MARC 格式规定书目在数据机读介质的表示和标识方法,有机读目录的构成、各数据字段在机读介质上的总体安排与内容结构。

由于网络搜索引擎在 HTML 环境下只注重页面表示形式,不注重内容,显示能力和结构性描述差,无法深入语义内容,1995 年 3 月在都柏林召开的第一届元数据研讨会上,由 OCLC 与 NCSA(国家超级计算机应用中心)发起,52 位来自图书馆界和计算机网络界的专家共同研究,制定了对图书馆情报学界应用最广、影响最大的元数据项目——DC。目的在于建立一套描述网络电子文献的方法,实现网上信息的辨识、查询和检索。DC 包括 15 个可以用来描述任何数字化对象的核心元素:7 个描述内容,即标题、主题、描述、来源、语言、相互关系和覆盖范围;关于知识产权处理的 4 个元素:创作者、出版者、分销者和版权;为处理数字化对象的摘要,还有 4 个其他类型的元素:数据、类型、格式和标识。DC 解决了搜索引擎结构过于简单而 MARC 格式又过于复杂等问题,不需要进行专业化训练就能对网络信息资源进行恰当的著录,降低了编目的成本,提高了效率。但是,如果信息没有语义关系描述的基础,无法进行逻辑的推理,就依然不能被机器理解。同一词汇的语义过载或同义词汇的不完全描述都导致了检索效率的不尽如人意。

②Z39.50 协议是信息检索应用服务定义和协议规范的简称。它是一种网络协议,由一套用来控制和管理计算机之间通信过程中涉及的格式和进程的规则组成。它是一种开放网络平台上的应用层协议,使计算机使用一种标准进行通讯,支持不同数据结构、内容、格式的系统间的数据传输,从而实现异构平台和异构系统之间的互联、查询。

信息检索服务描述的是客户端和服务端的交互活动，服务端与一个或多个数据库相连接。当检索方法、命令方式互不相同的双方不能检索对方数据库时，利用Z39.50将需要转换的系统抽象模型映射成自己专用的模型，或反过来转换。具体来讲，就是客户端向服务端提出服务请求，将检索命令转换成符合Z39.50标准的格式，把信息编成Z39.50的应用协议数据单元，简称APDU，发送到服务端。服务端对APDU解码，转换成自身系统的检索命令，检索后将结果以上述过程的逆过程发回客户端，实现异构系统之间的互联和访问。

③叙词表，即主题词表，来源于希腊语和拉丁语，指词库。词库，包含了预编辑的在给定知识领域中的重要词汇和词汇中由同义关系派生出来的相关词汇集。叙词表以及某些规范化了的词汇表和结构，通常要比简单的词和同义词表复杂。学者Foskett认为，叙词表的基本目标是：为标引和检索提供标准化的词汇表或参照系统；帮助用户确定哪些语词适合查询表达式；根据用户需要，提供当前查询上位类和下位类的分类层次。叙词表的主要组成部分是标引词、词语之间的关联关系和编排形式。

④XML是可扩展的量标语言简称。它是W3C（万维网联盟）组织定义的一种互联网上交换数据的标准。在SGML（标准通用标记语言）基础上去掉语法定义部分，适当简化DTD部分，增加部分互联网的特殊成分，可认为是SGML的子集。XML同HTML（超文本标记语言）一样是一种元语言，能够以与SGML相同的方式包含标记语言。XML的语义标记既能够让人读懂，又能够让机器识别。在互联网上，服务器与服务器之间、服务器与浏览器之间的大量的交换数据，都要求对数据的内容和表现方式加以说明，XML正是具备了这样的功能。XML允许用户定义新的标签和更复杂的结构，指明可分析的层次对象模型，以及可扩展性、对文档元素标识性、拥有特定语法格式、促进文档结构化等特点，使其在信息检索中的地位越来越重要。

（五）数字图书馆的模式

1. 按资源提供模式分

全球范围内已有许多国家和地区积极利用最新信息技术创建数字图书馆系统及数字图书馆资源库，一批雏形成果已在Internet上出现，主要有以下三种类型。

（1）特种馆藏型模式

将自己图书馆的珍藏（包括善本、古籍和珍藏）或特种馆藏（包括图片、声音、音乐、影视等各种载体)的资料进行数字化,提供网上共享。例如从美国国会图书馆的“美利坚记忆”为代表的一些国家、地方图书馆等。

(2)服务主导型模式

这种服务模式的资源一般由三部分组成:图书馆本身的数字化特种馆藏;商用的网上联机电子出版物或数据库(包括在本馆的资源镜像库);在因特网上有用的文献信息资源。同时建立统一信息访问平台与网上虚拟参考咨询平台向读者提供服务。例如目前国外有些大学的数字图书馆模式,又如美国加利福尼亚州的数字图书馆(CDL)、伊利诺伊州的数字学术图书馆(I-DAL)等。

(3)商用文献型模式

一些文献服务公司、出版社、代理商等建立一种供商用文献型的数字图书馆,提供全文的期刊、杂志、电子图书(也包括音乐和影视资料)等,一般既有索引数据库、又有全文的对象数据库。

近几年,许多数字图书馆的关键技术不断得到解决,如分布异构海量信息环境下,面向数字图书馆系统的体系结构和互操作问题;各种载体数字化获取和表现技术(包括中文文字资料的智能标引),基于自然语言的语义检索;各种数字化资源元数据的标准和规范化技术;提供给用户多语种的多模式友好和智能的人机交互界面;全球化的中文信息资源有效组织、集成和共享;还有版权保护、信息安全和管理等问题。在我国,像中国国家图书馆、上海图书馆等特种馆藏型数字图书馆,像清华大学、北京大学、上海交通大学等服务主导型数字图书馆雏形将逐步发展成为实用的数字图书馆,并在网上互为虚拟图书馆。他们能使读者以最快的速度获取最需要的资料,能高度实行网上资源共享。

2. 按组织模式分

(1)国家投入,宏观规划,免费使用

自数字图书馆建设被纳入国家信息基础设施建设后,各国都制定了数字图书馆发展的宏观规划,纷纷重点投资实施国家级的重点数字图书馆项目,并且基本来取由国家宏观控制、统一组织实施的方法。以这种方式建设的数字图书馆有几个突出的特征:由国家投资,并纳入国家信息基础规划之中;建设基点放在重要的研究项目和重大的数字图书馆实体建设;强烈的示范性和推动型。这类数字图书馆项目主要有:中国实验型数字图书馆项目、中国数字图书馆工程、国家科技图书文献中心、中国高等教育文献保障系统。

(2)地方投入,参与建设,免费使用

以这种建设方式组织的数字图书馆几乎不进行数字图书馆的平台研究,它们的重点是具有强烈的地方特色的数字资源建设,且通过网络提供免费使用。它们主要有:上海图书馆的数字图书馆项目、辽宁省数字图书馆、中山图书馆数字图书馆。

(3)企业投入,市场化运行

推出许多数字图书馆系统,如中国知识基础设施工程、万方数据资源系统、书生之家数字图书馆和超星数字图书馆等。这类数字图书馆的特点是依靠市场生存,以市场为导向,多元化发展,多种经营并存,有鲜活的数字图书馆组织理念和信息市场经营机制。他们的优势是信息基础设施先进,信息资源加工集成化,信息资源服务见效快,市场运行可持续发展,有利于形成新的信息产业;劣势是资源重复建设和侵犯知识产权现象在我国比较严重。它们主要有:中国知识基础设施工程、超星数字图书馆、书生之家数字图书馆、重庆维普数字图书馆等。

3. 按服务模式分

数字图书馆的网络服务模式可以分为被动服务和主动服务两类。

(1)被动服务

被动服务是数字图书馆网络服务的基础方式,其特点是不考虑用户的个别要求,具体实现形式一般是采用无交互 Web 网站模式,是一种单向信息传递模式。数字资源将以网页、数据库形式出现在网络上。用户自己取用。网页上仅提供使用指南信息,除此外无任何其他服务提供。用户处于被动地位,而系统处于主动地位,信息从资源到用户单向流动。

(2)主动服务

主动服务是数字图书馆网络服务的高级方式,其特点是考虑用户的个别要求,具体实现形式一般是通过交互式 Intel 网站形式,具体分为双向交互问答模式和个性化信息推送模式。在双向交互问答模式中,数字图书馆可以根据用户的请求组织资源,服务形式根据用户需求变化,系统和用户处于同等地位,信息在系统和用户之间双向交流;可以通过 Chat 形式实现。

在个性化信息推送模式中,用户可以根据自己的需求和爱好自行设置数字图书馆界面并定制数字图书馆资源,使得数字图书馆成为用户自己的电子书房。从而使用户处于主动地位,数字图书馆系统居于从属地位,数字图书馆只是在技术上按照用户的个性化需求定制并主动报送信息,可以通过 My Library 技术实现。

4. 按数字存取模式分

目前，图书馆用来处理数字存取的主要模式是以网络为中心的用户机 P 服务器（CPS）模式和由此而演化来的 Web 为中心的浏览器 Web 服务器 P 数据库（BRPD）模式，后者也称为 Web 模式。世界上已运行的数字图书馆系统大多采用这两种模式。

（1）以网络为中心的用户机 P 服务器（CPS）模式

用户机 P 服务器模式通过消息传递机制对话，由用户机向服务器提出请求，服务器进行相应处理计算后将结果传递回用户机。在此种模式中，服务器往往只负责数据库的管理和查询。

因此客户机任务比较繁重，须配备大量的软件，尤其是较多的客户机软件和应用程序。在这种结构中，传统的服务器被分成两部分，即 Web 服务器和数据库服务器。Web 服务器负责 Web 页面的管理、组织、传递和数据库查询请求的提出，而数据库服务器则负责接受 Web 服务器的查询请求并提供运算处理结果。因此，在这种模式中，客户机的任务比较轻松，只要配备操作系统、网络协议和浏览器等软件即可。浏览器的作用只是从 web 服务器下载 Web 页面。Web 模式在资源配置、系统安全等方面比简单的客户机 P 服务器模式要好得多。

网络协议和浏览器等软件即可。浏览器的作用只是从 web 服务器下载 Web 页面。Web 模式在资源配置、系统安全等方面比简单的客户机 P 服务器模式要好得多。

（2）Web 模式

浏览器 Web 服务器 P 数据库（BPSPD）模式中，图书馆服务器管理图书馆的索引信息，负责执行查询及将用户的请求转交给相应的对象服务器，对象服务器管理数字对象，用户通过网络访问服务器。用户、图书馆服务器和对象服务器构成系统信传递的三角形框架。用户登录图书馆服务器，并进行查询，图书馆服务器将客户的请求转交给相应的对象服务器，对象服务器则将查询到的信息直接传送给用户，这样就实现了数字对象的发布。在 IBM 数字图书馆的三角形构架中，用户只能访问图书馆服务器，这保证了存储在对象服务器中的数据的安全性。图像、声音和动画等数字对象的数据量比较大，数据量大的数据对象及频繁使用的数字对象可以放在接近用户的地方，这样可以减少数字对象复制和传达的次数，减少网络的数据传递量，提高系统的性能。

加快我国数字图书馆的建设是互联网上中文知识信息的基础建设，它将迅速扭转互联网上中文知识信息匮乏的状况，形成我国知识信息的资源优势。因此，数字图书馆的建设，既代表着现代化图书馆发展的方向，更代表着先进文化的前进方向。

三、传统图书馆与数字图书馆共存互补

传统图书馆与数字图书馆都有各自的优缺点，只有正确把握二者的关系，才能使图书馆事业向着服务更好、利用更充分、发挥的作用更大的方向发展。

(一)数字图书馆与传统图书馆的关系

数字图书馆是随着时代的进步、科技高速发展的新生事物，传统图书馆与数字图书馆两者是互相促进、相辅相成、相互并存的关系，正确处理好两者关系，有助于我们更好地为图书馆事业发挥更大的作用。

(二)数字图书馆是传统图书馆的必然趋势

随着21世纪网络时代的来临，高科技产业的快速发展，带动了其他产业的发展。图书馆也由此发生了变化。宽带网络普及家庭，越来越多的人开始喜欢足不出户就可以购物、订餐、办公、视频会议等，他们更希望通过上网就可以浏览到更多的图书信息或下载信息资源。而这是传统图书馆无法办到的事情，只有将图书资源数字化，通过互联网将图书数字资源共享，才可以满足广大用户的需求。所以，数字图书馆是今后经济和文化的重要载体和催化剂，是传统图书馆的发展方向和必然趋势。

(三)传统图书馆是数字图书馆的基础

数字图书馆是基于网络信息数字化平台，是一种无纸化的信息资源，但同样需要传统图书馆的支持。数字图书馆的信息资源，除了一部分资源是由图书发行出版社以电子文档的形式提供外，还有相当一部分信息资源是早期的文献和古典文献藏书资料，这些藏书资料由于当时科技落后，在出版发行时无法实现资源数字化，在作为数字图书馆的藏书资源时，必须将其资源数字化，所以还必须要图书馆和信息加工部门去搜集、整理、加工，然后再经过数字化。数字图书馆在最初时期仍然需要传统图书馆做好古典文献的典藏管理及服务。

(四)数字图书馆是传统图书馆的继承与发展

数字图书馆是在传统图书馆的基础上在高科技的今天发展出来的。它将传统

图书馆的藏书以纸质印刷资料为主，上网就可以查询、借阅、下载自己所需的资料，尽情地享受网络时代带给大家方便、快捷、舒适的服务方式。服务手段与服务模式不断提高、丰富、多样化。所以，数字图书馆是在传统图书馆的基础上继承发展而来的。

数字图书馆与传统图书馆相辅相成、互相弥补不足之处。数字图书馆的出现弥补了传统图书馆在服务模式上的不足，数字图书馆通过互联网使资源共享，从而达到异地之间的网络资源互访，正好弥补了传统图书馆无法实现的馆际互借、互阅的服务功能。数字图书馆在资源文献建设、文献分类与编目方面离不开传统图书馆的理论与支持，在本质上，数字图书馆未改变传统图书馆的本质与内涵，它在很大程度上与传统图书馆有同样的功能、目标，只是传统图书馆的延伸与扩展，是传统图书馆的服务模式在网络环境上的拓展，从而弥补了传统图书馆在网络虚拟环境里的不足。所以，两者既是相辅相成的，又互相弥补各自的不足。

第二节　数字图书馆的管理理念与实践

一、数字图书馆的管理理念

信息化环境的形成、数字化技术在图书馆的应用促使图书馆的管理理念发生了较大的变化。数字图书馆管理必须吸收、借鉴现代管理理论发展的成果，采取科学合理的管理机制。数字图书馆的建设正成为热潮，许多国家和地区已启动“数字图书馆工程”。例如美国数字图书馆的研究就是由高校牵头，依托高校技术上的优势，在发展上走的是技术主导型模式。

数字图书馆规划建设过程中的各项管理手段与管理方式，将对数字图书馆的运行效率起着至关重要的作用。这就要求我们首先得更新观念，确立全新的管理理念，以适应知识经济时代的管理革命。

（一）集成管理理念

集成管理理念是一种全新的管理理念与方法。所谓集成是指某一系统或某一系统的核心把若干部分、要素联结在一起，使之成为一个统一整体的过程。从管理角度来说，集成是一种创造性的融合过程，只有构成一个系统的要素经过主动的优化、选择搭配，相互之间以最合理的结构形式结合在一起，形成一个由适宜要素组成的、优势互补的有机体，才能被称为集成。其本质是一种竞争性的互补关系，即各种要素通过竞争冲突，不断寻找、选择自身的最优功能点，在此基础上进行互补匹配。

集成管理可以理解为构造系统的一种理念，同时也是解决系统复杂问题，提高系统整体功能的重要方法，是一种能对发展变化做出快速响应的新型管理方式。而数字图书馆集成管理，实质上就是将集成思想创造性地用于数字图书馆管理实践的过程，其核心就是强调运用集成的思想和观念指导数字图书馆的管理实践，实现信息技术、信息资源、信息规范、人力资源等各种资源要素的全方位优化，促进各项要素、功能和优势之间的互补与匹配，从而最终促进整个管理活动的效果和效率的提高。

数字图书馆集成管理应达到以下主要目标。

1. 运作的统一与合作

其一，图书馆内部虽有复杂的分工，但就目标管理体系而言它们应该是一致的、协调的；其二，用户界面是统一的。不管软、硬件平台如何变动，用户均可毫无阻碍地通过统一的界面检索到所需信息；其三，数据库建设的合作和统一。数字图书馆在各种信息数据库建设中，除遵循优胜劣汰的市场规律外，还需要讲求统一、合作。标准的统一和目标的统一是合作的前提。“统一”可以预防重复和浪费，可以避免图书馆“自动化孤岛”的形成；而“合作”则能提高信息生产力和工作效率，进而获取总体效益的提高。

2. 创建开放而富有弹性的网络结构

在互联网迅猛发展的环境下，我国不少图书馆竞相发展自己的网络系统，形成了一个个独立的计算机应用系统。由于互不沟通，重复组网、重复建库现象严重，使大量冗余的信息重复存储在各馆的系统内。因数据格式、标准体系等的不同，加上信息服务能力的差异，不能实现各馆系统资源共享，形成了一个个“数据库孤岛”。在当今网络环境下，图书馆的业务活动社会化是必然趋势，这就要求图书馆全员协作，形成一个不断更新、自我完善的良性循环机制。要创建一种交互式、立体型网络结构，成员 e 馆共同在网络中心建立并享有一个或多个数据库，使信息不但可以顺利地自上而下、自下而上地纵向传递，还可以进行馆与馆之间的横向传递。这样由成员馆定期向中心馆提供自己的馆藏信息，联机查询自己所需的各种信息，实现图书馆网络联机编目、联机检索等目标，成功实现馆际合作，大大方便了用户,也节省了资源。与此同时,自动化网络系统避免了各图书馆重复建库与数据库积压的状况,大大增强了图书馆对外部环境的适应性。

3. 形成柔性化的发展战略

发展战略是指导图书馆诸行为的总纲,既制约图书馆未来的发展趋势,也确立图书馆今后的努力方向。计划经济时代的图书馆发展战略往往表现出较强的刚性,一经制定便难以更改,并且一旦变更所造成的损失也相应较大。这种刚性战略已不能适应当前形势的要求。采取集成管理,增强发展战略的弹性即战略柔性化,可以满足不同集成对象的要求,达到相互协调、协同并进、整体优化的目的。所以说战略的柔性化是启动数字图书馆集成管理的必要条件。

(二)大图书馆理念

信息化环境促进了图书馆数字化和网络化的快速发展,而大图书馆理念是图书馆网络化发展的产物,是推动全球图书馆发展的崭新理念,在新世纪里它将给图书馆带来新的进步和新的发展。

根据图书馆自动化、数字化、网络化的发展和信息资源共享工作的推进,可以认为,大图书馆理念就是把全世界的图书馆看作是一个虚拟的社会化大图书馆,各类型、各系统乃至各国图书馆都是它的组成部分。在社会化的大图书馆里,各图书馆将分工合作、联合发展,努力实现国际图书馆的网络化和信息资源的共建共享,为用户提供跨时空、跨国界的服务。

大图书馆理念是在图书馆自动化、数字化和网络化过程中逐渐发展形成的一种理念,其主要特性有以下几点。

1. 广泛的社会性

大图书馆理念根植于传统图书馆,发端于图书馆的“三化”(自动化、数字化和网络化),是全世界图书馆逐渐而自觉形成的一个理念。同时,它又能指导各国图书馆的进步和发展,因此它具有广泛的社会性。所以有人提出数字图书馆将是一个通过一定的通信网络与地区、国家乃至世界各地连接的社会化大图书馆。

2. 合作协调性

在社会化大图书馆的大环境下,许多问题需要在部门的协调下,通过多个图书馆的合作和发挥各自的优势来共同研究,联合攻关,协作解决。如“中国数字图书馆工程”是一项跨地区、跨部门、跨行业的宏大系统工程,如果没有权威部门的协调,没有各方面的通力合作,要完成这一项目是不可想象的。

3. 规范标准性

随着信息技术的发展，以计算机为核心的现代信息技术正在图书馆界得到广泛应用，数字图书馆正在迅速发展。由于各国体制的不同，管理方法各异，目前各国、各类型图书馆在信息技术的应用中缺乏标准性、规范性和兼容性，给网络化的信息传递造成重重障碍。社会化大图书馆需要相互兼容的图书馆管理系统，规范化和标准化的数据库，统一的通信协议，共同融入国际互联网的循环中。

（三）创新管理理念

创新管理应以先进的信息技术和管理技术的应用为手段，以促进图书馆管理全面创新为着眼点，整合和再造图书馆业务流程、组织结构、管理模式和服务方式，实现图书馆文献信息资源数字化、服务方式网络化和检索手段的智能化，为加快数字化、信息化发展，奠定现代化的管理基础。

1. 业务流程重组和组织结构的创新

管理创新就是要运用企业过程再造管理技术，对图书馆业务流程进行整合和再造，带动组织结构和管理模式创新。创新是未来管理的主旋律。图书馆业务流程重组即指创造性地运用信息技术，打破常规，对业务过程进行彻底地再思考和再设计。图书馆实施业务流程的再造，必须打破原有的业务工作框架，在业务工作程序上有所创新。

（1）以馆藏为核心的业务流程重组

随着馆藏重心的变化，应当重新审视图书馆的业务流程，并据此重新组织图书馆的业务工作部门。

（2）以管理为中心的业务流程重组

现代图书馆的自动化程度越高，对自动化系统的维护和管理要求也就越高。系统的管理已成为图书馆的核心，以此为中心重组图书馆的业务流程。

（3）以服务为中心的业务流程重组

现代图书馆馆藏信息资源既有传统印刷型文献资源，又有经过数字化处理的数字资源和通过网上收集整理的网络资源。现代图书馆的主要任务就是提供信息服务，因此要实现以服务为中心的业务流程重组。

2. 管理手段的创新

图书馆作为知识和信息搜集、整理、存储、传播的重要基地，已成为科学系统链中一个重要环节，也成为知识创新的重要环节。因此图书馆不仅需要开发人类长期积累起来的静态文献信息资源,更要注重收集、开发最新产生的即时性和跟踪性的动态信息资源,提供静态与动态相结合的服务。这样才能满足用户,特别是科研型、决策型用户的信息需要。网络环境和数字图书馆的发展为现代图书馆的信息资源管理、开发和利用创造了有利的条件。

数字图书馆的馆藏资源既包括本馆的现实馆藏,又包括本馆以外的各种有价值的虚拟馆藏。计算机联机检索要比手工检索灵活便捷,功能也增加了很多,但其检索途径、检索方法有许多限制,给用户带来诸多不便。现代图书馆急需面向用户的智能化的检索系统,因此,数字图书馆应该做好管理手段的创新,运用先进的信息技术,实现基于颜色、纹理和形状等多特征的图像检索,基于内容分析的多媒体数据的自适应传送和浏览,通过语音导航,使读者在现代图书馆中遨游。

二、数字图书馆管理实践研究

(一)数字图书馆的信息资源管理

管理数字信息需要众多高新技术的支持,但它绝不仅仅只是技术问题,从某一方面来说,更应看成是管理问题。因此数字图书馆信息资源的管理策略,应考虑以下几个方面的问题。

1. 建立责任制

在纸质文献的环境中,文献信息的拥有者和提供者负有保存和管理信息的职责。而数字信息环境不同于纸质文献环境,如果还沿袭传统出版物的管理规则,由图书馆或其他文献管理部门单独承担电子出版物的保存和管理职责,是不现实的。由于目前尚没有一种数字技术能保证其长期领先的地位,因而要使数字信息得到有效保存和管理,必然要将数字信息从过时的系统中迁移到现时的系统中来,这不仅涉及系统升级所需的高昂费用,还需要技术。这就使得传统的图书馆和文献管理部门难以承担。数字信息只有在其产生的环境里加以保存和管理才是经济、可行的,所以数字信息的形成者应对数字信息的保存和管理负有主要责任与最初责任。信息拥有者与提供者为了获得新的利益,可能把已形成的数字信息重新包装起来,这就有可能限制数字信息的存取与利用,因而信息的拥有者与提供者也应对数字信息的保存与管理负责。同时,政府也应对数字信息的形成者、拥有者与提供者制定相应的法规,要求他们对其产生或拥有的数字信息资源进行保存与管理。

2. 对数字信息资源进行鉴定与选择

数字信息资源的结构比较复杂，其中除了有价值的信息外，还有大量的垃圾信息、无用信息等，因而要对海量的数字信息资源全部保存是没有必要的，也是不现实的。应拟定一个数字信息资源鉴定与选择的策略，以确定其是否有必要进行保留和管理，并请专家对其价值进行评定，将有价值的数字信息资源确定下来，加以保存与管理。由于数字信息资源的变化比较频繁且容易被修改，因而要保证其可靠性与完整性，在数字信息的选择策略上应对信息的内容、结构、背景、固定性及其参考的部分加以注意，以保证数字信息资源的合理开发与利用。

3. 开展合作

管理数字信息是一项国际性、多学科的重要工作。为了达到管理与共享数字信息资源的目的，需要通过多种途径，采用多种方法，加强国际、国内各文献信息机构的全面协调和大力合作。

(二)数字图书馆的标准规范管理

数字图书馆作为基于网络黄精提供数字信息资源和服务的系统机制，需要建立和遵循关于数字化加工、资源描述、资源组织、资源互操作和资源服务等方面的标准和规范；需要采用遵循内容编码、数据通信、计算机系统、安全、管理、知识产权、服务运营等方面的标准和规范，这样才能有效利用其他资源与服务来提高自己的服务能力和效率。具体来说，包括以下几个方面的内容。

1. 构建数字图书馆的标准体系

对于数字图书馆，它需要多个标准之间的联系和协调，更需要建立有关的标准体系。应当在充分调研的基础上，逐步推出比较完善的标准。可以从以下几个方面进行考虑：①数字化信息采集标准；②数字化信息组织与存储标准，如文本信息的表示和存储、多媒体信息的存储、数字化信息的著录分类和标引、多媒体信息的压缩、网络环境信息资源标识、元数据标准等；③信息检索标准，如全文数据库检索、多媒体信息检索、异构系统的互操作性标准等；④网络及网络资源标准，如传输控制及互联协议、信息资源网站评价、网络信息资源组织标准等；⑤信息的权限管理和安全标准，如加密、水印技术、指征鉴别等；⑥其他标准，如信息文献工作应用软件评价及评价指标体系、文献信息系统质量管理和质量认证体系等。

2. 建立数字资源加工标准规范

针对一般数字资源加工和有关专门数字资源加工，分析确立应采用的数字编码与内容标记标准,针对保存格式,浏览格式和预览格式提出应该采用的数字内容格式标准,确立数字资源加工标准和程序的选择原则,编制数字资源建设指南的基本操作规范,选择推荐针对专门数字资源对象(例如图像、古籍、拓片等)作为最佳实践的数字资源加工操作规范,建立数字资源加工标准镜像站点。

3. 建立基本数字对象和专门数字对象元数据规范

针对网络资源和一般数字化文献等基本对象;针对各种数字对象的共同特征和共同描述需要;针对具有中国特色和在我国广泛应用的专门数字对象(如数字图像、科学数据、学位论文和古籍、拓片等)分别建立基本数字对象和专门数字对象元数据规范,包括格式定义、语义定义、开放标记规范、内容编码体系、扩展规则,建立将基本元数据作为其他专门数字对象的核心元素集的基本规则,建立基本元数据与各种通用元数据和主要专门元数据的标准转换关系和转换模板,编制基本元数据的应用指南,选择推荐基本元数据和专门元数据编制模块,建立基于基本元数据和专门元数据的应用协议编制指南,建立基本元数据和专门元数据定义信息、应用协议、转换工具等的登记机制。

4. 建立资源集合元数据规范

针对数字资源集合和其他形式的信息集合,建立相应的资源集合元数据规范(称为资源集合元数据),包括格式定义、语义定义、开放标记规范、内容编码体系、扩展规则,建立资源集合元数据与基本元数据、专门元数据的嵌接、转换和应用规则,建立资源集合元数据与其他资源集合元数据的标准转换关系和转换模板,编制资源集合元数据的应用指南,选择推荐资源集合元数据编制模块,建立基于资源集合元数据的应用协议编制指南,建立资源集合元数据定义信息、应用协议和转换工具的登记机制,试验基于资源集合元数据的数字资源体系登记系统。

5. 建立数字资源搜索、检索、调度和使用的标准规范

针对分布环境下异构数字图书馆系统,选择采用数字资源元数据搜索的标准,选择采用图书馆开放检索标准,选择建立数字对象调度和获取的规范方法,选择采用和建立数字资源开放使用的服务(包括用户接人、数据传输、数据应用等方面)规范要求和基准条件,确定采用策略、编制实施指南、建立应用支持和登记机制。

(三)数字图书馆人力资源管理

人力资源是一种无形资源,具有相对无限性,是可再生资源。图书馆可以通过教育、培训和开发等活动提高人力资源的品质,增加人力资源的数量,用人力资源

代替非人力资源,从而减轻数字图书馆建设和发展过程中非人力资源稀缺的压力。同时,数字图书馆为提高服务质量、降低成本和在市场经济中赢得竞争力,需要不断改进服务方式和运用先进网络传输技术设备,而这些又需要高素质的人力资源来完成。因此,人力资源开发的好坏,在很大程度上决定了数字图书馆建设的成败。

1. 树立以人为本理念

图书馆的管理理念,经历了从岗位责任制到目标管理再到人文管理的发展,这表明图书馆在不断更新自身的管理观念,以实现自身的发展与进步。管理理念的更新,推动图书馆事业与时俱进,持续发展。近年来,人本管理进入了新的发展阶段——能本管理阶段。"能本管理"是一种以能力为本的管理,它通过有效的方法,最大限度地发挥人的能力,从而实现能力价值的最大化,把能力这种最重要的人力资源作为组织发展的推动力量,并实现组织发展的目标以及组织创新。把这一理论应用于图书馆,开辟数字图书馆人力资源管理的新思路,是提高图书馆人力资源管理水平的一个重要途径。

2. 实行专业馆员与支持馆员的划分

就大多数图书馆工作人员来说,在学历、专业知识、业务水平和工作能力等方面,都存在不同层次的差别。面对这样的事实,如何对图书馆的工作人员进行科学分类,实现人员的最佳配置,是值得我们考虑的。在一个复合型图书馆中,存在数字图书馆业务与传统图书馆业务并存的情况,可以设想大体上把图书馆工作人员分为数字馆员和支持馆员两大类,并按一定的比例分布。数字馆员由高学历、具备多学科专业知识,并掌握现代信息技术的人员组成,主要负责图书馆数字信息的开发、组织加工与服务以及系统维护工作。支持馆员则由学历相对较低及学科知识单一的人员构成,主要负责开展图书馆传统的日常工作。数字馆员与支持馆员的划分,一方面有利于明确个体工作目标,便于各司其职、各展所能,从而实现图书馆的整体目标;另一方面,两者比例的确定,可作为图书馆引进人才的根据,有利于提高人才引进的科学性。

3. 建立一套科学的管理机制

(1)建立增强动力的竞争机制

通过竞争确立图书馆和馆员稳定的合作关系,以求激发馆员创新信息服务的动力对于数字图书馆的发展是非常有益处的。数字图书馆首先应该塑造尊重知识、尊重人才的环境。图书馆用人的原则应是“任人唯贤”,使馆内真正有才能的馆员得到信任,担当重任。其次,图书馆应通过建立适度的竞争机制,使用科学的评价标准,公正、合理地对馆员进行综合评价,根据评价结果奖优罚劣,形成既有动力,又有压力的竞争机制。这既有利于馆员积极进取、不断提高素质,同时也为优质馆员的脱颖而出创造了条件。图书馆可以根据业务要求,科学设岗,摒弃以往唯“职称”、唯“级别”的做法,以员工的实际工作能力和业绩来衡量,择优录用。同时,建立动态的考核机制,定期定量对各个岗位的工作进行综合评估考核,让能者上、庸者下,打破一岗在手、不思进取的局面,使竞争成为图书馆员加强学习、提高应变能力、完善自身的动力源泉。

(2)建立调动积极性的激励机制

数字图书馆要充分利用人力资源,调动每个馆员的积极性。寻求整体与个性高度和谐的人力资源管理方法,就必须了解每个馆员的需要与动机,从而激发人力资源的潜能。管理中应强调以激励为主,是为了使馆员在信息服务工作中出现的积极的、对个人和图书馆发展有益的行为得到强化,从而使这一行为能够继续存在或反复出现,这对馆员和图书馆的发展都是必要的。可以采用多种形式的激励手段,如物质激励和精神激励。物质激励包括工资、奖金、各种津贴及其他福利等。精神激励方式有:建立明确的目标激发馆员的工作热情,当工作达到目标后给予肯定,并给予更具挑战性的工作;有计划地进行工作轮换,使馆员工作不断丰富化、扩大化;适当授权和激励馆员开辟新的信息服务领域和方式。

同时,数字图书馆应建立全员认同的价值评价体系。通过考核、监督、约束使图书馆的核心价值观能够在馆内达成共识,引导馆员的价值取向,使图书馆形成聚合力。数字图书馆首先应该是具有团队精神,以信任和自责取代监督,追求双赢和良好的学习氛围的组织团体。通过学习和内部交流提高馆员的素质,培养馆员的创新精神,使馆员知识结构的整体优势得到充分发挥。

(3)建立挖掘潜能的培养机制

在数字图书馆阶段,图书馆工作人员将面临学习新知识、掌握新技能的挑战。这就必然要寻求一种既不影响工作又能长期不断地学习新知识、培养新技能的方法,在职培训和进修便成为图书馆工作人员“充电”的最理想的选择。现代图书馆应结合实际情况,组织员工学习网络资源的开发导航、网络信息资源的组织、数据库应用技术标准与格式、知识产权保护等前沿知识;建立完善的培养机制,将社会需求、图书馆培养目标和工作人员自身价值的实现有机结合起来,并根据工作需要，有计划地安排工作人员在职进修或培训，让他们开阔视野，挖掘潜能。

对于数字图书馆的建设和发展所需要的大批的高素质综合性人才，我们可以从以下几方面着手加速人才的培养。

第一，转变信息服务教育的主体功能。把信息服务教育的主体内容调整为知识组织与利用，形成知识的揭示、知识标引、知识量化、数字转换、整序处理、知识存贮、远程传输等新的认识知识，实现信息服务教育主体内容由文献整序功能到知识组织功能的转换。

第二，转变信息服务教育手段。把信息服务的学科属性由文科向理科转轨，建立以计算机网络中心为主体的信息资源研究室、知识组织标引研究室、信息检索室、多媒体实验室、多功能信息传播室等现代化实验室。实施多媒体、多功能、交互式的现代化教育手段。

第三，转变信息服务教育方法。实现由单向传播式向互动式教育方式的转变，更新教学手段，形成师生间的相互交流，真正实现素质能力的提高。

第四，改变信息服务教育形式。适应现代社会需求，运用现代技术，实现信息服务教育形式以终身教育为主题，形成终身教育的多重结构。

参考文献

［1］ 于瑛. 现代图书馆管理体系研究［M］. 哈尔滨：东北林业大学出版社，2016.

［2］ 王宁，吕新红. 图书馆管理与阅读服务［M］. 北京：光明日报出版社，2016.

［3］ 付立宏，袁琳. 图书馆管理学［M］. 武汉：武汉大学出版社，2010.

［4］ 刘兹恒. 图书馆危机管理手册［M］. 北京：国家图书馆出版社，2010.

［5］ 阮冈纳赞. 图书馆学五定律［M］. 夏云，王先林，译. 北京：北京书目文献出版社，1988.

［6］ 于桂兰，魏海燕. 人力资源管理［M］. 北京：清华大学出版社，2004.

［7］ 吴慰慈，董焱. 图书馆学概论［M］. 北京：国家图书馆出版社，2008.

［8］ 谢灼华. 中国图书和图书馆史［M］. 武汉：武汉大学出版社，2005.

［9］ 李希泌，张椒华. 中国古代藏书与近代图书馆史料［M］. 北京：中华书局，1982.

［10］ 任继愈. 中国藏书楼［M］. 沈阳：辽宁人民出版社，2001.

［11］ 徐国华. 管理学［M］. 北京：清华大学出版社，1998.

［12］ 王利平. 管理学原理［M］. 北京：中国人民大学出版社，2000.

［13］ 杨晓海. 创造力管理［M］. 北京：国防工业出版社，2006.

［14］ 李垣. 管理学［M］. 北京：高等教育出版社，2007.

［15］ 姬定中，孙亚辉. 管理学［M］. 北京：科学出版社，2007.

［16］ 刘喜申. 图书馆管理：协调图书馆人行为的艺术［M］. 北京：北京图书馆出版社，2002.

［17］ 朱华平，高健. 图书馆学通论［M］. 北京：中国文史出版社，2003.

［18］ 李松妹. 现代图书馆管理概论［M］. 北京：北京图书馆出版社，2007.

［19］ 杨继昭，李桂风，王金. 行政管理基础［M］. 北京：中国人民大学出版社，2005.

［20］ 孙宗虎，邹晓春. 行政管理流程设计与工作标准［M］. 北京：人民邮电出版社，2007.